·教育家成长丛书·

王俊
与结构教学法

WANGJUN YU JIEGOU JIAOXUEFA

中国教育报刊社·人民教育家研究院 组编

王　俊著

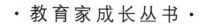

北京师范大学出版集团
BEIJING NORMAL UNIVERSITY PUBLISHING GROUP
北京师范大学出版社

图书在版编目（CIP）数据

王俊与结构教学法/王俊著；中国教育报刊社人民教育家研究院
组编．—北京：北京师范大学出版社，2016.12（2018.10重印）
　（教育家成长丛书）
　ISBN 978-7-303-21265-1

　Ⅰ.①王⋯　Ⅱ.①王⋯ ②中⋯　Ⅲ.①基础教育－课程改革－研究
Ⅳ.①G632.3

中国版本图书馆 CIP 数据核字（2016）第 215565 号

营 销 中 心 电 话　010-58802181 58802123
北师大出版社高等教育教材网　http://gaojiao.bnup.com
电 子 信 箱　gaojiao@bnupg.com

出版发行：北京师范大学出版社　www.bnup.com
　　　　　北京市海淀区新街口外大街 19 号
　　　　　邮政编码：100875
印　　刷：大厂回族自治县正兴印务有限公司
经　　销：全国新华书店
开　　本：787 mm×1092 mm　1/16
印　　张：21.25
字　　数：373 千字
版　　次：2016 年 12 月第 1 版
印　　次：2018 年 10 月第 2 次印刷
定　　价：45.00 元

策划编辑：倪　花　　　责任编辑：齐　琳　李云虎
美术编辑：焦　丽　　　装帧设计：焦　丽
责任校对：陈　民　　　责任印制：陈　涛

总　序

　　教育是国家发展的基石，教师是基石的奠基者。古人云："国将兴，必贵师重傅。"兴国必先强教，强教必先重师。党中央、国务院高度重视教师队伍建设。2013 年教师节，习近平总书记在给全国广大教师的慰问信中指出："百年大计，教育为本。教师是立教之本、兴教之源，承担着让每个孩子健康成长、办好人民满意教育的重任。"2014 年，在第 30 个教师节前夕，习总书记到北京师范大学视察并发表重要讲话，指出："一个人遇到好老师是人生的幸运，一个学校拥有好老师是学校的光荣，一个民族源源不断涌现出一批又一批好老师则是民族的希望。"《国家中长期教育改革和发展规划纲要（2010－2020 年)》也明确提出，"有好的教师，才有好的教育"，要"努力造就一支师德高尚、业务精湛、结构合理、充满活力的高素质专业化教师队伍"。"倡导教育家办学"，要创造有利条件，鼓励教师和校长在实践中大胆探索，创新教育思想、教育模式和教育方法，形成教学特色和办学风格，造就一批教育家。"两个一百年"奋斗目标的实现、中华民族伟大复兴中国梦的实现，归根到底靠人才、靠教育，而支撑起教育光荣梦想的，是千百万的教师。

　　时代呼唤好老师。有一流的教师，才有一流的教育；有一流的教育，才有一流的国家。出名师、育英才、成伟业，是时代赋予我们教育战线的神圣使命。"大学者，非有大楼之谓也，有大师之谓也。"好学校、好教育的最重要标准，就是要有好老师。一所学校、一个地区乃至一个国家，如果教师有理想、有爱心、有学识、有高超的教育艺术，那么硬件设施即使有些简陋，家长、学生也会心向往之。教师是中国梦的奠基者。教师的重要使命，就是为每个孩子播种梦想、点燃梦想，并帮助他们实现梦想。每一间平凡的教室，每一节朴实的课堂，都不仅是知识的传递，更是人类文明精神的接续、人生梦想的起航。正是有亿万个孩子梦想的放飞、绽放，中国梦才更加光彩夺目。如果说中国梦最坚实的土壤是在学校，那么教师就是最伟大的"筑梦师"，他们用默默无闻、孜孜不倦的智慧劳动，让每一颗年轻的心灵都与中国梦激情相拥。

倡导教育家办学，造就一批好老师，首先要尊重、珍惜我们的本土智慧、本土创造。教育家不是凭空产生的，而是扎根于自己的民族文化土壤，同时吸收一切人类文明成果，从而创造出独特而生动的教育实践、教育智慧和教育文明。五千年源远流长的中华文明，不但形成了有我们民族特色的教育理论话语体系，而且涌现出了千千万万优秀的教育家，有被推崇为"大成至圣先师""万世师表"的孔子，有"匹夫而为百世师，一言而为天下法"的韩愈，有"捧着一颗心来，不带半根草去"的人民教育家陶行知，等等。改革开放30多年来，随着教育改革的不断深入，教育战线涌现出了一大批杰出教师。他们痴情教育事业，坚守理想信念和教育良知，在三尺讲台上默默耕耘、刻苦钻研，同时以敢为天下先的精神大胆创新，不断进取、不断超越，形成了各具特色的教育思想和教学风格。正是他们的成功探索和实践，创造了具有中国风格的教育经验，丰富了具有中国特色的教育理论宝库。原由教育部师范教育司组织编写，现由中国教育报刊社人民教育家研究院具体组织编写的《教育家成长丛书》，就是要向这些可贵的本土创造性的教育经验致敬。

当前，教育领域综合改革正在深入推进，考试招生制度改革的大幕已经拉开，立德树人、培育和践行社会主义核心价值观成为大中小学教育的头等任务。可以预见，中国教育将发生深刻的变革，将从"中国制造"向"中国创造"转变。"没有革命的理论，就没有革命的运动。"没有适合中国土壤、具有中国智慧的教育理论，就不可能为未来的中国教育改革提供有效的指导。我们的教育要向"中国创造"飞跃，必然要首先创造属于我们自己的教育理论，而不是"言必称希腊"或者老是贩卖欧美的教育理论。170 多年前，美国思想家、诗人爱默生发表了著名演说《美国学者》，号召美国知识界："我们依赖旁人的日子，我们师从他国的长期学徒期时代即将结束。在我们周围，有成百上千万的青年正在走向生活，他们不能老是依赖外国学识的残余来获得营养。"由此，美国迈入精神立国阶段。

如今，我们也面临与爱默生同样的情形。随着我国 GDP 已从世界第二向第一迈进，我们的经济崛起已成为事实，但在道德文明、文化精神等方面，我们还需急起直追。没有文明的崛起，经济崛起就难以持续。当务之急，是我们需要化解内心深处的文化自卑情结、摆脱对他国文明的精神依附，自觉养成强烈的"中国意识"、独立的中国文化品格，并由此去俯视世界，去改造本土实践，去创造属于我们自己的精神养料——这在教育界显得尤为紧迫。《教育家成长丛书》，就旨在把我们本土教育实践中蕴含的中国智慧提炼出来，从而形成具有时代意义的中国特色的教育话语体系，再以此去观照、引领、改造中国的教育实践，为伟大的教育改革提供经验、理论支持，也为未来的教育家提供丰富、可资借鉴的精神养料。

让我们为中国教育的伟大未来一起努力吧！

2015 年 3 月 9 日

前　言

　　见证着中国基础教育半个世纪的春华秋实，代表着中国基础教育教学成果最高成就的"首届基础教育国家级教学成果奖"中，闪耀着李吉林、窦桂梅、吴正宪、张思明、洪宗礼、唐江澎、邱学华、于永正、孙双金、薄俊生、龚春燕等一大批优秀教师的名字，而上述这些中小学教师的杰出代表恰恰都是《人民教育》"名师人生"栏目中最受读者喜爱的名师，都是《教育家成长丛书》的作者。

　　《教育家成长丛书》（以下简称《丛书》），是在第20个教师节前夕，"为了研究、总结、宣传和推广我国众多优秀中小学教师的先进教育思想和鲜活的宝贵的教育教学经验，培养造就一大批德才兼备的优秀教师和杰出的教育家，促进教师队伍整体素质的提高，根据教育部党组安排，由师范教育司组织编写"的一套凝聚着一大批教育家成长智慧的大型教育丛书。

　　《丛书》自2006年问世以来，不但得到国务院和教育部领导同志的高度重视，而且先后印刷多次尚不能满足广大读者的需求。这其中的奥秘何在？

　　当你翻开《丛书》，每一部著作都讲述着一位教育家成长的故事。这些著作主要从"成长历程""思想概述""课堂实录"和"社会反响"等方面全景式反映其教育思想、教育智慧、专业精神和专业人格的形成过程和教学实践过程，这是教育家成长的基本素质所在。

　　当你沿着教育家成长的足迹走近他们的时候，你会融进这些带有"草根色彩",扎根中华教育实践大地,充满田野芳香的真实感人的教育故事中。

当你从《丛书》中,从这些当年和自己一样的普通教师,成长为今天受人尊敬的教育家的成长过程中受到启迪,当你触摸着自己的爱心,把学生的成长和祖国的未来紧紧连在一起的时候,你会真切地感受到教育家离我们并不遥远。

当你用整个身心蘸着自己的生活积累去品味《丛书》中的每一部著作的"成长历程"时,在其浓缩着一位位名师在不断学习、不断超越自我、不断超越学科教学的求索足迹中,你会读懂"教育是事业,其意义在于奉献"的丰富内涵。

当你研读《丛书》中的每一部著作的"思想概述",和每一位名师展开心灵对话的时候,都会深深地感受到,一个教师对教育独立的理解与执著的追求有多么重要。从一位普通的教师成长为受人尊敬的教育家的过程中,你会读懂"教育是科学,其价值在于求真"的深刻含义。透过《丛书》,你会看到一代代教师用爱与智慧塑造民族未来的教育理想。

随着我们从"知识核心时代"走向"核心素养时代",教师教育教学活动的视野已拓展到人的生存与发展的方方面面。作为一名教师,要结合自己的教学实践去感悟"教育理念是指导教育行为的思想观念和精神追求",应该把爱化为自己的教育行为,让爱充盈课堂、触摸到一个个灵动的生命,让爱产生智慧,让爱与智慧在学生心中留下岁月抹不去的美好回忆,让教育者和受教育者都感受到教育的幸福,这是《丛书》给我们的启示,也是每位教师应有的胸怀和视野。

时代呼唤教育家。为了进一步把我们本土教育实践中蕴含的中国智慧提炼出来,从而形成具有时代意义的中国特色的教育话语体系,以此去观照、引领、创新中国的教育实践并在更大范围加以推广,《教育家成长丛书》将由中国教育报刊社人民教育家研究院继续组织编写,希望能够在更广大教师的心田中播种教育家成长的智慧,从而出更多的名师、育更多的英才、成就中华民族复兴的伟业,这是时代赋予广大教育工作者的神圣使命。如果广大教师能在每位教育家成长、探索教育智慧的过程中受到启迪,形成自己的教育智慧,则实现了我们编辑这套丛书的初衷。

《教育家成长丛书》
编委会
2015年3月

目录
CONTENTS
王俊与结构教学法

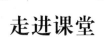

[社会反响]

[附　录]

我的成长之路

一、走上县中的讲台

　　1983 年，我从南京师范学院地理系毕业，分配至宜兴县张渚中学任教。张渚是一个典型的山镇，位于苏、浙、皖三省交界，自古以来就是水陆交通要道，各种方言汇聚在一起，形成了包容开放的文化品性。当年的张渚中学在纯朴的乡民中享有盛誉。

王俊在课堂上

　　张渚中学是我高中时的母校，那里的许多老师当年都教过我的课，对我很友善。我回到母校任教，感觉很亲切，老师们既是我的师长，又是我的同事，彼此间很融洽。但是，当时的我，有一个非常迫切而现实的愿望，那就是调到宜兴县中学去任教，因为那是当时全县最好的学校，自然是老师和学生们向往的地方。这种意识的萌动，来自于我内心深处敢于挑战的意识，也来自于我周围环境的影响。当年的张渚中学，汇聚了一批优秀教师，他们有后来成为江苏省宜兴中学校长的陆芝俊，有调入北京师范大学附属中学的生物特级教师林祖荣，有调入深圳高级中学担任副校长的李爱生，有调入宜兴一中的数学特级教师史小玉等。我们在勤勉教学之余，常常在一起畅想着未来，憧憬着更加远大的教育梦想，形成了一种良好的学习氛围。

而要调进县中(宜兴县中学)，唯一的途径就是磨砺自己的教学基本功，提升自己的教学素养，从而胜任更高层次的教学要求。从此，我开始了在张渚中学 10 年的历练成长，目标很明确，就是走进县中。

(一)勤能补拙，勇能生智

1. 自制教具

20 世纪 80 年代初期的教育，条件简陋，但师生一心向学，教育的氛围很好。刚参加工作的那几年，我们的地理课堂由于缺乏直观的教具，就连地球仪也是稀罕物，教学的效果不是很好。我就反复思考，能不能自己动手制作一些简单实用的教具，来弥补课堂教学的不足？我把想法跟我的学生们一说，大家都充满了好奇，纷纷赞同。这样，我一到星期天，就奔波在五金店和家之间，千方百计寻找材料。我找来细铜丝，各种型号的螺丝，还有纤维板、透镜等，有的时候和住在附近的学生一起动手，锯的锯，裁的裁，量的量，算的算。经过一番忙碌，我们自己动手制作的天文望远镜、中国政区轮廓演示板等相继诞生了。看着眼前这些土教具，我露出得意的笑容，就连被我动员来一起参加制作的学生，甚至个别热心家长都感到很欣慰。自制教具的过程，让我感受到了教学创新的魅力，更加激励了我的尝试精神。

2. 野外地理考察

星期天，除了和学生一起自制教具，我还带领学生进行野外考察。张渚地处江南丘陵，距离镇区 3 千米处有一个 4A 级景区——善卷洞，那是全国较早开发的地下溶洞之一，周围的喀斯特地貌非常典型。还有附近的龙池山，有许多亚热带植被和树种，这些都是地理学科的活教材，是对课堂教学的有效延伸。我经常带领学生穿行山间，实地考察，收集资料，采集标本。有几个胆大的男生，总是走在队伍的前面，他们一面勇敢地为大家开辟道路，一面为自己的意外收获而欢呼，俨然像个英雄。这时候，我深深地感到，教育的天地其实很广阔，这样的野外考察不仅仅让他们学有所得，更锻造了他们的品质。对于这样的活动，家长们很支持，也很放心，他们都认为这是对孩子的一种历练。校长也很开明，对我褒扬有加。我感到那时的教育，天地朗阔，生机勃发，各种教学智慧也就应运而生了。

3. 盲拼政区轮廓图

就在我们制成政区轮廓图的同时，我还引导同学们在地理课上开展一分钟盲拼的比赛，就是让学生在一分钟时间内，把用纤维板制成的各个省区的轮廓演示板，散乱地放在课桌里，不用眼睛看，就用手指触摸，使其复归原位，拼装成一幅完整的中国政区图。每逢开展这样的比赛，教室里可谓热火朝天，每个学生都不甘落后，那些平时课上有点调皮的学生，这回可找到了用武之地，只见他们手脚麻利，神情紧张地投入比赛之中，唯恐落后，往往这些学生都是盲拼比赛的获胜者，因为他们天性爱玩爱动手。就这样，在充满比赛乐趣的过程中，我们完成了"中国政区分布"一章的教学，效果非常好，学生记得牢，学得轻松。这使我想起海德格尔的话："手所能具有的本质是会言说、会思的本质。"学习和思考的方式应该是多种多样的，我们要寻找更适合于学生的教学方式，让学生学得更快乐更轻松，发挥学生身上巨大的潜能。

在江苏省基础教育青年教师(地理)教学基本功大赛上发言

(二)与书为伴，且行且思

在张渚中学任教的十年间，我时常感到一个大学毕业生和优秀的地理教师之间的距离，在教学中，常有捉襟见肘之憾。这时候，我除了向有经验的教师虚心学习之外，把更多的目光投向书本。我相信，向书本学习，向优秀的教学理论和实践学习，一定可以从中汲取智慧和力量，得到一把打开理想课堂大门的钥匙。

1. 困惑：四年本科够不够教学资本

（1）橱窗前的尴尬

1983年4月的一天，毕业前夕的教学实习，我们一行5人在老师的带领下，来到南京市区的某所中学，准备进课堂试教。我们意气风发，满怀热情。那天，我们去得特别早，距离上课还有很长一段时间，我们就在校园里参观。学校主干道两旁的橱窗吸引了我们，我们就在橱窗前停下来。无意中，我看到了一份往年的高考地理试卷，饶有兴致地研究起来，顺便考考自己。一开始还挺有把握的，可没做几道题，就感到很吃力了，原来试卷上的内容以区域地理知识为主，这是我这个以理科生身份就读地理专业的人所欠缺的，我一下子惶惑起来，羞红了脸，呆呆地看着眼前的考卷，觉得自己所学的知识真是太少了，为自己将来能否胜任高中地理教学深感担忧。等到旁边的同学来拽我，我才回过神来，那次橱窗前的彷徨，深深地留在我的记忆中，也为我日后养成读书好学的习惯奠定了基础。我经常对老师们说：一天不读书自己知道，两天不读书同行知道，三天不读书学生知道，做一个优秀教师，首先要成为一个与书为伴的人。

（2）课堂上的惶惑

毕业之后回到母校任教，那时我还兼任初中地理的教学，初中地理的教材教法我不熟悉，尤其是区域地理知识。有时进课堂前，我就觉得心中没底，脑海中又浮现出毕业前夕面对高考试卷的尴尬。教学中，我努力旁征博引，但面对学生的一脸茫然，感到很郁闷。怎么办呢？我苦苦思索着，我发现问题的症结，在于学生没有成为课堂学习的主角，他们只是被动的听，而听的内容又距离他们的认知实际较远。这个问题深深地困扰着我，我在不断反思，四年勤勤恳恳的本科学习，使我获得了大量的前沿知识，为什么教学知识却这么贫乏？

在我清醒地认识到上述问题的存在时，我不服输的精神从心底觉醒，使我不断地寻找突破的方向，最终，我选择了读书学习，重新走一回"上大学"的道路。同时，我也开始了教改实践，努力寻求高效课堂的突破之道。

2. 行动：每年读好用好一本书

毕业前夕，老师赠言：希望大家每年好好读一本书，这是一个教师的本分，否则就要落伍。乍闻此言，我不禁在想：一本书？太少了吧！事实上，每年精读一本书并非易事，在忙碌的岁月中，多少读书梦想流于冗务。如果能坚持每年读好、用好一本书，那就意味着你一定能摆脱平庸。

（1）托学生买书

1987年7月，我有一名得意门生，考取了北京师范大学教育系，这在当时应该是很不错的了。这名学生跟我关系很好，他的地理成绩也很优秀。我首先想到的是，他在北京师范大学教育系，是不是可以托他帮我买几本比较实用的教学理论书籍呢？我把这个想法跟他说了，他就去问老师，然后不辞辛苦地给我买来了几本书，其中对我影响最大的就是苏联沙塔洛夫的"纲要信号"教学法的简介读物《3分是怎样消失的》和查有良的《控制论、信息论、系统论与教育科学》。这两本书我看了几十遍，其中的重点章节可以说是熟读成诵了。后来，我就在地理教学中开展了"纲要信号教学法"的尝试，并一直坚持至今，30年过去了，书页已经发黄，给我买书的学生也人到中年，但那几本书，却在悄然中改变了我的教学人生。

（2）杭州学林书社的购书卡

那时，我的月工资只有80多元。我从报纸上看到杭州《学林书社》的书目介绍之后，被它的书目吸引住了，那里有我心仪的书，我就从自己的工资里，砍下一块来，作为我的读书资金。通过一个学期的积攒，办了一张200多元的购书卡。这在当时，显然是一件奢侈的事情，不过，现在看来还是很值得的，它培养了我静心读书、认真摘记的好习惯，也给我开展课堂教学改革积攒了底气。

（3）让地理课充满书声

在买书、读书的过程中，我深深体会到阅读的重要性。而学生就是来学校"读书"的，我就尝试和学生在课堂上一起"读书"。主要是读教材，读挂图，把课堂"读书"的权利还给学生，采用"读读、划划、议议、练练"的最朴实的方法，让学生充分动起来，我的地理课颇有点语文课的味道，常常是书声琅琅，惹得语文老师都嫉妒，说学生读地理比读语文来劲。在和学生一起学习的过程中，我也逐步熟悉了初中地理教材，并且取得了较为理想的成绩，我的课堂教学逐渐显露出自己鲜明的风格，我的县中梦也越来越真切了。

3. 变化：两节课的运动轨迹

（1）二十五年后还记得的课

1985年秋季，我开始担任高中地理的教学。这个时候，我对地理教学已经入门，并且有意识地关注教材教法的研究。经过一番思索，我在秋季学期的序言课上，在黑板上首先板书"W·W·W"，请同学猜想板书的含义。那些刚进高中大门的孩子，想象力真丰富，结合他们所学的语文和英语知识，给出了很多答案。我在肯定他们的同时，告诉他们：我们地理学科所学的知识，概括起来就是"三个W"，即"在哪里（Where）、有什么（What）、为什么（Why）"的问题，主要是回答位置、自然环境和人文环境以及各要素之间的关系问题。这样，就用形象的语言，把我们地理学科的主要知识和学科思想，教给了学生，让他们对地理学科有了基本的认识，从而引导后继学习。这堂课学生听得很神，我暗自高兴：抓住了学生的心思，调动了学生的积极性，以后就好办了。

2010年，一次师生聚会，在无锡市检察院任职的某位学生，突然问我是否还记得第一次给他们上地理课讲的什么内容。我心里有数，但生怕说错，就顺势问道："莫非你还记得？"他竟然清晰地复述出"3W"及其含义。那一刻，我突然感到一种强烈的幸福感，仿佛时光倒流，又回到了当年充满智慧和热情的青春课堂。

（2）第一次站到县中的讲台上

1987年10月，一堂公开课，标志着我的教学人生迈上了一个新的起点，后来的机遇在此刻悄然孕育。由于我在教学中逐渐崭露头角，张渚中学的领导对我也很信任，派我参加宜兴市首批学科带头人、教学能手的赛教，地点就在县中。当我第一次站在县中的讲台上时，欣喜、激动、紧张、不安……种种情绪交织在一起，心潮澎湃，难以自抑，就像一位新人初登舞台。台下的评委里面，就坐着县中的校长，这一课对我这个怀揣县中梦的人来说，重要性自不待言。

调整好情绪，我开始上课了，我首先板书："洋流、豆腐、潜艇"，并提问这三者之间有何关系。一石激起千层浪，学生纷纷提出各种猜想，县中的学生果然厉害，奇思妙想令人赞叹。我顺势利导，请学生自主阅读课文内容——"洋流"，从书本中找答案，学生的读书积极性一下子被提起来了，书声琅琅，全神贯注，学生生怕落下一个字，非常投入，这样的情景在当时"满堂灌"的课堂风景中，犹如一股清风，给人别样的感受。接着我请同学结合课文内容，回答什么叫洋流，洋流的成因、分类、分布及其与人类活动的关系，学生的回答切中肯綮，非常流利，比老师的烦琐讲解要有效得多，再一次彰显了课堂读书的魅力。然后结合书上的知识，交流、讨论、归纳，师生合作板书，揭示出洋流、豆腐、潜艇三者之间的辩证关系，解开课始的谜团，回归知识体系，实现教学的延伸。整个课堂中，我全身心地投入，但又不剥夺学生自主学习的权利，发挥着激励、组织、点拨的作用，师生之间达成了高度的默契，教学效果也很明显。（"洋流—豆腐—潜艇"关系：秘鲁沿岸上升流减弱，导致鱼产量减少，鱼粉价格上涨，农场主被迫将原来用鱼粉作饲料改为用大豆粉作饲料，结果导致大豆价格上涨，最终使日本市场豆腐价格提高。在第二次世界大战期间，德国的潜艇巧妙地利用大西洋和地中海的洋流进出地中海，而不被盟军发现，对盟军的运输船只实施攻击，造成其巨大损失。）

　　课上完了，评委们对我的课给予了高度评价，宜兴县中校长特意走到我面前，和我握手，并给予勉励。那一次的握手，使我和宜兴中学从此结缘。尽管我5年后才正式踏进宜兴县中的大门，但我知道县中的大门当时已然为我打开。我尽情地呼吸着，感觉空气中有股甜丝丝的味道。那次，我获得了赛教的第一名，被评为宜兴市第一批教学能手。此后，我相继被评为无锡市第一批学科带头人、无锡市名教师、江苏省特级教师，那节公开课无疑是我教学生涯中的一个重要节点。

在"一个教师到底能走多远"报告会上发言

二、做有专业精神的教师

1992年8月，我如愿调入宜兴市中（宜兴1990年撤县建市，宜兴县中学遂更名为宜兴市中学，1996年，更名为江苏省宜兴中学），做一名高中地理教师。当时，我在张渚中学已经担任了学校的中层干部，学校领导对我也很信任和关注，那里的工作氛围和人际关系也十分融洽。按理来说，在张渚中学我也会有顺风顺水的发展。但接到市中抛来的绣球时，我欣然决定去任教，内心并没有因为过多的权衡得失而矛盾挣扎。在我看来，既然从教，当一个好教师是一辈子的事，到市中任教，历练自己，提升自己，在自己的专业领域里有所建树，成为一个张景新式（张景新是上海市最早的地理特级教师）的优秀教师，是我心中最大的梦想。

正是市中对我的考验，让我重新定位自己，使我时常保持高度的警醒，跳脱了发展过程中的"瓶颈"。在这里，我最大的成长是涵养了笃定执着、大气超然的品格，接受了教科研的洗礼，实现了由教学技巧向教学智慧的过渡，实现了由对课堂的感性操控向理性构建的过渡，我的"纲要信号"教学思想日渐成熟，为我后来在实验中学开展"结构"教学法的实践研究，奠定了基础。

（一）校长帮我誊写课题方案

1992年，一进宜兴市中，我就感到这里的教研氛围特别浓厚，有着开放民主的学术空气和严谨务实的教学作风，团队合作意识很强。我在很短的时间里，就融入了这个大家庭。刚进市中那会儿，我特别用功，业余时间全用在看书学习上，认真上好每一节课。我踏实进取地工作，赢得了大家的认可，特别是时任市中副校长的谢盛良老先生。他每天要巡视校园几个来回。有一次，他在校园里碰到我，主动叫我，对我说："我虽然没有听过你的课，但是我知道你的课上得好，因为学生都很喜欢上你的课。"我顿时感到浑身充满了力量，谢过他，一路小跑，心中满是喜悦。最让我感动的是，由于要申报无锡市市级课题，我当时负责10个班级的地理课，时间来不及了，谢校长看到我放在案头的课题方案草稿，笑吟吟地拿过去，说："我来给你誊写。"就这样，他不辞辛苦地为我誊写了几千字的课题方案。我无以为报，只有更加努力地把书教好，我深深感到，市中充满了浓浓的人情味，对优秀的青年教师不吝奖掖，也是市中人才辈出的原因之一。同时，我也更加坚定了课改信念。

(二)"失业"的考量

1993 年高考改革，实施"3＋2"考试制度，即"语、数、外＋政、史"。地理成了"会考"学科，一下子被边缘化了，自然，地理老师的地位也就直线下降了。甚至，有人开玩笑地说，你们地理老师"失业"了。这对我这个正准备在地理教学上干出点名堂的热血青年来说，不啻是当头一棒，可我转念一想，"会考"也是"考"，地理还是要学的，只不过学的要求有所不同了，我怎么会失业呢？再说，我非但要保障学生通过地理会考，还应该让他们学得更加轻松，更加快乐，让他们在沉重的高考压力之下，在我的课堂上焕发出创造创新的潜能，体验高效学习的快乐，这正是我的理想。这样一来，我非但没有"失业"，反而大有可为啦！

还有，我一直坚持研究的"纲要信号"教学法，需要有大量的时间研读教材，研究知识与知识之间的内在联系。我有一个设想，就是把初高中地理的六本教材所涉及的主要知识，以基本概念为主线，加以概括和整理，全部用"纲要图示"的形式制成有利于学生记忆和理解的知识地图，这在当时的地理教学中还是首创。高考松绑，正好给我提供了时间上的保证，我由衷地高兴，不是因为负担减轻了，而是因为我看到了新的努力方向。

接下来的日子里，我认真备课，在课堂上深入实践"纲要信号"教学，提高课堂的有效性。我的每一节课，学生都听得很有兴趣，有几个学生就盼着我来给他们上地理课，他们说可以换换脑子。是啊，我的课就是一本教科书，几幅结构图，读读、议议、讲讲、练练，而教学内容却是丰富新颖的，生活家常，历史人文，热点时事，都可以作为学习的素材，关键是洞悉这些现象的本质和联系。所以，学生上我的课，总有意犹未尽之感，惹得其他学科的老师也来听我的课。课堂上，学生智慧的发言，自由的思想，高效的学习，构成了一道亮丽的风景。自然，会考轻松过关，而且培养了他们强烈的方法意识和良好的思维方式。

在地理成为会考学科的几年里，我苦心孤诣，一头扎在"纲要信号"教学的研究之中，先后画出了 40 多幅纲要信号图。这些纲要信号图，倾注了我大量的心血。"仰之弥高，钻之弥坚"，为了打通教材与教材之间的隔阂，寻找知识之间的本质联系，我查阅资料，阅读教材，不厌其烦，有时为了一个地理概念的表述，向语文老师请教，请他帮我断句释义，寻找概念中的关键词，甚至查《辞源》《辞海》，为的就是透彻理解概念的内涵。记得有段时间，我很苦恼，因为感觉自己陷入了一个迷局，纷繁复杂的现象知识之间到底存在着怎样的本质联系？在这 40 多幅纲要信号图中，我能不能把这些知识全部整合概括到一张图上，成为一幅高中地理学科知识全图？我画了又毁，毁了又画，有时纠结痛苦，有时得意忘我，达到了为之痴狂的地步。那时的市中，晚上学生都在教室自修，校园里灯火通明，紧张有序，谁也没想到我这个被高考遗忘的副科教师居然也在凑热闹，每晚与书本为伴，默默地思考着怎样教给学生最有价值的知识，并为之殚精竭虑，夜不成寐呢！那些时光，我现在回忆起来，觉得是最幸福的，它不但造就了我今天对地理学科，对课堂教学的深层思考和深刻认识，而且使我养成了一个"习惯"，那就是每每讲到一个知识点时，总喜欢拿起笔来圈画一番。熟悉我的人都知道，我的办公室窗台上有一块白板，我和教师们的研讨，面对媒体的采访，还有和专家的对话，我都喜欢先拿起墨水笔，在白板上比画，转瞬之间，我可以画出一棵枝繁叶茂的知识树，我可以画出世界上任何一个国家的轮廓位置图。假如没有那些年把知识一点点嚼碎、消化、吸收的过程，就没有今天的吐纳自如。

（三）工会主席组织论文比赛

在进市中的第二年，我就从一个普通教师被提拔为学校的工会主席，也就是高考"失业"的那一年。大家都感到我充满了热情和活力，这与我热爱运动有一定的关系。那时，我还是学校篮球队的主力，工作、读书时专注沉静，但每到下午 4 点，我这个工会主席，一定会组织一场球赛，教书、学习、运动，纯粹而快乐。

我在做好工会工作的同时，仍然热爱我的教科研工作，孜孜不倦地研究"纲要信号"教学。有一天，谢校长给我一张通知，是关于组织教师参加江苏省"五四杯"论文竞赛的。我感到这是谢校长对我的信任，心想一定要把事情做好。当时的"五四杯"论文竞赛，在教师心目中仿佛遥不可及，获奖论文要求高，数量少，只有很少的人能摘取它诱人的果实，但大家又非常向往，怎么办？我就和几位领导商量，决定成立一个团队，以我们学校和教师个人的课题研究为依托，一方面切实深化课堂实践研究；另一方面加强合作，召集部分骨干教师、青年教师，专门制订论文撰写的计划，集中大家的智慧，争取写出高质量的论文，力争有所突破。当时，研究的氛围非常浓厚，在我的组织下，我们十几个人经常利用晚上的时间，在一起研讨，这个活动历时两个多月，最终写出了7篇质量较高的论文，我们满怀喜悦地等待着评审结果。

一个月后，"五四杯"论文评选揭晓，我们学校中的成绩取得了历史性突破，我和另外一位教师的论文获得了江苏省二等奖，还有两篇获得了三等奖，获奖等次和数量前所未有，在同类学校中属于佼佼者。校长在全体教师大会上先后三次点到我的名字，对我进行了表扬。会后，一位老教师真诚地对我说，校长在全体教师会议上一般不点名表扬某位教师，连续三次点名表扬，在学校的历史上还不曾有过。我又一次深深地感到，只要真诚付出，一切皆有可能。

半个月后，我作为获奖代表参加了在淮安举办的江苏省1993年"五四杯"论文大赛颁奖典礼。同时，我校还获得了优秀组织奖。大家对我这个代表学校来领奖的人有点好奇，因为一般工会主席是不出席这样的场合的。大赛的组织者、《江苏教育报刊社》的朱亮和王写之等老师，很热情亲切地鼓励我，在我后来的教学科研中，也一直扶持我，我也一直把他们当成亦师亦友的人敬重着。我还聆听了周德藩、唐江澎、卢志文等领导和教师的发言，唐江澎和我都来自无锡的高中，虽然第一次见面，但共同话题很多，相谈甚欢。此次领奖，我感触很深，觉得自己还要更加发奋努力，对理想教学的追求是永无止境的。2010年10月，唐江澎先生作为《江苏教育》特邀的名校长，来到我们学校，和我一起同台上课，作为"一把手进课堂"的现场样本。我们还一起回忆起17年前在淮安第一次相遇的情景，深感教学科研是造就优秀教师的源头活水。

（四）一份沉甸甸的结题报告

20世纪90年代初，是教学科研刚刚兴起的时候，那时老师们的教科研态度相当严谨，评审和结题也很严格。1996年11月，我领题的省级课题《"纲要信号教学法"在中学地理中的运用研究》，申请结题，经过严格的评审和调研，顺利结题。评审小组组长、南京师范大学地理科学学院的沙润院长，在我的结题报告书上写道："该项课题研究立足教材，面向学生，运用纲要信号的形式，呈现了知识与知识之间的内在联系，同时，关注学生的自主学习，提升了教学的品位，对其他学科的学习也有借鉴意义，在目前国内的地理教学研究中，处于领先水平。"这是一位严谨负责的专家对一位青年教师坚持不懈研究教学的充分肯定。这份结题报告，见证了我们当时对课题研究所付出的实实在在的努力。

教学特色经验交流会初露头角。1993年年初进市中，我就将课题研究引进地理教学，经过课堂实践，我的课题研究内容更加丰富和生动了。12月，学校召开每年一度的教学特色经验交流会，当时学校对这一活动很重视，全体参与，层层筛选。到交流的那一天，会场布置得很隆重，横幅高挂，鲜花簇拥，音乐环绕，我作为地理学科组的代表上台发言，开始大家对我这个刚刚踏进市中大门的年轻人还不熟悉，在那次交流会上，我的广泛阅读和务实研究，给大家留下了深刻印象，这是我在市中教科研肥沃土壤上的第一次亮相。

无锡市级立项课题担当主力。1995年4月，无锡市教科所孙老师承担了一个省级课题，我的"纲要信号教学法研究"是他的子课题。在研究过程中，我认真撰写方案，五易其稿，开展了丰富翔实的师生问卷，我的第一手材料足足装了两个牛皮纸袋，每次孙老师来学校指导，都要夸奖我态度严谨认真，在每次的协作研究会上，孙老师都把我的方案提供给大家作样本。

省教科研现场会代表发言。1996年4月，江苏省教科研工作现场会在宜兴市中学举行。我和学校的另外五位教师，代表学校上台发言。我们六个人汇报了各自开展的课题研究以及在教学中所取得的成效，给与会代表留下了很深的印象。省教科院的领导，高兴地对校长说，你们学校有一支教科研的生力军，校长看着我们几个人满意地笑了。在我们六个人中，有现在宜兴中学任教生物的洪长根，他和我一起于2010年被评为江苏省特级教师，有现在宜兴市实验中学任教物理的无锡市名教师甘雨，还有现在实验中学任教化学的无锡市名教师刘红娟，还有两位也是无锡市学科带头人。我在教科研路上一路走来，真诚付出，脚踏实地，也得到了丰厚的回馈，尝到了教科研的甜头。

（五）一不小心成了最受欢迎的教师

自从地理学科转为会考科目以后，我的地理课反而成了学生最喜爱的科目，我的"人气指数"也节节攀升。在教务处组织的"我最喜爱的科目、我最喜爱的老师"问卷调查中，我总是以最高的满意率高居榜首，有些老师觉得颇为费解，就来偷偷地听我的课，看看我到底是怎样"忽悠"我那帮学生的。经过对我的课堂观察以及和学生的交流，他们终于明白原来我的课堂轻松活泼，没有课前预习和课后作业，学生依托教材，借助地理学科知识的纲要信号图，自主阅读，举一反三，形成了"大容量、轻负担、高效率"的课堂特色，另外我的教学语言比较机智幽默，也给当时的课堂增添了别样的风味，很适合市中学生自主性和求知欲比较强的学习特点，自然得到了学生的热捧。

　　现在，我担任宜兴市实验中学校长已经 16 年了，我当年的许多学生，都成了实验中学的骨干老师，他们跟我一起回忆起当年我给他们上课的情形，还一脸幸福，说那是他们高中年代里最快乐的课堂生活，我深感欣慰。我潜移默化地影响着他们的教学观念和教研态度，他们中有现在已是无锡市学科带头人的优秀地理教师王苏蓉，还有一批优秀的青年教师。每逢我上公开课，他们都是一个不落地来听课，虽然他们从学生变成了老师，看着他们坐在学生旁边听我讲课，我的心里总会升腾起一种教师的职业神圣感，教书育人是一件多么美好的事啊，师道崇高，经年不变，老师们应该努力追求这种境界。

2013 年 4 月承办全国新课程教育教学专题研讨会

三、做有教学领导力的校长

2000 年 8 月，宜兴市教育局进行办学格局调整，以宜兴市中学初中部为基础，创办宜兴市实验中学，其性质为公有民办，与原升溪中学（公办初中）联合办学，实行"一体两制"的管理办法，由我出任宜兴市实验（升溪）中学首任校长。2005 年，升溪中学与实验中学分离，独立办学，原实验中学整体搬迁至龙背山森林公园对面的新校区，开始了各自的运行轨迹。

时任江苏省教育厅副厅长胡金波来校考察

2010 年，实验中学改制，两校再度合并，成为新的实验中学的南北两个校区，还是由我任校长。2010 年暑假，我把两校合并后的第一次行政会议放到了北校区（原升溪中学）召开，坐在五年前我们从这里撤出的大会议室，望着眼前大部分熟悉的脸庞，我感到特别的亲切，也看到了这十年来的巨变。遥想十年前，我们一起草创实验中学的情形，从当初的一个年级 9 个班级（初一），30 余位教师，发展到今天的两个校区，92 个班级，480 余位教职员工，从当初的蜗居一隅，到今天的蔚为大观，从当初挂牌时路人好奇的目光，到今天省内外慕名而来者川流不息的脚步，这不仅仅是规模的扩张，更有着实验中学人十年的努力，也有着我十年来对教育创新的不懈追求，这份追求是责任驱动下的义无反顾和披风沐雨，也是一种精神的写照，我姑且把它命名为"实验精神"，其内核是"惟精惟一，追求卓越"，更是一种务实求真、不断进取的精神。

今天的实验中学，经过十余年的发展，已经形成自己的学校文化，但聚焦课堂，笃志课改，通过变革课堂，变革师生的学习方式和生活方式，把创造和发展的权利还给师生，从应试的压力中解放出来，焕发出教育应有的生命活力和创新潜力。让学校教育为师生的一生幸福和终身发展奠基，这一理念始终没有改变，我们将一如既往地以课堂教学变革为突破口，促进学校的可持续发展，这是我作为校长，应有的教育使命和责任担当。

（一）一张时间表

实验中学诞生于宜兴中学的肥沃土壤中，而宜兴中学的前身，又可以追溯到1928年由徐悲鸿等人手创的"精一学社"。"精一"辞出《辞海》，《观弥勒上生经疏》："精谓精纯，无恶杂故；进谓升进，不懈怠故。"用今天的话来说，就是"精心一志，追求卓越"。我在立校之初，就通过各种形式、各种渠道，向我的师生们反复阐述我们的办学目标，倡导师生用"精一"精神来自勉自励，努力打造出一片基础教育的新天地，不辜负社会期望，不愧对"实验"二字。

2000年，学校创办之初，我提出了用五年时间，把实验中学办成"省内一流，全国知名的现代化、高质量、有特色的示范初中"这一目标。当时，来校督导的一位教育局领导，认为我这个目标提得似乎太高了，委婉地提醒我，不要让自己陷入尴尬。我自信地对他说，我相信实验中学的老师和学生，有他们的努力，这个目标不远。十年的"精心一志"的创新实践，实验中学形成了鲜明的学校文化和办学特色，2006年第1期《江苏教育》发表封面文章——"用实验锻造品牌"，实验中学成为省内基础教育的一道亮丽风景。

2005年，学校整体搬迁至龙背山森林公园，与升溪中学分离，我又提出"把实验中学办成长三角地区最有影响力的民办初中"。我们笃志不移搞课改，在撬动课改的过程中发展教师，发展学校，经过三年的艰辛探索，在我长期研究的"纲要信号"教学法的基础上，丰富发展而来的"结构"教学思想端倪初现。天津教科院基教所所长王敏勤悉心指导，竭力推介，《中国教育报》2007 年 10 月 26 日，以"努力寻求'教师少教学生多学'的方法"为题，对我校的课程改革予以专题报道。

2007 年年底，期末结束的最后一次教师会议上，我又提出"努力把实验中学办成全国基础教育课程改革的成功典范"这一口号。初闻此言，少数人意味复杂地笑了，我却很坦然。并且用加粗红字作为来年工作纲要的标题，刊发在学校校报《新叶报》上，发到每一个学生和家长手中。2008 年寒假过后进校的第一天，鲜红的巨幅标语昭示着我们进取不已的壮心，我就是要用不断攀升的目标，来激励我的师生，所谓"取法乎上，仅得其中；取法乎中，仅得其下。"用明确的目标激励自己，并持之以恒，披荆斩棘。2009 年，《中国教师报》《教育文摘周报》几乎同时以头版头条的形式，报道了实验中学的"结构教学"法以及鲜明的课堂教学特色，引起了广泛关注。同时，无锡市"聚焦课堂，实施有效教学"的现场会也在我校隆重召开，"实验样本"成为无锡地区推进课堂教学改革的典范。2010 年，我主持的学校课题获得了首届江苏省基础教育教学成果一等奖。两个月后，我被评为江苏省地理特级教师，消息传来，人们都真诚地祝贺我，我却很淡定，不是我这个人有多脱俗，我以为十年前我评上特级是奇迹，五年前评上是兴奋，三年前评上是喜悦，现在评上是欣慰。不是矫情，是一切都在按照时间表在运行，你选择了什么道路，就选择了什么人生。

实验中学教育集团课改推进会

2014年，我主持的省级课题研究成果，获首届国家级基础教育教学成果二等奖，也是宜兴市唯一获此殊荣的校本化的课堂教学改革研究成果，标志着我们的"结构"教学理念得到了国家课程改革专家和权威机构的认可，表明了我们的方向是正确的，这是对我们这么多年来苦心孤诣研究课改的最大肯定，也更加坚定了我们推进课改的决心。

(二)爱折腾的校长

我是个地地道道"爱折腾"的校长，但我的"折腾"是为了让我的学生们少受传统陈旧课堂的"折腾"。我奉行的是"求真务实"的想法，既然传统教学的问题和积弊横陈于前，唯有破而除之，方能境界大开。

2001年秋末的一天，我走在实验中学现代化的教学大楼里，那是下午的4点左右，当时"减负令"还没有出台，基础教育正是一片"苦干大干"的景象，我们部分老师也是这样，占据着课堂誓死不放，争分夺秒。我看着走道两旁学生的书画作品，蓦然心惊，这些学生多有灵气啊！这使我想起前两天，在学校举办的"江苏省中学生记者站苏南启动仪式"上的一幕，我们的初二学生余潇主持仪式，非常出色，省教育厅的领导啧啧称赞。我再看着眼前一些学生疲惫的脸，我仓皇离开，痛下决心，一定要寻求课堂的突破，让师生解放出来，还师生以灵气和创造，不然，就辜负了这批来自全市的优秀学生，我要让他们好上加好！从此，我几乎把所有的精力和心血都倾注在了课堂研究上，我要让我们实验中学的学生，享受课堂教学改革带给他们的福祉，让他们站在我们的肩膀上，看得更远，走得更稳，为他们的未来发展负责。

1."114"的故事

课堂改革，是一项系统工程，摆在我面前的是两个问题，一是从何改起，目前最突出的课堂弊病在哪里？二是我的"纲要信号"教学法，在实验中学，在初中学生身上，有没有生根的土壤？假如有，如何生根，如何开花，如何结果？我不敢贸然，决定走"先学百家，自成一家"的路子。

2002年的洋思中学已经享有盛名，我们直奔洋思。我先后去了不下二十趟，带领老师去了不下五趟，回来后就进教室，和老师一起揣摩怎样实现"先学后教"，老师们有收获，也有困惑，发现课堂的容量不大，而这未必适合实验中学优秀学生的学习需求，我又把目光投向远处。这时，我了解到上海闸北八中校长刘京海，作为

"成功教育"的代表人物，他们的课堂很有特色，低起点、小步子、多活动、勤反馈，很有借鉴意义，所以就想联系刘京海，却不知道他的电话。于是我拨通了114查号台，没想到一试成功，通过简短的交谈，刘校长欣然应允，来校讲座和上示范课。过了一个学期，我又发现，邱学华教授的"尝试教学"朴素实用，"洋思模式""成功教育"，甚至不管哪种教育，都离不开学生的尝试，所谓"自古成功在尝试"嘛。我找来很多"尝试教学"的书，认真研读，越读越觉得对路，产生了强烈的愿望，想要得到邱学华教授的亲自指导，可还是不知道他的电话，老办法，打"114"，通过常州的老师，辗转找到邱教授。邱教授正好在宁波神舟学校做校长，听了我的想法，感到能为家乡学校的课改做点贡献很高兴，三天后就抽时间赶到我的学校。从此，我和他结下了深厚的友谊，他也一直尽心尽力地支持着我的课改，"尝试"思想在我们的课堂深深地扎下了根。通过查询114台，我还找到了东庐中学的陈康金校长，还有很多知名的专家。2005年，我在参加"中央教科所校长培训班"学习时，结识了天津教科院基教所所长王敏勤教授，他早年也是研究"纲要信号"教学的，现在，他在此基础上首创了"和谐"教育流派，成绩斐然，是国内课程改革中的领军人物。我和他在重庆的一次会议上相识，一见如故，"纲要信号"教学法使我们一下子走近了，我们在房间里彻夜长谈，一个月后，他走进了我们实验中学。

洋思中学原校长蔡林森先生来我校做交流报告

有人戏言，我的学校里，专家是不是来得太多了，我说，首先多不是坏事，因为专家也不是哪个学校都愿意去的，至少你要有点思想，有点基础，专家才愿意来。其次，我的头脑不是专家思想的"跑马场"，我的心里蛰伏着"纲要信号"的种子，还有我自己对"理想课堂"的研判和追求。

今天，我们虽然外请的专家少了，但请校内的专家多了，在多年的课改探索中成长起了一批骨干教师，他们活跃在学校多种专题论坛的舞台上。我们初步形成了自己的教学特色和教学文化，走过了一条"融汇百家，自成一家"的课改道路。而且，我们还很积极地输出我们的研究成果，在宜兴市内外产生了良好的辐射作用和引领作用，以我们学校为龙头的教育集团、区域教学联盟活动很频繁，我们积极承担示范教学、专题研讨等义务，派出优秀教师到结对学校支教，共享我们的研究成果，在发挥名校效应的同时，也促进了我们自身的发展。

学校校本教研——"说教材大奖赛"

2. 南上北下，星夜兼程

2003—2007年，我带领学校的老师们出去向别人取经，不辞辛苦，南下宁波、温州，北上河南、山东。我主张用开放兼容的态度，取人之长，补己之短。

2005年6月3日，我在阅读《中国教育报》时，发现了一则名为《记山东孔子学府推行的"整体建构和谐教学法"》的新闻，该校刘士秋副校长介绍了该校正在实验的

"整体建构和谐教学法"，引起了所有与会代表的高度关注。孔子学府的这一课题正是在王敏勤教授的直接指导下进行的，结合现代化教学手段，借助"知识树"等纲要信号形式实现学生的高效学习。此时，"纲要信号"教学法，再次猛烈撞击着我的心，我马上意识到，刘士秋校长正在和我考虑同样的问题，只是我的纲要信号可能还要在概括化，结构化方向上提升，才能实现知识的纵横贯通，促进学生的能力迁移。

我立即请求王敏勤教授与刘士秋副校长取得联系，表示了要去学习的想法。当时刘士秋已经离开孔子学府，被浙江瑞安新纪元实验学校聘为校长。我当即赶到了瑞安，与刘士秋校长进行了深入的交流。在半天的时间里，我有了一个强烈的感觉——这次是来对了！

回到宜兴后，我马上派出骨干教师到新纪元实验学校蹲点学习，重点学习如何在课堂上贯穿"方法"意识。一周后，新纪元实验学校举办了一场"整体建构教学赛课"活动，我又派出 40 位骨干教师前去听课。瑞安相聚宜兴甚远，为了赶时间，星夜兼程，老师们就在车上吃了点快餐，累得几乎都要睡着了，而我的内心却非常亢奋，感觉"纲要信号"教学法正在以新的方式苏醒。

今天想来，感触满怀，当年的匆匆脚步，满怀激情，对理想课堂的热切憧憬，奠定的是方向和情怀，为的是我们的学生能早日摆脱传统课堂带来的束缚，感喟之余，无怨无愧。

《中国教师报》在实验中学举办"宜兴市实验中学教育思想研讨会"

(三)"结构"教学的诞生

我在反复揣摩研究"整体建构和谐教学"的基础上，发现其思想核心是要教给学生最有迁移价值的知识，同时营造和谐的教学氛围。我通过对老师们的课堂观察，不断阅读新课程课堂教学改革的前沿理论，决定从"教什么"和"怎么教"两个方向，打一场课堂教学的攻坚战，树起一面城市学校课改的旗帜。

1. 白板上的思考方式

我在多年的课堂教学创新实践中，深深体会到，教学改革不仅要靠行政推动，更要靠教师的自觉。我采用了"渗透濡染"的战术，抓住一切时机，利用一切渠道，和老师们交流探讨。我相信，只要锲而不舍地坚持下去，终有一天老师们会摒弃陈旧的观念，在不知不觉中改变了自己，也改变了课堂。

向来校考察的同行展示"结构"教学法

到过我办公室的人都会注意到，在进门后的右边，有一块白色的写字板、一盒水笔。这块白色写字板不是用来记事的，而是我用来向教师们和来访者讲解"结构"教学思想的。至今，白色写字板已经写坏了不知道多少块。后来，我要求每个备课组办公室，都配备一块小白板，每逢教研组或者备课组活动，我都和教师们一起，在小白板上对一篇课文或者一个知识点进行解剖。原先我们上课，可能只是教给学生现成的答案，教给学生零碎的知识。我们通过在白板上，演示知识的来龙去脉，寻找知识的纵横联系，这样，我们就善于从本质上思考问题，把那些概括化、结构化的知识教给学生，让学生学了之后，能有效地迁移运用，实现"举一反三，触类旁通"的目的。小小的一块白板，见证了我们对课改的热忱，也记录了这三年多来，我们的艰辛付出。现在，我们的老师，都是画树状图的高手，也很善于研读教材，就是那时候培养出来的。

我用这种平和、坚韧的方式，感召着教师，转变着大家的思维方式，这也是学校里最独特的教研风景。

2. 我的追问，让教师委屈流泪

2007—2008 年，是我最热衷于研究学科基本概念的时候。我研读了叶澜教授的《新基础教育》，对叶澜教授提出来的"帮助学生掌握主动学习的工具"这一理念，非常赞同。我还喜欢看哲学著作，如《自然辩证法》，越来越觉得，学科基本概念就是解决问题的"工具"。为此，我不管是哪门学科，哪一类知识，我都要追问，其本质是什么？核心概念是什么？

学校的一位女教师，要外出上公开课，照例来请我指导，我是学地理的，她是教语文的。她确立的教学目标是，引导学生揣摩文中的"对比"手法，深入理解文本内涵。我就问她：你这个"对比"主要是指哪一方面的？她先说，就是通过人物不同的表现，来反映人物的思想性格。我紧接着追问，文章的结构安排上有没有"对比"？她说有，但不是我这课的重点。我又问"对比"的本质是什么，她吞吞吐吐地说就是"相互比照，突出特点"。我一连串的追问，让她一时语塞，我一下子感到很生气，甚至拍了桌子，这和我一向温和的作风不符，但为了一个"概念"，我确实偶尔过火。我查阅了《现代汉语词典》，还有一本版本很老的《教学百科丛书·语文卷》，第二天，又找她谈"对比"的本质含义。这位老师后来的公开课获得了好评，不久获得了江苏省优质课评比一等奖。事后，有老师告诉我，那一次在办公室因为没讲清楚"对比"，被你拍桌子，她委屈得大哭一场。是啊，搞课改不是容易的事，我对自己过火的行为，感到有点懊悔，但也许只有这样，我们才能痛并快乐着，才能有今天的收获。

通过不断的磨课，有效促进了教师的专业成长，一批教师脱颖而出，在省内外有了一定的影响力，如语文组的张金凡、马伟平、郑发健、周水平、刘华等老师，数学组的张捷、陈峰、杨晔等老师。

那时的我，的确可以用"着魔"来形容，食堂里逮着谁，就讲"概念"，不管哪个学科，只要开公开课，我就跟他们谈"概念"，老师们是既高兴又害怕，"概念"讲清了，课自然上得好，有效果，学生能力发展快。但有些时候，我们老师的学科知识体系并不健全，把握不住学科的知识脉络，像语文学科，有些老师平时不太关注"概念"，感到很茫然。通过持久的关注，我的头脑里以基本概念为主线，构建了许多学科的基本知识体系，信手拈来。我在很多场合做报告，所举的例子各门学科都有，尤其是语文，以致听报告的老师常常误以为我是语文老师，我和江苏省著名的语文特级教师严华银先生谈语文教学的时候，他也对我列举的语文案例内容之丰富、见地之独到，感到很吃惊。追问本质，关注概念，其实于我而言，已经成了一种思维方式，我觉得这种思维方式，有利于我们解决问题，形成能力，我想让老师和学生们也具有这种思维方式。而且，我们目前的课堂教学理念中，有一个核心观点，那就是培养学生的核心素养，我认为，培养学生关注核心知识，养成良好的思维方式和学习品质，就是最重要的核心素养。

语文学科"结构"教学课堂

3. 从"纲要信号"到"知识结构"

经过一年时间左右的努力，到2007年秋季，我们的课堂在"教什么"上迈开了大步，课堂的面貌发生了较大的改变，老师们在课堂上渗透着强烈的"方法"意识，而这个"方法"的核心，就是引导学生把握各学科的基本概念及其内在联系，并使这种联系用"结构"的形式直观显现出来。学生掌握了学科基本结构，就有效地掌握了解决一类问题的"工具"，课堂的思维含量和教学价值显著提升。在这个探索过程中，回想起来，还是早年间研究沙塔洛夫纲要信号奠定的基础。纲要信号和知识结构本质上是努力揭示出知识间的内在逻辑联系，而这内在的联系通过抽象概括并以知识树的形式直观呈现，就成了一种思维的工具。学生掌握了这样的思维方式，就能有效从学习重负中解放出来。自此，实验中学的教师开始进一步关注教材、研究教材，把握教材的能力明显提升，课堂教学也开始发生明显的变化，讲得少了，讲得清楚了，学生学得明白了。同时，用大规模的会课促动教师提升建构"结构"的能力，锤炼出了一批优秀的青年教师。就在这一年里，我们的老师开始走出校门，走向河南沁阳，走向天津、上海，走上了全国各地课改的舞台，实验中学的"结构"教学初露端倪。地理学科"纲要信号"教学的探索，在实验中学的土壤上，找到了新的生长点，演变成了"知识结构"的实践探索。

4. 从"一类结构"到"两类结构"

在"教什么"的问题上，我继续研究着，也经历着困惑，甚至批评。有人以新课程"淡化知识，关注能力"为理由，对我们的课堂颇有微词，我没有退缩，继续寻找新的出路。我系统阅读了有关新课程改革的各类书籍，尤其是《学与教的心理学》，对其中的重点章节反复揣摩，先后读了不知多少遍，做了两万多字的读书笔记。经过许多夜不成寐的思索，我逐渐理解到，知识是有多种类型的，其重点是概念性知识和程序性知识，把目光聚焦到了"概念性知识"和"程序性知识"两个节点上，提出了"关注两类结构（知识内容与方法程序结构）"的教学思路。我给老师们打了个比方："汽车能够行驶，必须满足两个条件。首先要有许多零件和零件的组合，零件和零件的组合就相当于'知识内容结构'。但仅有零件和零件的组合，汽车还不能行驶，还需要掌握操作汽车的方法步骤，也就是'方法程序结构'。只有这'两类结构'相互结合，知识才能转化为能力，才能升华为智慧，才能解决实际问题。"所以在2007年年底，我明确提出了"两类结构"的教学思想，宜兴市实验中学真正开始了"知识"与"能力"两翼齐飞的教育之旅。

5. 从"两类结构"到"结构教学"

"两类结构"的教学思想在我的大力推动下，逐渐被我们学校的教师所认同，并付诸课堂实践，我们的课堂确实发生了很大的改变，学生的学习能力明显提升，课堂容量明显增大，各学科以"结构"为核心的"知识树"，在课堂上占据了重要地位，夺人眼球，给前来听课的老师们以强大的视觉冲击力，赞叹之声不绝于耳。这时，我却沉默了，我看到了诸多问题在我们的课堂中还是没有得到有效解决，那就是学习目标还不够清晰、学生主体地位还不够凸显、知识类型和学习的过程方法还不能匹配、教学效果还不能得到及时有效的反馈评价。总之，感到我们的课堂还没有从整体上得到改进，还没有系统构建出有效的教学方法体系，离我的理想课堂还有距离。

恰在此时，《中国教师报》组织的"全国名校长课改沙龙"在我校举行，邱学华、王敏勤、熊川武，国内"尝试"教学、"和谐"教学、"理解教育"的掌门人齐聚我校，王铁军、严华银等省内课改名家亲临我校课改现场，两天时间里，大家畅所欲言，我在努力寻求一种声音，那就是我们的课堂还需要改进什么？我在整理大家的发言时，课堂改革的思路逐渐清晰，有效的课堂教学应该关注课堂教学的基本问题，即关注"教什么"（教学目标）、"教到何种程度"（教学内容的概括）、"怎样教"（教学过程与方法）以及教得怎样（教学评价），应该围绕这些基本问题作深入系统的研究，来努力构建"结构教学"的教学法体系。那时，我们的教师在设计教学、听课评课时思考得比较多的问题是，教学目标确定是否合理，教学内容概括是否简洁明了，教学过程安排是否恰当，教学方法选择是否合理，如何有效评价教学效果，有没有更好的策略方法促进学生对知识的理解记忆和迁移应用。至此，我们的课堂教学改革初步实现了由"纲要信号"的探索到"结构教学法"体系的形成。现如今实验中学的课堂，也绝不是我的终极追求，我还在努力寻求"结构教学"的不断完善，我"爱折腾"的秉性不会改变。

2009 年 12 月 1 日，《中国教育报》以《王俊：学校变革要以"课堂"为本》为题，深度剖析了一个优质学校的"课改"成功之路，我当选为《中国教育报》2009 年中国"年度校长"。宜兴市实验中学的教学改革，在全国基教界引起了广泛关注，短短半年间，近万人前来学习交流。

2014 年 9 月，我创立的"结构教学法"获国务院"基础教育国家级教学成果奖"二等奖。我作为课题研究核心组成员参与研究的，由邱学华教授领题的"尝试教学法的实验研究与推广应用"课题同时获一等奖。

学生在"精进书吧"读书的身影

今天的"结构教学"，内涵更加丰富了，我们更加关注在依托结构，教给学生最有价值的知识的同时，全面关注学生的主体参与和情感体验，关注学生的身心健康和未来发展，我们把师生的主动发展放在首位，努力创设问题情境，开展小组合作，确保学生主动建构，实现教和学的良好互动，我们主张的"结构"，不仅仅是知识结构，更是富有生命活力的动态协调的教学结构。

课堂教学改革，学校的教育变革，充满挑战和欢乐，只要胸中有大爱，脚下有方向，矢志不移，我们在成就学生的同时，也成就了一份教师职业的光荣，成就了一份人生的美好。

四、不能忘记的人和事

（一）张景新先生赠书

1985年5月，我在一本地理杂志上，偶尔看到了一本介绍上海著名地理特级教师张景新的书，书名是《中学地理教学探索》。张景新老师是我非常敬仰的一位前辈，

我在找遍所有的书店都没有买到那本书的情况下，冒昧提笔给张先生写了一封信，并表达了购买他的著作的想法。我当时是一个年轻教师，凭着一种纯朴的热情，给素未谋面的大家写信，可见当时心情之迫切。那时的邮件需要辗转好长时间才能收到，我在焦急的等待中度过了一个月。一个月后，我收到了张先生的书，随书还附有一封来信，信中对我的学习热情，给予了高度赞扬，并提出了殷切勉励。我至今还保存着这封信，视为珍宝，它是我在教学之路上不断求索的见证，也给了我很强的动力。我时常翻阅，感激之情常生，也更坚定了我的学习信念。

（二）邱学华教授的悉心关怀

2002 年请邱学华教授来校指导课堂教学改革以来，十余年时间，邱教授不遗余力地指导我，还亲自为我们上课，为我们搭建了许多的平台，让我们在课改之路上走得更好、更远。

2003 年的秋季学期刚刚开学，邱教授就为我们亲自上示范课。当时，他已经是六十多岁的人了，听着他精彩的讲课，感受着"尝试"教学的成功以及一位本土教育家的人格魅力，我深深地为之折服。坐在台下听课的我，暗下决心，不管课改的路有多难，有多险，我也一定要坚定信念：课改大有可为，邱教授就是我的榜样！

此后几年里，我追随邱学华老师搞"尝试"教学研究，其中也渗透了我的"纲要信号"教学法，也吸纳了王敏勤教授"整体建构和谐教学"以及叶澜教授"新基础教育研究"的思想，到现在形成"结构"教学的特色，也就是邱教授所说的"一体两翼"（以结构教学为主体，两类结构为两翼）的教学思想。其间有许多令人难忘的细节，至今还历历在目。

2003 年年底，邱教授对我们的课改非常认同，把他主持的"全国尝试教学年会"放在我们学校召开。那一年，我被选为全国尝试教学研究会秘书长，并在会上做了主题发言，宜兴实验中学成了全国尝试教学研究的重要基地，我们的老师也开始在课改舞台上登台亮相。这次年会的召开以及在课改舞台上尽情诠释自己的研究成果时的畅快，使我真正享受到了一名"专家"的乐趣，也使我更加痴迷课改，从此一发不可收拾。到今天为止，我已经在全国各地做了上百场专题报告，尽管现在对有些"课改报告会"的邀请，开始挑剔起来，但那时培养起来的"研究瘾"始终没变。

2009 年 10 月，由我们学校承办的《中国教师报》"全国课改名校论坛"隆重举行。本来作为邀请嘉宾的邱老师是没有发言任务的，当论坛举行到大半时，主持人正准

和邱学华教授（左）在一起

备宣布进入下一个环节，邱教授站起来主动要求发言。我看着邱教授以七十多岁的高龄，迈着稳健的步伐，走上主席台，他的第一句话就是"为宜兴经验喝彩"。当时在场的所有人都随即鼓掌，不仅为宜兴实验中学的课改鼓掌，更为邱老师的执着热情鼓掌。这次会场上的小插曲，让我深感一位老教育家对课堂的深厚感情，对课改的鼎力支持，是一种多么可贵的精神财富啊。我们只有加快脚步，奋力前行。

（三）我和刘士秋的交往

2005 年 6 月，我在《中国教育报》上了解到山东孔子学府的"整体建构和谐教学"很有特色，而且和我研究的"纲要信号"教学法之间有着密切的联系。"整体建构和谐教学"是在王敏勤教授的直接指导下开展的，该校的副校长刘士秋通过具体实践，使课堂形成了鲜明的特色，在当地引起了广泛的关注。刘校长是一名物理教师，获得过很多科技发明奖，由于种种原因，不久就应聘到了浙江瑞安担任校长。

在王敏勤教授的引荐之下，我前往浙江瑞安新纪元实验学校考察学习。我当时去的时候，心里有一种隐隐约约的疑问，刘士秋校长倡导的"整体建构，拓展提高"的和谐教学模式，到底是个什么模样呢？

到了之后，我们简单聊了几句，就进课堂听课。他们的语文课很有特色，一节课教了三篇文章，围绕一个"知识（能力）点"，把教材内容整合起来，教给学生解决一类问题的工具，方法意识很强，自然教学效果也很鲜明。看着眼前迥然不同的课堂风景，听着刘校长浓重的山东口音的普通话，我头脑中震荡着一个强烈的念头，"整体建构"与"纲要信号"之间一脉相通，"整体建构"主张通过强化预习，引导学生画"知识树"，这些"知识树"看上去纵横交错，实质有规律可循，刘校长对此的表述，是"纵向"和"横向"两个方向来建构"知识树"。而我的"纲要信号"主张以基本要素来整理知识，两者之间是相通的，都关注对教学内容的整理和提升，是解决"教什么"问题的良好抓手。我一下子感到很兴奋，觉得这次来对了。回来之后，马不停蹄地带领教师再赴、三赴瑞安，考察学习，回来之后立即进课堂尝试实践。由于刘校长那边也是刚刚开始起步，对各门学科以及具体的教学知识还没有现成的模板可以套用，我们自然而然地结成了一对盟友，在各自的学校开展了实践研究。

2006 年，我先后邀请他来学校不下十次，每次我都和他进行深入的交流。我觉得他的"知识树"很好，因为我研究"纲要信号"主要是在地理学科，而我现在要做的事是从一个学科延伸到所有学科，从我一个人的研究延伸到全体教师的研究，我需要借助他的"知识树"来引导教师整体把握教材。但是，我又觉得怎样建构"知识树"，也需要提炼出一种方法来，就是从学理上提供更有力的支撑，寻找建构"方法"的"方法"。我就反复跟他谈，我说你的"横向""纵向"知识到底是什么？他的回答让我还是有点模糊。我有一次在电话里跟他谈一个语文学科的"知识树"，内容是关于怎样建构"阅读"知识树。我们之间发生了意见上的分歧，足足打了一个小时的电话，最后我的手机发烫了，终于没电了，我们的意见还没有统一。现在想来，简直有点不可思议，但那时确实很热衷，有的老师看见我们走在去学校食堂的路上，就悄悄地说："看这两个课改狂人，有点像武林中的隐逸高手，很怪！"

刘士秋校长后来因为种种原因，离开了浙江瑞安，去了安徽的一所学校，现在在当地搞课改很有起色，被当地教育局视为宝贝。他还经常到我们这里来。每次来时，一杯清茶，几句寒暄，接着就是探讨哪一个知识点，应该怎样建构，怎样"画树"，尽管我现在的"结构"教学正在如火如荼地进行，尽管我认为"画树"背后，还必须渗透强烈的"概念"意识，甚至渗透着哲学思想。如果说这是一种超越的话，我还是非常感谢刘士秋校长给我带来的启迪，以及那些年我们并肩走过的岁月。

(四)不寻常的镇江之行

2008 年 10 月中旬，由江苏省教师培训中心组织的"从课堂走向文化"初中语文教学观摩现场会，在江苏镇江江南实验学校隆重举行。组织者严华银先生邀请我带一个老师去上课。我非常重视，还带了几位老师一起去观摩学习。会议正式开始的那天上午，由我为大家做报告，我一看台下 400 多人，全是清一色的语文老师，还有几位是省内的语文特级教师，而我是个地理老师，真还有点惴惴不安呢。

我在报告中，尽量多列举语文的案例，来诠释我的"结构"教学思想，老师们听得倒还认真，但从他们的表情中，我隐隐地感到，我的"以教材为案例，以结构为主线"的教学思想，我讲的"以《从百草园到三味书屋》为例，建构'景物描写'的知识结构，围绕结构自主学习"的案例，对他们来说，造成了一定的观念上的冲突，部分老师的神情有点紧张。因为，在平常的语文教学中，似乎较少透析语言现象背后的基本概念，比如什么是"描写"，什么是"记叙"，两者之间的本质区别在哪里？这些概念似是而非地存在于语文老师的头脑中，而这些概念的模糊，带来了语文教学知识的无序叠加和简单重复。

下午的"同课异构"活动如期举行，上的都是《阿里山纪行》，前面两位老师上得都很精彩，课前做了大量的准备，投影精彩纷呈，教学语言华丽，看上去很美，学生在课上时而欣赏精美图片，时而聆听经典音乐，还要倾听老师的深情演绎，忙得不亦乐乎。我们的老师是第三个上的，首先引导学生读文章抓"人、事、景、物"四个要素，围绕四个要素，自主读文章，圈画关键词句，整体把握文本内容。二十分钟后，引导学生借助"景物描写"知识树，小组合作，交流讨论本文"写景"的特点，揣摩文章的表达特色，学生发言非常热烈，也学到了如何赏析"景物描写"的方法，很有收获，只是看上去不美，有点朴素。

接下来的议课，出现了我始料未及的一幕。主持人宣布自由发言开始，下面一下子举起了好几只手。第一位上台发言的是一位老教师，先谈什么是"语文味"，然后矛头一转，直指我们的课缺乏"语文味"。我心里一惊，但随即镇定下来。这位先生开了头炮，而且是一个很敏感的话题——"语文味、人文性"。我们的课从形式上来看，和其他两节课面貌迥异，给他们造成了错觉。一时间，唇枪舌剑，你来我往，争论越来越激烈，甚至带有点火药味。部分老师将"人文缺失"的帽子扣在了我们的头上，让我们感到很憋屈。眼看外面已经黑成一片，过了晚餐时间，主持人不得不宣布论坛结束，明天全面评课。我们几位老师拽着我离开会场，直接打道回府。本来我们打算住在镇江，参加第二天的评课的。

回到宜兴，已是晚上七点，我看着老师们委屈的脸，好好招待了他们一顿，鼓励他们相信我们的课改没有错，不要丧气。这一夜，我辗转反侧。第二天一早，我就一个人从宜兴赶到了镇江，来到会场的时候，研讨会刚刚开始，我就找了一个最后面的座位坐下，主席台上的严华银先生没有发现我。

特级教师、江苏省教师培训中心副主任严华银先生来校报告

严华银老师对昨天的三节语文课逐一点评，非常具体。最后聚焦到一点上：什么样的课才是真正有语文味的课？围绕这点，严华银老师专门点评了宜兴实验中学的语文课，他说："实验中学的语文课，不靠华丽的装饰，不作空泛的引申，引导学生实实在在的读书，教会学生阅读的方法，这样的课是最有语文味的课，这样的老师是最有语文教学功底的老师。"然后，用了整整一个小时来谈这堂课的具体优点，整个过程中，我认认真真地听，认认真真地记，研讨会即将结束的时候，我又悄悄地离场了。回来的路上，我原先压抑的心情一下子开朗起来，严华银先生的肯定，给了我莫大的鼓励和勇气，我觉得这次镇江之行，虽然有一点波澜，但我们的方向

没错，我的课改信念不会动摇！

后来，严华银先生多次邀请我赴镇江、扬州、宿迁等地做讲座，尤其是给语文老师做报告，他也对我的课改给予了高度关注和有力支持。同时，他以敏锐的教学眼光，给我提出了许多宝贵的建议，在他的建议之下，我们的语文课在一些环节的设计上做了调整，学生的活动形式更加多样，参与的方式也更加灵活了。我们成了非常亲密的朋友，成了课改之路上的志同道合者。

镇江之行，让我感到了课改最关键的，是解决教师头脑中新旧观念的冲突问题。课改之路崎岖漫长，唯有以"艰辛问道"的精神，锲而不舍，义无反顾，才能走向理想的彼岸。

（五）张俊平，帮助我从实践探索走向文化自觉

张俊平先生，现任《江苏教育》主编，著名记者和教育媒体人。和他十余年的交流过程中，我受益最多的就是，他启发我对学校的教育教学创新实践，从管理哲学和文化的角度，进行了深度而有前瞻的审视，帮助我在学校管理和教学创新中，从

莘莘学子感受学校"精进"文化

实践探索走向文化自觉，从而让我们的学校发展和教育创新更具有文化品质。张俊平先生也是从教学岗位上走过来的，他深谙教学之道，满怀教育理想，具有高度的文化视野。我们常常一起对我们学校的发展规划和文化建构，进行深度交流，共鸣颇多。在他的帮助下，实验中学从实际出发，基于已有的教育教学创新实践成果，提炼出了"以行为本"的管理特色。实事求是，不事张扬，笃行不怠，务本求真，这既是我们的行为方式，也是我们的人格特质，我们将以此为准则，修身育人。

　　张俊平先生对我们的办学实践和课改追求，给予了很多支持，多次把大型的教学研讨会放在我校召开。2010 年 12 月，《江苏教育》"独家策划"栏目推出"一把手校长进课堂"专题，对校长领导教学进行研讨，全省初高中校长 200 余人齐聚我校。我和另外两位校长有幸给参加研讨会的全体校长"献课"。近十年来，这样的活动不下五次了，这些活动的成功举办，是对我们的极大促进和鼓励。《江苏教育》先后三次推出了我校教育教学改革的专题报道，对我们扶持有加，提高了我们学校和课改成果的知名度。感谢张俊平和他的团队，一路相伴，受益良多。

我的“求真”教育观

著名教育家吕型伟先生说："教育是事业，事业的意义在于奉献；教育是科学，科学的价值在于求真；教育是艺术，艺术的生命在于创新。"从踏上讲台，成为一个教育人的那天开始，我始终牢记并努力践行教育的使命，在于求真，在于树人，在于追求进步，在于实现理想。而在履行教育使命的征途中，我们也必须秉持一份奉献的情怀和创新的愿景。

求真，是我理解和实现教育理想的核心主线。

在我的课堂教学和学校管理中，我努力恪守求真立场，开展求真探索，实现求真创新，走过了一条艰辛而又幸福的求真之路，这也是我把我的教育理想和实践归结为"求真"两字的真实写照。

我从 2000 年 8 月担任宜兴市实验中学首任校长至今，在这十余年的教育历程中，始终不忘初心，不改初衷，不被各种喧嚣的声音所左右，不被各种浮躁的流行所迷惑，以"求真"为思想动力和良知底线，用真诚崇仰的心态敬畏教育，用科学理性的目光审视教学，以办好人民满意的教育为宗旨，着眼于学生的一生幸福和终身发展，努力以课堂教学改革为突破口，稳步扎实推进学校的教育教学创新改革，在办学理念、学校管理、课堂改革三个方面，忠实地履行着"求真"教育使命。

一、用"求真"引领教育理念的提升

(一)我对教育基本问题的理解

教育是社会生活的一部分，其根本使命，在于促进人的发展，为社会培养合格人才，进而促进社会的发展，传承人类文明，推动人类文明的进步，教育天然地肩负着特定的社会使命。当代教育的根本任务，是培养"四有新人"，培养中国特色社会主义建设的建设者和接班人，促进社会的和谐发展。教育是人类社会最美好的事业，作为一名教育人，我们应该为此感到充满自豪而又肩负重任。

1. 我的教育价值观

教育具有未来性，伴随人的终身发展。基础教育的目的，是为未来社会发展培养优秀人才，应着眼于学生的一生幸福和未来发展，培养学生的创新精神和实践能力，培养学生的对未来社会发展的适应能力和竞争能力。教育具有生命性，首先关注的是"人"的全面发展，要关注学生的生命成长，立足学生的主动性、个体差异性和发展能动性，激发学生的生命热情和创造潜能，追求个人幸福和社会和谐的统一。教育具有社会性，教育即生活，学校即社会，学校教育要培养学生健康的生活观念、人生态度和应有的社会责任感。教育具有发展性，教育要促进人的发展，促进学校事业的发展，促进社会的发展和文明的进步，要不断提升师生的人生幸福感。

2. 我的学生观

学生是鲜活的生命个体，具有发展可塑性和个体差异性，要尊重学生的主体意识和人格尊严，发挥学生的主观能动性。每个学生都具有未来发展的无限可能，都有自己的潜质和特长。现代基础教育要为每个学生的幸福成长提供最安全、最适合、最有效的教育引导和教育服务，培养学生良好的行为、学习习惯和思维品质，为学生的未来发展奠基。

3. 我的教育教学观

基于"面向全体，全面育人"的教育理念，秉承"德育为首、全面发展"的教育教学理念。我们要坚持"促进学生健康成长和全面发展"的教育理念，切实减轻学生课业负担，积极实施课程改革，强化教育活动意识。我们要充分认识到，教育不仅仅是知识灌输、文化传承，更重要的是促进人的发展，陶冶人的情感，全面提升的素质。人的本质特点决定了教育的社会活动属性，教育就是一种人际交往和社会活动，要在丰富多彩的教育活动中促进学生身心的全面发展，进而全面实施素质教育。

我们要坚持以"教学就是一种以课堂教学为基本渠道，促进学生全面发展的师生双向活动"为原则，重点是做到"感情先行，激发兴趣，还权于生，授之以渔"，把课堂还给学生，确保学生的主体地位，增强方法意识，创设和谐的师生关系，努力实施有效教学。

4. 我的课程观

有人说，有什么样的课程就有什么样的学生，著名的"钱学森之问"也引发我们对教育的反思。这些问题的求解，在当下基础教育改革中，我们认为，优化课程设置，丰富课程资源，规范课程管理，尤其是加大活动课程、环境课程的开设，构建"选修课程与必修课程相结合，活动课程和文化课程相结合，显性课程和隐性课程相结合"的立体式课程结构，提高教师的全面素养和教育艺术，为学生提供丰富多样的课程资源和成才舞台，十分重要。

(二)基于"求真"思想的教育蓝图

作为宜兴市实验中学首任校长，我深感使命光荣，责任重大，推进教育创新将是我作为校长最核心的任务。宜兴市实验中学是以江苏省宜兴中学初中分部为基础创办的，学校的办学历史悠久，文化底蕴深厚，社会和家长对实验中学的创办寄予了很高的期望。创办之初，我们就以"求真务实，开拓创新"为一切工作的指导思想，确立了实验中学"求真"教育的构想蓝图和发展路径，不断提升我们的办学理念和办学目标。

1. 我们憧憬的理想教育

我们憧憬的理想教育是：校园洋溢着文化气息，课堂充满着生命活力，师生蓬勃着创新热情，教育呈现出和谐画面，全体师生在学校精神的引领下，勤于探索，勇于创新，快乐成长，全面发展，自由而又有序，严肃而又活泼，教育因此而有尊严、有闲暇、有个性、有创造、有幸福。

宜兴素有"教授之乡"的美誉，有着深厚的文化底蕴，耕读传家、崇尚读书形成了宜兴独特的文化氛围，昌明的环境、开放的视野、群众的关注，呼唤着高品位的教育。作为一所具有探索性、开放性、示范性的学校，我们势必选择一条创新、探索之路。从内部发展的环境来看，我们宜兴市实验中学有着深厚的办学渊源和良好的办学传统，它的前身可以追溯到 1928 年徐悲鸿等人手创的"精一学社"，其"精心一志，精进不止"的文化根脉一直传承至今。同时，我们学校的发展机遇也比较好，2000 年从江苏省宜兴中学正式分离出来，在宜兴地方政府的大力支持下，学校的硬件建设达到了全省一流标准，学校的师资配备也是一流的。正是基于这样一些现实条件，我们提出了学校发展的核心理念——弘扬"精进"文化、打造"实验"品牌。主要内涵是两个方面，一是以学校文化为载体，以人为本，提炼学校精神；二是以教育创新为目标，以行为本，打造教育品牌。

2. 我们不断提升的办学目标

我们在学校发展的不同节点上，适度超前地提出学校的发展愿景，以此来激励师生奋发有为，努力引导师生开拓创新，形成教育教学改革的持续动力。十年前，我们的办学目标是"省内一流，全国知名"，五年前是"长三角地区最有影响力"，现在是"全国基础教育课程改革的成功典范"，这些目标不仅向全体师生提出了我们的努力方向，更给我们以积极的心理昭示，无形之中为我们的教育创新注入了新的动力。

3. 我们明确的教师发展目标

以"学科教学的能手、班级管理的内行、心理辅导的专家"为标准，进一步提出教师队伍的整体建设目标，努力提升全体教师驾驭新课改的能力，加大骨干教师梯队建设的力度，重视青年后备人才的培养，造就一批省内外知名的专家型、创新型教师。尤其是针对近几年来诸多外校教师合并融入实验教师群体的现状，努力加快新进教师与实验中学学校文化的融合，构建结构合理、特色鲜明、整体优化的师资队伍。

实验中学教师特色经验交流会

4. 我们提出的实验中学学生发展目标

以培养"优秀加特长的创造型未来人"为目标，从思想品德、身体素质、特长技能和文化素养四个方面，加强学生的基础文明养成教育，努力培养学生的创新实践精神，培养全面发展的优秀人才。明确提出实验中学学生应具备的八项能力：

美好的人格素养，远大的人生抱负；

宽广的知识结构，独立的学习思想；

缜密的思考习惯，大胆的创新精神；

较强的书写功底，扎实的写作表达；

熟练的电脑应用，流畅的外语交际；

突出的艺术特长，终身的体育意识；

高雅的审美情趣，健康的身心发展；

较强的自理能力，积极的竞争精神。

并提出了实验中学学生应有的理想气度：我将秉承"精深、精诚、进学、进能"之校训，秉持"精进"的学校理念，广博地学习，认真地请教，勇于尝试，决不懈怠。

我将存坚定求学之心，牢记"要勇于尝试成功，也要勇于尝试失败"，成长为一个学有所长和对社会有用的人，一个有高尚道德和受人尊敬的人，为弘扬宜兴实验中学的精神、为实现自己的人生理想而不懈奋斗！

学生在学校文艺会演上的精彩表现

二、用"求真"引领教育创新的方向

(一)管理"求真"——以行为本，全面育人

1. 理念诠释

在奉行"求真"理念的管理过程中，我始终坚持不取巧、不急躁的态度，踏踏实

实以一个"行者"的姿态，正心诚意本着为师生服务的精神，兢兢业业，不断求索，稳步行进在推进教育创新的道路上。我认为教育是一项永远指向未来、处于不断演化提升中的人类活动。作为一名校长，在直接从事教育管理的过程中，我把求索创新、诚心履践的"行"的思想作为我的管理哲学，作为撬动我的教育理想的支点。"行"的精神内核是给学生的身心成长提供最有养分的一方水土，"行"的外在追求是在为社会提供优质的教育服务，这样的内外张力始终激励着我以昂扬的姿态，行走在不断求索的实验求新的道路上。以"行"抑"止"，以"创"代"守"，是我进行学校管理的指导思想，也是我在某些人眼里"爱折腾，善折腾"的精神内核。

2. 实施途径：五大支点

我们确立了学校可持续发展的五大支点。学生自主管理，把班级还给学生，让学生成为发展的第一主体；课堂教学改革，把课堂还给学生，让学生掌握主动学习的工具；文化引领，弘扬"精进"文化，形成优良的校风、教风与学风；课程建设，拓展教育资源，努力提高学生的全面素养和综合能力；教师发展，让教师成为学科教学专家，为赢得教学改革成功提供根本保障。而课堂教学改革又是这五大支点中的原点，是最关键的要素，也是最为艰巨的任务，只有在课堂的渐变中，我们才能将教育求真落到实处，才能真正迎来幸福教育的曙光。

3. 案例回放：我的项目我做主

传统的学校田径运动会学生参与率不超过 45％，其他大部分同学在运动会期间只是充当观众、后勤和啦啦队，除了满足视觉感受、拼命地喊"加油"、帮助送水、递点心、拿衣物外，收获的不是真实的运动体验。我想能不能让观众也成为运动员，亲自体验运动的乐趣，做运动会的"主角"呢？在我的启迪下，在体育组老师的精心策划下，我们于 2002 年秋季，尝试推出了"体育超市"。"体育超市"面向全校学生，创设超市购物的情境，以整个校园作为"体育超市"活动范围，充分利用校园内的体育场地、空地和健身设施设置比赛场地（货柜）和比赛项目（货物），学生凭参赛证（票）参加自选比赛赢得积分（购物），根据学生达到的积分进行表彰奖励。比赛中的裁判员（超市中的营业员）由学校教师和学生共同担任。每次的"体育超市"，都是这样的激荡人心，偌大的体育场人流如潮，一身运动装扮的学生意气风发，每个学生手中的参赛证上都有 6 个自选项目，他们拿着参赛证欢快地穿梭，寻求着下一个适合自己的参赛项目，上面的分数记载着他们为班级拼搏的汗水和收获，就连平时最体弱胆小的同学，也在学校因地制宜、自编自创的集运动与游戏为一体的项目中，体验到了属于自己的成功，学生的班级荣誉感空前增强。一天的运动会下来，广播台收到的学生来稿总数在 2000 份以上，这样的场景少了竞技的硝烟，多了自主参与、体验成功、和谐身心的快乐，正像学生们说的那样："我的项目我做主"。这里面透着一股豪气、满怀自信！我们孜孜以求的学习场景，不就是"我的学习我做主"吗？这种"超市模式"的学校运动会，已经带着"实验"性质，落户宜兴的好几家学校了。每当回首第一届"体育超市"的成功举办，我都深深地感谢同行的老师们，是他们的智慧和汗水，让学生有了更快乐的体育享受。

4. 专家点评

校长只有"以行为本"，才能在行动中想出办法，进行创新。对于宜兴实验中学"体育超市"的做法，我是很赞赏的。大中小学每年都组织田径运动会，有的甚至一年组织两次，但学生参与率一般不高。学校花费很多的人力、物力和时间，举办运动会的目的是什么？是为了选优淘劣？是为了竞技运动？学校的一切活动都要从全体学生的利益出发，都要有利于全体学生的发展。能不能让所有的学生都得到锻炼，都有展示自己才能的机会，都能享受到参加体育运动的乐趣和成功？宜兴实验中学做到了，他们通过"体育超市"，让学生自选项目，全员参加运动会，人人都体验到

央视著名主持人敬一丹（左）来校做报告

了体育成功的乐趣，人人都积极参加体育锻炼。在运动会期间，大家既是服务者又是被服务者，每个人既是运动员又是观众。运动场上少了竞技的硝烟，多了自主参与、体验成功、和谐身心的快乐。这是多好的体育运动会！这样的高招只有在行动的过程中才能想出。又如组织学生到军营远足，既满足了学生春游的愿望，又规避了集体乘车外出的风险，还锻炼了学生的体魄和意志。这样的创新之举也只有在实践的过程中才能想出。所以校长需要行动，要以行为本。（王敏勤：《校长要"以行为本"》，2006）

（二）文化"求真"——植根传统，春风化雨

1. 理念诠释

学校文化是推进教育创新的根本动力，折射出师生的精神面貌，奠定着学校的发展根基，决定着我们的育人品位。有什么样的学校文化，就有什么样的人才样式。在制定学校发展规划，构想我们的育人模式时，我始终坚信文化的力量是无穷的，我在努力寻找我们宜兴市实验中学的文化根脉，用"求真"的心态和"致远"的眼光，努力构建具有肥沃的现实土壤和美好成长远景的文化蓝图。

我深刻认识到，一个学校的文化之树绝不是拔地而起、凌空招摇的。我在回溯历史、求真求实、稳中求新的思想指引下，秉着"求真"的态度，尊重历史，尊重规律，寻找实验中学的文化之根，构筑适合实验中学土壤的"真"文化。只有植根传统，才能春风化雨，只有以"真"为本，才能使学校文化之树常青。在反复思索之后，我找到了脱胎于实验中学文化源头的一种学校精神——"精进"，并以此作为实验中学的文化标识，引领实验中学的文化建树。

宜兴市实验中学的前身，可以追溯到1928年2月徐悲鸿等人首创的"精一学社"。"精一"语出《尚书·大禹谟》："人心惟危，道心惟微；惟精惟一，允执厥中"，意思是用功精深，用心专一。在当代教育背景下，我们赋予其新的含义，以"精进"两字作为我们学校文化的核心理念。

精，与"精一学社"有关，是传承宜兴中学的一面；进，与创新有关，与未来有关。宜兴市实验中学"精进"的目的是要使所有成员进步，不是只求个人成就而已，我们的精进是为了带给全员美好未来的。不断超越自己、突破自己。不懒惰、不懈怠，遇到任何困难不退缩，要精于律己修身，要精于学问，要每天不断地创新。日日进取，黾勉不懈。

美国校长同行来校交流

2. 实施途径

基于"求真""力行"的基本立场，在学校文化建设过程中，我始终坚持以"价值引领，制度保障，专业支撑，活动推进，成果共享"为基本方略，踏踏实实，勤勤恳恳，在真切的愿景召唤中，在真实的活动场域里，在真正的成功体验中，凝聚人心，

实验中学精进诗社成立大会

激活潜能，创新教育，缔造成功，从而让全体师生自觉追求更高更远的人生目标，形成"追求卓越，精进不止"的价值追求和生活方式，从而形成具有实验中学特色的文化氛围。

3. 案例回放

(1)校园文化景点命名总动员

2012年下半年，学校"精进"文化工程全面启动，给学校广场、主干道路、假山树林、临河石径、园中亭阁等文化景点命名的事，在师生中掀起了不小的波澜。学校在全校师生中开展了命名征集比赛，参加者非常踊跃，学校收到了很多同学的来稿，有的还带有图案设计，很多设计制作非常精美。有的孩子甚至把家长都动员起来了，可见大家对学校的文化建设很热情。经过筛选，征求意见，一批富有鲜明的"精进"文化特色，凝聚着同学们的智慧和热情的景点名称，得到了师生的认可，如"精一楼""退思亭""精进碑""进能廊"等，这一个蕴含着人文底蕴的建筑物名和路牌名，诠释着学校的人文精神和教育思想，体现了莘莘学子的爱校情怀和美好憧憬，也体现了实验中学植根于历史土壤中的"真"文化，具有蓬勃的生命活力，焕发了孩子们的创造热情。

(2)学校美术馆隆重开幕

2016年1月，宜兴市实验中学"实验美术馆"隆重开馆，这是宜兴市实验中学艺术教育又一里程碑。

实验美术馆位于实验中学教学楼4号楼，占地400平方米，设有师生画室和作品展厅。师生画室宽敞明亮、安静怡人，主要用于美术教学；作品展厅主要用于展出师生优秀书画作品。该馆成立以后，还将定期承办校内外各类美术展览活动，邀请宜兴市内外书画名人进行交流，不仅为师生提供了一个文化交流、深度学习和探索艺术的场所，更为实验中学实施素质教育增添了新阵地。

近年来，宜兴市实验中学坚持"面向全体，全面发展"的教育理念，在全面深化课程改革的同时，秉承家乡深厚的人文传统和书画特色，高度重视艺术教育，积极培养学生的艺术特长，努力提升学生的艺术素养，培育了一批优秀加特长的艺术特长学生，促进了学生的全面发展和健康成长，学校被评为无锡市艺术教育特色学校。

(《宜兴日报》2016年1月20日)

(3)让读书成为我们的日常生活方式

让《读者》架起师生共读共赏的桥梁，让美文增进师生对教育的理解和共鸣。学

"实验美术馆"开馆

校每年为全体老师人手征订一份《读者》杂志，全校 400 余名教师都有一个共同的阅读爱好，那就是阅读《读者》上的好文章并进行交流。此举不仅提高了师生们的阅读兴趣，还培养了他们的人文素养。就某一期《读者》上的经典美文开展阅读交流，撰写阅读心得，不仅仅是语文课堂上的事，已经成为全校性的文化事件了。

让《人民教育》等高端教育杂志，启迪老师们的教育视野，也是我在倡导教师阅读过程中坚持做的一件事情。从 2006 年暑期开始，我就为每一位老师征订了《人民教育》杂志。我不求老师们每期都精读细看，只求老师们浏览精要，感受教育的前沿思想和时代气息，营造一种崇尚学术的氛围，能保持一种与时俱进的思想嗅觉就行了。长此以往，我们的老师自然也就有了不一样的教育人的气质和胸怀。

我相信，阅读是一种积累，文化更是一种积淀，没有时间的雕琢，文化的根基是不会牢固的，教育文化、学校文化也是如此，我更相信时间的魅力和聚沙成塔的神奇。

每学期开学初的读书报告会，也是我们学校新学期工作的序幕。每次读书报告会，我总是第一个上台发言，向大家报告我在假期中的读书生活和心得体会，并积极鼓励大家脱稿发言，畅所欲言。通过这样的读书报告会，在思想和智慧的碰撞共享中，我们提升了彼此的阅读视野，明晰了新学期的工作思路。

2016 年寒假，学校召开管理干部读书心得交流会

（4）让每一个老师成为校本教研的主角

实验中学最浓厚的文化氛围其实是一种教研文化，这是一种最为"真实"的教研文化，立足课堂实践解决"真问题"，全员参与人人主讲体现"真主体"，凝聚智慧深度变革实现"真教研"。正是这样一种教研文化，催生着课堂教学新理念的诞生，孕育着课堂教学的深度变革，更重要的是促进了青年教师的快速成长。

我在学校里倡导了一项教研活动制度，每周一下午第二、第三节课，全体教师按科组进行教研活动，主要流程是"主备教师解读教学案—主评教师重点点评—其他教师补充点评—学科组长总结把关—主备教师修改完善"。要求全体老师按照"分工主备，集体研讨，成果共享"的原则，将一学期要上的课的所有教学案，逐一拿到集体教研活动时间好好地"晒一晒"，让每个教学案都经受大家的推敲，让每个老师都有机会成为教研活动的主角，让研读教材构建"两类知识结构"成为教研活动的主体内容。这样的教研活动具体实在，和课堂教学紧密结合，真正把"教"和"研"有机统一起来，不搞形式，不图热闹，只求实实在在研究每堂课究竟"教什么"和"怎么教"，让每一堂课都成为经过教研组全体老师集体打磨的精品课，避免了教研活动与课堂实际的脱节，避免了教研活动走形式、务虚化的不良倾向。每周一下午的教研活动时间，全体老师积极主动参与教研蔚然成风，因为错过的就是直接进课堂的教学思路和教学方案，就错过了对自己直接有益的启发和帮助。这样的教研活动，成了老师们最欢迎和最期盼的事情，完全没有了被动和应付，从活动过程中不时传来的精彩陈述和善意争鸣，证明了这样的教研活动真正走进了老师的心里。

　　(5)常回家看看的深情回忆

　　每年的教师节，实验中学校门口总是热闹非凡，尤其是中午时分，人群涌动，鲜花簇拥，笑语阵阵，一拨拨的高中学子手捧鲜花，带着对初中母校老师的祝福，回到昔日熟悉的校园，向老师们送上最真诚的问候。返校看望老师的学生人数之多，场面之盛，问候之真，是其他学校所不多见的。这也成了每年教师节实验中学门口的一道风景，美好温馨，令人难忘。这道风景，不是任何外在的力量所能左右的，而是孩子们在实验中学三年初中教育中，点点滴滴凝聚起来的对学校和老师的感恩和眷恋。

　　有同学悄悄告诉母校老师，最难忘的还是实验中学丰富多彩的校园活动。"体育超市"中人人参与的壮观场面，让人耳目一新的社团活动，精彩纷呈的"青春风采·中学生形象设计"活动，是他们对实验中学三年校园生活最美好的回忆，这些校园活动，锻造了他们的才艺，让他们终身受益。

实验中学 2015 届精一班学生欢送会

　　有的考上北大、清华等名校的优秀毕业生，深情寄语学弟学妹：实验中学培养和造就了他们主动探究的意识和良好的思维方式，实验中学的"结构"教学，让他们具有了超越同龄人的智慧，让他们学到了举三反一、举一反三的思维方法，让他们学得更加轻松高效。实验中学的课堂，是他们学业腾飞的起点。他们在初中时代打下的坚实基础，让他们走得更远更好。他们眷恋和感恩母校，并希望母校的学子更加珍惜这良好的读书成才环境，树立更加远大的理想，勉励他们发奋图强，有所作为，回报母校。

4. 记者观察

校园文化在学校的教育体系中是一个不可估量的潜能，师生们每分每秒都在接受着校园文化的熏陶，校园的每一个细小变化都看在师生的眼里，也装进了他们的心怀。王俊校长认为，"校园文化造就着师生幸福的摇篮"。学校文化中最活跃、最富有创造魅力的是人的活动，学校文化的精髓在于"以人为本，弘扬人文"。宜兴市实验中学通过丰富多彩的师生活动，促进南北校区教师之间的相互了解、相互学习和感情沟通，有效促进了两个校区的文化融合，推动了学校文化建设步伐。学校确立了由"教研活动""读书活动""竞赛活动""文化礼仪活动""校园节日活动"等组成的活动体系，按照"一体化、常态化、人本化"的原则，切实开展各类活动，使学校两个校区之间的人员交流、活动交往、深层互动更加密集，使学校始终呈现出蓬勃向

实验中学"中学生形象设计大赛"获奖选手合影

上的生命活力。例如，学校两个校区的教师，人手一册《读者》和《人民教育》，每学期邀请国内知名的专家学者来校讲座，每月一次的"实验论坛"在两个校区轮流开讲，主要学科两周一次的教研活动在两个校区轮流进行，每学期的新生入学仪式隆重热烈，新老教师结对帮带仪式庄重亲切，丰富多彩的校园活动，拉近了师生之间的距离，增强了团队凝聚力，成为师生学校生活中最美好最珍贵的记忆。(《文化浸润心灵 特色奠基幸福——江苏省宜兴市实验中学"精进文化"侧记》，《语言文字报》，2013 年 3 月 15 日)

三、用"求真"引领教学改革的步伐

(一)理念诠释

我始终认为，"课程与教学"改革是学校可持续发展的不竭动力，也是实现教育理想、促进师生发展的希望所在，任何教育变革都必须回到"课堂教学"这一原点上来。我担任实验中学校长十余年，恪守"求真"信条，锲而不舍地进行了课程与教学改革。我深刻认识到，学校管理的起点和归宿，应该以"课堂教学"为原点，在变革"课堂"的同时，变革我们的管理理念和管理模式，促进师生的协同发展。校长的核心使命是领导课程和教学。校长领导教学，在于率先沉潜课堂、研究课堂、创新课堂，探寻素质教育背景下课堂教学的本质规律和实践范式，引领学校构筑教学文化。

一是精神文化。没有精神奠基的教学领导势必行之不远，这种精神来源于校长对课堂教学的执着研究以及对学生未来成长负责的态度。教学精神与学校文化、学校精神一脉相承，表现为校长引领下的教师群体的集体教学风貌，对课堂的敬畏和对理想课堂的不懈追求。我们实验中学创办十几年来，一直坚持"创新"理念，追求"高效"课堂，这和我们"求真，求实，求美"的校风是相互契合的，成为校长领导教学的精神导向。

二是制度文化。教学文化需要有制度保障和实施路径，建立有利于教学创新的教学常规管理制度和教师校本研修制度，构建具有校本特色的课堂教学新模式，是培植教学文化的重要途径。在我的教学领导中，我坚持以"实验论坛、教学沙龙、集体备课、课改专题研讨"等形式，亲自参与教师的备课上课，并且每学期带头上好第一节全校公开课，为教师提供样本和借鉴，使校长领导教学落点明确，从而在领导教学中取得真正的话语权和指挥权，取得教师的信任和期待。在领导教学的过程中，我还锲而不舍地致力于课堂教学新模式的构建。十几年来，从最初的"纲要信号"教学法，到今天的"结构尝试"教学法，一路走来，百折不挠，始终保持高昂的斗志，行走在探寻高效课堂的道路上。我提供给教师的，不仅仅是课堂教学研究的基本范式，引导教师探索创新，更是一种精神力量，鼓舞教师同心同行。以构建课堂教学新模式为载体的教学领导之路，有利于凝聚教师智慧，让我从不懈怠，久而久之，形成了一种教学精神，一种教学文化。

三是行为文化。校长领导教学，要在活动中推进，突出现场感和实践性，从而建立校长领导教学的行为文化。我认为校长最大的领导魅力是教学魅力和学术素养，在于帮助教师享受教学成功的喜悦，在于引领教师体验职业幸福感。在领导教学过程中，我始终以促进教学创新、课堂改革为主题，努力创设各种教学研讨平台、提供多种课堂展示现场，躬身其中，带动教师，营造"一切为了课堂"的学校氛围。

在课程与教学改革的漫漫征途中，我领教过失败的滋味，饱尝过无奈的苦涩，但我始终相信，方向比办法重要，光明总在风雨后，我始终不渝地坚持一切从真实的问题情境出发，一切从解决实际困惑出发，真想真做，求真务实，不怕失败，不惧风雨，坚忍执着地研究课堂、变革课堂，在深度思考和艰苦磨砺中，渐渐抵近高效课堂的彼岸，才有了今天"结构"教学的丰硕果实。一路行来，我们深感，课程与教学的变革，唯有求真，方能成功。江苏教育学院王铁军教授说过："任何教育教学的改革，只有也必须在课堂上得到落实，才能走向成功；任何教育教学成绩的取得，只有也必须依靠课堂教学。"在以课堂教学为原点的教学领导中，我作为一名校长，始终在思考着，行走着，收获着。

（二）案例回放

1. 用一年时间琢磨出一份合格的教案

我在和老师们研讨修改教案的过程中，不厌其烦，精雕细琢，务必精益求精。我们的老师们曾对我戏言：一份教案，在您的手中，要经过差不多一年时间的不间断修改，才能过关。此话不假，我们学校的一位物理老师，也是教务处的副主任，他的一份"动态电路的判别"的教案，在我的不断建议下，前后修改了十余次，历时将近一年。从教学目标的叙写，到知识内容的概括，到问题设计和教学环节，我不断要求他概括出"动态电路"的本质特征和关键属性，并试图用简洁扼要的语言加以描述，怎样用"纲要信号"的形式，来揭示出知识的内在结构。经过反复修改，该教案最终获得了老师们的一致好评。经过精心打磨教案，老师们不仅明白了课题的教学设计，更主要的是培养了他们的思维方式，也更加明晰了"结构"教学的核心思想和操作要点。我认为，这样的教研，是最真实的教研，老师们从中得到的收获，也是最真实的收获。

2. "一把手校长进课堂"现场会

2010 年 12 月，锡山高级中学校长、语文特级教师唐江澎，南京市北京东路小学校长、语文特级教师孙双金以及来自初中的我，三位一把手校长，作为《江苏教育》张俊平主编特邀的嘉宾校长，一起参与《江苏教育》"一把手校长进课堂"独家策划的课堂观摩，给参加活动的领导和老师现场开课。来自江苏省内的几十位校长和两百多位听课教师，汇聚我校，听课评课，共同见证了"一把手校长进课堂"的生动案

《江苏教育》"一把手校长进课堂"现场，王俊在上课

例。在现场会上，唐江澎先生以"学会倾听"为课题的语文"体悟"课堂，孙双金老师的以"走近李白"为题的"情智"教育，我给与会代表展示的以"亚洲区域地理"为题的"结构"教学，给全体听课老师留下了深刻印象，获得了一致好评。实验中学作为承办这样一种别开生面的大型教研盛会的主办方，以良好的教研氛围、优良的学生素养、鲜明的教学特色，赢得了与会代表的一致赞誉。

活动结束之后，我深感"一把手校长进课堂"的意义不在于示范一种教学智慧，更多的在于引领一种方向，那就是课堂是师生生命成长的摇篮，课堂是校长领导力和凝聚力的策源地，只有驾驭课堂，才能驾驭学校管理，才能更好地履行校长职责。这些年来，我最倾心的也是课堂改革，最钟情和致力其中的仍旧是课堂。课堂变革了，我们的精神面貌才能焕然一新，我们的教育变革和学校发展才有更加美好的明天，这也是我奉行"求真"教育理念的真实心迹。我觉得，最真的管理在课堂，最真的变革也在课堂，只有课堂变了，我们的教育才能焕发出更加蓬勃的生命活力。

(三)深度理解

"求真"两字是我在履行校长专业精神，领导课程与教学改革中的核心理念。

"校长专业精神"的含义很丰富，实践途径、呈现方式、价值体现也很多样。我认为，校长"专业精神"应该回归到领导课程与教学这一原点上来，在领导课程与教学改革过程中，彰显校长的专业精神，实现校长对学校发展的专业引领。

1. 我对校长专业精神的理解

就目前的实际来看，社会和教育发展需要"专业化"校长。"校长"职业从性质上看应该具有"专业"的意义，但实际专业化程度不够，处于"准专业"地位。校长在履行职能过程中，表现出来的专业素养、技能、品德以及对"专业"境界的执着追求，就是"校长专业精神"的基本含义。而在我看来，目前我国中小学校长最主要的"专业"，是对课程与教学的领导与创新。

课程与教学领导是校长专业精神的关键特征：我国《义务教育学校校长专业标准》要求校长履行"规划学校发展、营造育人文化、领导课程教学、引领教师成长、优化内部管理、调适外部环境"六项专业职责，其中"领导课程教学"又是这些专业职责的聚焦点和支撑点。再从国外的情形来看，加拿大制定的《中小学校长标准》，非常崇尚"教学领导力"，把"对教与学进行领导"放在中小学校长"五项专业实践要求"

的首位，始终强调校长的核心地位是学校中领头的教育专业人士。英国的校长职位被认为是"圣职"，校长是学校的学术带头人，是学校变革的推行者，校长的课程与教学领导力被认为是核心领导力。

　　课程与教学领导是校长专业精神的坐标原点。叶澜教授指出："对于学生而言，课堂教学是学校生活的最基本的构成，它的质量直接影响学生当下及以后的多方面发展和成长；对于教师而言，课堂教学是其职业生活最基本的构成，它的质量直接影响教师对职业的感受和态度、专业水平的发展和生命价值的体现。"只有变革我们的课程与教学，才能让学生从繁重的学习负担中解放出来，才会有完整的、健康的、智慧的课堂生活，读书生活，道德生活和社会生活。对课程与教学的领导，是校长职业的根本要求，校长职业作为一种富有创造性劳动和特殊专业要求的职业，首要思考的问题就是如何推动学校的课程与教学改革。领导课程与教学是校长最基本的专业实践，也是学校管理与其他管理的本质区别。同时，对课程与教学的领导，是学校教育改革系统工程的枢纽，以课程与教学改革为原点，可以有效地提升学校的发展愿景，深化学校的教育改革，促进师生的全面发展。

实验中学主题班会

　　课程与教学领导是校长专业精神的成长园地。校长专业精神不是高蹈务虚、作秀附丽，既要有仰望星空的姿态，更要有脚踏实地的努力，要有实实在在的落点，安静与厚重应是校长专业精神的特质。校长要关注师生最日常的课堂生活，在对课程与教学的问道求解中，熔铸情感，提炼思想，升华精神。校长专业精神，与教师专业精神在本质上是相通的，正如苏霍姆林斯基所言："如果你想成为一个好校长，那你首先就得努力成为一个好教师，一个好的教学专家和好的教育者。"一个好校长的专业精神成长史，就是他的教学史，在对美好的教学境界的追求中，校长的专业精神也在发育成长。

2. 如何领导课程教学，彰显校长专业精神

在以领导课程与教学为原点，锻造校长专业精神的过程中，我认为最重要的一点是始终秉持对教育真理的信仰，信守一个"真"字，练就校长领导课程与教学的真追求、真情怀、真行动、真境界。

（1）理念求真，愿景召唤

领导课程与教学，并以此为原点，规划学校的发展愿景，描绘师生幸福的校园生活图景，营造育人文化，引领教师发展，这一切都必须求真。"求真"意味着实事求是，结合学校的办学实际，尊重学校的文化传统，体现全体师生的共同意愿，脚踏实地，循序渐进，提出学校具体的远景、中景、近景发展目标，确立学校的特色发展方向，寻觅学校文化的精神内核，用学校精神和发展愿景召唤师生。"求真"意味着确立正确的课程观与教学观，构建自己学校的课程体系和课程实施方式，构建富有校本特色、生动高效的课堂教学模式，并以此为原点，延伸到学校文化、内部管理、德育工作等方面，形成良好的教育氛围，创新教师发展模式，让师生在课程与教学改革中，体验到教与学的快乐，从而解放身心，自主发展，焕发生命活力，实现自我超越。

（2）学习求真，阅读致远

领导课程与教学，创新学校教育，打造校长专业精神，还需要有学习求真的品质，有阅读致远的胸襟，有崇尚学术的情怀。课程与教学的创新，需要有国际视野、本土行动，需要融汇百家、自成一家，在这样一个过程中，需要不断地学习新的课程理念，学习课堂教学改革的前沿知识，汲取和融合各种先进的教学理念和成功经验，最终整合创新成自己的课程与教学特色。领导课程与教学，还需要有大阅读的视野和胸襟，并引领教师过阅读生活，使教师获得大视野，建构大格局，使其形成开阔的、完善的知识结构，让阅读成为教师发展的不竭动力，成为校长专业精神的丰富源泉。领导课程与教学，还需要有崇尚学术，尊重知识的情怀。一个有专业精神的校长，一个善于领导课程与教学的校长，必然是具有学术品位、沉潜气质、理性思考的校长。在他的学术影响力的带动下，有一个热衷学术、具有知识分子情怀的团队，学校具有浓郁的学术研究氛围。他的学校管理，也超越了日常事务管理的平庸，走向以课程与教学改革为中心的学术建设和文化管理，这是校长管理职能具有特殊专业要求的体现，也是校长专业精神的重要表征。

（3）实践求真，专业引领

校长领导课程与教学，需要体现实践性：

第一，躬身实践。校长的专业精神在领导课程与教学创新活动中，表现为对课程与教学改革的躬身实践，给教师提供研究和借鉴的样本，引领专业方向，传递改革勇气。也只有在亲自实践中，校长才能真正触摸到课程与教学改革的脉搏，体验课程与教学改革的艰辛与快乐，才能更加坚定教育的信念。

第二，长期实践。课程与教学改革只有起点，没有终点。校长领导课程与教学改革绝非一蹴而就，需要锲而不舍的努力和百折不回的坚韧，需要不断创生新的生长点，需要在矛盾和困惑中寻找突破口，在渐进与反思中，不断完善新课堂的构想与实践，让课堂最终成为学生成长的摇篮。

第三，引领实践。要善于统整校内外教学资源，创设支持性的教学环境，给教师更多的理论和实践指导，为教师的成长搭建更多的平台。

校长领导课程与教学，需要体现专业性：

第一，具备丰富的课程与教学知识和技能。要想取得领导课程与教学的话语权和主动权，校长必须成为课程与教学的专家。作为一名初中校长，不仅仅是要精通自己任教的学科知识，还要通晓初中各学科的基础知识及其内在联系，跳出学科界限，关注学科本质，渗透学科思想，建构以基本概念为核心的学科知识体系，形成综合贯通的认知结构，既是本学科教学的"专家"，又是博识多学的"杂家"。

第二，建构富有校本特色、具有普适价值的课程实施路径与课堂教学模式。校长领导课程与教学，要引导教师树立育人为本、动态生成的课程资源观，树立课堂为本、活动为主的课程实施观，构建立体多元的课程体系，确立以课堂教学改革为核心的课程改革思路。要坚持"教师少教而学生可以多学"的教学观，研究高效课堂的基本特点和实施策略，具备高效课堂的设计和实践能力，把最具迁移价值的知识和技能教给学生，构建富有生命活力的创新课堂教学模式。

第三，研究推进课程与教学改革的实施策略，建树学校的课程与教学文化，引领学校课程与教学的未来发展方向。校长在领导课程与教学中的一个重要职责，就是把理念转化为行动，把个体放大为群体，把当下拓展为未来。要确立以人为本、科学规划、有序推进的策略，把校长个人的教学创新转化为教师群体的自觉行动，从一门学科的变革走向所有学科的变革，把当下的教学创新行为提炼引申为一种教学文化，并延伸到学校管理领域，积淀形成学校的文化传统和校园精神。

(4)品格求真，共臻美好

校长领导课程与教学，建树求真务实的专业精神和人格特质，主要表现为这样几个方面：

第一，胸怀崇高而美好的教育情怀，关注师生的生命质量和一生幸福，以爱为教育的出发点，以育人为目标，唤醒师生的主体精神和创造热情，共同营造师生的幸福家园。

曹文轩先生来校做报告

第二，不带任何功利色彩，静下心来，蹲下身子，远离喧嚣，沉潜课堂，坚守教育的原点——教育就是教育，坚持教育的崇高使命——为社会和国家培养合格公民，坚持育人的基本价值——培养人、发展人、提升人的生命质量，托起自身的理想追求——把教育做成事业。

第三，以自身求真向善的人格魅力和进取不怠的精神品质感召师生，唤醒师生实现自我的内在需求，引领师生在课程与教学改革中，敢于尝试，勇于展示，学会合作，体验成功，把善于学习和日日求新作为自己的一种生活方式，引领师生共同发展，实现美好的共同愿景。

我的"结构"教学观

基于"求真"教育理念，我从踏上教学岗位之日起，就努力寻求课堂教学改革的突破之道，我深感传统课堂教学费时低效的弊端，对学生身心发展带来了严重的束缚。在三十余年的教学生涯中，我本着"求真务实，不虚此生"的精神，努力研究如何在课堂教学中，教给学生最有价值的知识，让学生习得最有效的学习方式和思维方式，从而摆脱过重课业负担的重压，解放学生，也解放老师，让师生体验课堂的幸福，体验教育的美好。

著名教育研究专家王金战先生来校报告

一、结构教学法的发展历程

结构教学法是在长期的理论和实践探索中形成的，是在继承优秀教育传统的基础上发展起来的，走过了一条漫长曲折而又令人欣慰的道路。结构教学法的形成和发展，大体上经历了三个阶段，即"纲要信号—两类结构—结构教学"。在这三个发展阶段中，我们努力探寻"教"与"学"相互结合的最佳路径，努力求解课堂教学的突破之道。从 20 世纪 80 年代末我在初高中地理学科教学中运用"纲要信号"教学法初见成效，到今天"结构"教学法在各科教学中生根开花，我们一直在追寻高效课堂的道路上奋力前行。

(一)雏形(1990—2000 年)——基于"纲要信号"的教学探索

在踏上教学岗位后不久，我就感到课堂教学确实值得研究。当时我们国家的课堂教学理论还不是很丰富，整体性的课改意识也没有现在强烈，对课堂教学有效性的探索大多出自教师的个体自觉。我在担任初高中地理学科教学的过程中，总感到教师的烦琐讲解费时费力，学生学得也很沉闷，学科知识的庞杂和无序，导致了学生学习效率不高，面对高考压力，学生学得苦，教师教得苦。如何寻找一些方法，减轻学生的负担，让学生习得更加具有迁移价值的知识，进而能把学到的知识融会贯通起来，这样才有可能实现学习上的举一反三、触类旁通，就可以减少学生机械记忆的负担，从而提高课堂教学的有效性和生命力。

在当时理论指导和专业书籍都相对匮乏的条件下，我找到了一个最简单朴实也是最实用有效的方法，来实现这一目的，那就是引导学生研读教材，发现教材知识内在的联系，透过现象看本质，通过量的减少，实现质的提升。这是我后来致力研究"纲要信号"教学法的自觉实践和思想萌芽。

1987 年，我有幸拜读了苏联教育家沙塔洛夫写的《3 分是怎样消失的》和查有良先生的《控制论、信息论、系统论与教育科学》两本书，前者是沙塔洛夫"纲要信号"教学法的简介读物，后者是从系统科学视野来审视教育现象，对我启发很大。这两本书我看了不下几十遍，我尝试运用系统的思想，运用联系的思维方式，来审视教材，审视课堂，审视教学，使我的教学生涯产生了彻底变革。

在教学中，我尝试运用"纲要信号"等结构图式，对初高中地理学科的教材知识进行概括和整理，努力寻求知识与知识之间的内在联系，把原本孤立的知识联结起来，并借助图表、线条等直观形象的符号，把知识整体性地呈现出来。例如，初中地理的区域地理这一块，我就引导学生从"地理位置""自然环境""人文环境"三个要素，来认识区域地理，这三个要素既有各自的内涵，又相互关联，构成了一个"区域地理"的知识结构图。这个知识结构图具有一般适用性，是解决"区域地理"知识学习的通用工具，学生掌握了"区域地理"知识结构图，就能有效地自主学习各个区域的地理知识。这里面实际是"举三反一"归纳知识结构，再到"举一反三"运用知识结构的过程，但核心是建构知识结构，并且以"纲要信号"的形式表征知识，这实际上就是我后来主张"知识内容结构化"的思想发端和早期的实践形态。

围绕"纲要信号"教学法的尝试，我在组织具体的教学活动过程中，也开始尝试创新。先是巧妙设计问题，激活学生的思维，引起学生的探究兴趣，激发学生的学习热情，让学生处于"愤悱"状态，引而不发，为后面的自学铺垫。接着引导学生自学教材，通过研读教材，辨析地理概念，抓住概念的本质属性，强化学生的概念意识。然后引导学生运用概念对各种地理现象进行判断和推理，提高学生自主解决问题的能力，培养学生运用概念作出判断，进行推理的思维方式，实现"举一反三"的教学效果。在学习过程中，引导学生把所学到的知识，不断嫁接到相应的知识体系中来，不断建构和丰富地理学科知识结构，帮助学生形成良好的认知结构。这样的教学，不仅让学生的学习更加高效轻松，还培养了学生的自学探究能力，提高了地理课堂教学的实效性和趣味性，深受学生欢迎。

在 20 世纪 80 年代开始，到 1992 年我调入江苏省宜兴中学（当时的宜兴县中），直到 2000 年 3 月，我担任宜兴市实验中学校长，这十多年的时间，我一直致力研究"纲要信号"教学法在地理学科中的运用，对初高中地理教材真正做到了烂熟于心，先后绘制了 40 余幅中学地理学科"纲要信号"图。这些"纲要信号"学科知识图式，是我在教学中积累的宝贵财富，凝聚了我的智慧和汗水，也对我的教学产生了深远影响。随着"纲要信号"教学法的深入开展，我的地理学科教学成绩越来越显著，我在本学科教学中的影响力也越来越大。在 1987 年宜兴市首批学科带头人评选中，我执教的高中地理"洋流"一课，获得了评委的一致好评，我也顺利地被评为宜兴市首批学科带头人，坚定了我研究教学的信念。1996 年由我领题的省级课题《"纲要信号教学法"在中学地理教学中的运用研究》，经过严格的评审，顺利结题，得到了评审专家和领导的高度认可，他们认为我开展的"纲要信号"教学法的实践研究，在国内地理学科课堂教学研究中，具有较强的前瞻意识和创新价值。这次课题评审，总结了我研究"纲要信号"教学法的阶段成果，激励着我在教育科研的道路上再攀高峰。

这个阶段的研究，主要特点是运用"纲要信号"的基本形式，对学科知识进行深入的研究，对初高中地理学科的知识，进行了全面的梳理，形成了地理学科的知识结构体系，形成了我的地理学科思想方法，让我的专业发展达到了新的高度。为实现课堂教学的变革奠定了基础。这个阶段的研究，得益于江苏省宜兴中学良好的教科研氛围。当时的老校长谢盛良同志，给予了我无私的关怀和帮助，给了我莫大的鼓励。在当时的省宜兴中学，也有一批志同道合的青年教师，我们一起研究课堂，问道课堂，形成了浓厚的教研教改之风，积累了丰厚的学科专业知识和教学理论知识，为日后的研究打下了扎实的基础。在研究课堂教学的过程中，专家的鼓励和引领，学生的肯定和支持，也是我研究课堂的强大动力。我深感要推动课堂教学向深层次改革，没有扎实的理论功底，没有专家的引领鼓励，往往会陷入找不到方向的困境；没有真正以学生为本、为学生发展服务的课堂理念，不能取得学生的理解和认可，这样的课堂教学改革也往往注定是要失败的。在这十余年的不懈研究中，我还感到读书真的是一个教师成长的必由之路，尤其是认真阅读几本好的专业理论书籍，对一个教师的成长，起着不可低估的作用。

著名语文教学专家余映潮先生来校报告

（二）发展（2000—2009 年）——基于"尝试学习"的课堂变革

2000 年 3 月，我被任命为宜兴市实验中学首任校长。宜兴市实验中学的创办，承载着宜兴人民对新型优质教育的期许，学校办学起点较高，各方面条件都属一流。办学之初，我们确定了"以课堂教学为突破口，以文化建设为立足点，促进学校内涵发展，打造实验教育品牌"的学校发展方略。

在这十年的教学研究和课堂求索中，我主要是站在一个校长的立场，不断思索怎样引领一个学校的教学改革。我要把我一个人的研究，转变为全体教师的共同研究，要把一门学科的成功转变为所有学科的成功。通过对课堂教学的变革，改变学生的课堂学习方式，减轻学生的课业负担，让学生享受学习成功的快乐，让学生体验校园生活的幸福，这是我作为实验中学校长的使命，也是我探索课堂教学新的出发点。

在这样的责任驱动下，我们的课堂教学在"教什么"和"怎么教"两个方面产生了鲜明的变化，在"教什么"上，我们实现了从"纲要信号"到"一类结构"，再从"一类结构"到"两类结构"的演变；在"怎么教"上，我们围绕"凸显学生主体地位，转变学生学习方式"这一主题，开展以"尝试学习"为载体的课堂教学改革，努力寻求"教（学）什么"和"怎么教（学）"的和谐统一，追求课堂教学的高效率、轻负担，教给学生概括化、结构化的知识，努力提高学生的学科素养，培养学生的主体意识和探究精神。经过将近十年的努力，我们学校形成了"两类结构尝试教学"的鲜明特色，我们的课堂教学新模式，成为省内外有较高知名度的教学创新成果之一。

在"教（学）什么"的问题上，我着力研究如何把地理学科中的"纲要信号"延伸到其他学科，研究如何把"纲要信号"教学法从地理一门学科推广到其他学科。2005年，我受"整体建构和谐教学"创始人王敏勤教授的启发，经过对"整体建构教学"实验学校——浙江瑞安新纪元实验学校的实地考察，我进一步拓展了"纲要信号"的内涵。着重从"结构"及其"要素"的关系上审视"纲要信号"，概括知识的关键特征，抓住一类知识的核心要素，进而建构"知识结构"，不断提升"纲要信号"的结构功能，不断提升"纲要信号"的教学意义，真正实现从"纲要信号"向"知识结构"的转变。"知识树"的生成及其在课堂教学中的大量运用，成为当时课堂教学的一道风景，"知识树"实际上是解决一类问题的思维方式，已经不仅仅是对知识点的简单罗列和归纳，从"纲要信号"到"知识结构"的演变，是我们在课堂教学中"教（学）什么"这个问题上，迈出的革命性的一步。2007年，我在认真研读《学与教的心理学》这本书的基础上，深受启发。我借鉴知识分类理论，提出了课堂教学要关注"两类结构"（知识内容结构和方法程序结构）的观点，实现了从"一类结构"到"两类结构"的转变，"纲要信号"教学法再一次获得了提升。2007年9月，《江苏教育》发表《课堂的力量是无穷的—宜兴市实验中学课堂教学改革纪略》一文，对我校的"结构"教学法进行了深度报道。2007年10月，《中国教育报》以"寻求教师少教学生多学的方法"为题，报道了我校的课堂教学改革特色。我校以"结构"为载体，提高课堂教学效率的特色得到了专家学者和一线教师的高度评价。

在"怎么教（学）"的问题上，我们始终围绕"学为主体"这一指导思想，开展了锲而不舍的实践探索，走过了一条"融汇百家，自成一家"的道路，使我们的课堂教学改革，始终保持正确的方向和蓬勃的生机。我们先是开展了学习洋思学校"先学后教，当堂训练"教学模式的活动。"以学定教，教学合一"成为我们当时鲜明的教学主张，学生的主体意识得到了大力张扬，学生的创造激情也得到了极大激发。2000—2003年，伴随着我们课堂教学改革步伐的推进，学校的文化建设和课程改革呈现出了欣欣向荣的局面。2003年在"尝试教学"创始人邱学华教授的指导下，全校推广以"尝试学案"为载体的课堂教学改革。"学案"的科学编制和合理运用，为"尝试"学习插上了腾飞的翅膀，为"纲要信号"教学法赋予了新的活力，学校的课程改革渐入佳境。

这个阶段的研究，主要是把"纲要信号"的内涵和作用，进一步放大和提升，实现了"纲要信号"—"知识结构"—"两类结构"的转变，实现了从一门学科的实践研究向多门学科的拓展延伸，实现了从对学科知识的浅层次归纳，到在学习理论指导下的深层次整合。通过"两类结构"为载体的知识整合路径，我们在课堂教学"教（学）什么"的研究上，方向越来越明确，渗透学科思想的"两类结构"，为课堂教学的全面革新注入了新的活力。与此同时，我们坚持不懈地改良教学组织形式，以"尝试学习"为主线，构建新型师生关系，倡导和谐民主的教学氛围，切实保证了学生的主体地位。

这个阶段的研究历程，恰恰是我们实验中学从成立走向成熟的十年。在这十年中，我们博取广纳，整合创新，从办学特色的缔造，到课堂教学的变革，我们深感学习和借鉴是成长的阶梯。我们组织全体教师认真学习《学与教的心理学》等教学理论书籍，获益匪浅。课改要有理性务实的立场，要有教育科学的支撑，课堂教学的改革必须在理论指导下反复实践，才能不断走向成功。同时，我们还广泛借鉴一切成功的经验，如"洋思模式"、东庐中学的"讲学稿"教学法、邱学华的尝试教学思想、王敏勤的和谐教学思想、刘京海的成功教育和张熊飞的诱思探究教学等，都对我们的课堂教学改革，产生了积极影响。

(三)提升(2009年至今)——基于"学科素养"的结构教学

2009年10月，我们在课堂教学改革研究过程中，在方向和思路上，发生了新的转变，提出了"基于学科素养的结构教学"研究。主要原因有三个方面：一是我们深刻认识到"人"是课堂教学中最根本的要素，如何进一步调动学生的主体精神，促进学生的全面发展，培养学生的学科素养，始终是我们课堂教学的核心价值。为此，我们的课堂教学研究必须研究"结构"和"尝试"的有机结合、相互渗透，并形成行之有效的课堂教学操作策略和运行规程，这是从2009年以来我们研究的重点。二是学校办学体制的改革，2010年秋季，宜兴市实验中学要回归到普通生源基础教育学校的序列中来，面对生源的改变，面对新的教育形式，我们未雨绸缪，感到激发学生的学习兴趣，培养学生的学习主动性，是当前课改的重中之重。三是我们在借鉴"理解教育"理论的基础上，提出了课堂教学的"理解"性原则和相应的操作要求，"小组合作学习"成为主要的课堂学习方式。

这个阶段的研究，主要的突破有两个方面：一是教学理念上的，我们提出了"立足学科素养，面向全体学生，以两类结构教学为载体，打造生本课堂，促进学生的全面发展"的教学理念。关注"教与学"的统一，在关注方法的同时，确保学生的主体地位，把方法(两类结构)隐含在学生活动背后，倡导有利于学生主动学习的良好氛围，创设多种问题情境，开展形式多样的小组合作学习，确保学生是学习的第一主体。在教师的点拨指导中，强化"方法(两类结构)"意识，实现"教与学"的动态平衡。二是在课堂教学实践层面上的，着力构建有利于教师实际操作和执行的课堂教学模式，从控制教师教授时间、规定小组合作学习基本流程等方面，确保学生成为课堂学习的主人。同时，不断优化"结构教学"的实施策略，完善"两类结构"的内在科学性和教学实用性，完善课堂教学过程中的教学策略，如独立学习、互帮互学、出声思维、一题多解、多题归一等方法。

这个阶段的研究，在课堂教学的研究取向上，更加完善，致力于打造以"结构"为载体的智慧课堂，以"尝试"为主线的生本课堂，焕发课堂教学的生命活力，凸显学生的主体地位，促进学生的主动学习，成为课堂教学的主要使命。这是认真贯彻实施《国家中长期教育规划纲要》的时代要求，也是宜兴市实验中学从民办公有学校回归到普通生源学校的必然选择。针对普通生源学校的办学实际和课堂现状，我们深刻认识到激发学生潜能，调动学生的学习积极性，是课堂教学改革成功的关键。所以，我们在坚持"结构"教学特色的同时，不失时机地提出了把"课堂还给学生"的口号，开始了"结构"教学的新探索，这是未来课堂教学改革的方向。

同行交流

二、结构教学法的内涵

　　结构教学法是以马克思主义哲学认识论、系统科学理论、现代认知心理学和主体教育论为理论指导，整体把握教学要素结构，以尝试学案为载体，以"两类结构"为抓手，以变式训练为主线，以思维发展为核心，以先学后教为特征，帮助学生掌握学习某一类知识，解决某一类问题的思维方式或方法，是促进学生全面主动发展的教学方法。

(一)整体把握教学目标结构，实现教学的丰富价值

1. 教学目标的纵向结构

目标是指想要达到的境地或想要得到的预定结果。"教育目的"(教育方针)、"教育目标"(培养目标)、"课程与教学目标"是教育领域中三个不同层次的目标问题。"教育目的"(教育方针)是指国家或社会对教育所造就的人的质量规格的总设想或总要求，它所体现的是终极的教育价值，《国家中长期教育改革和发展规划纲要》指出："坚持教育为社会主义现代化建设服务，为人民服务，与生产劳动和社会实践相结合，培养德智体美全面发展的社会主义建设者和接班人"，进一步明确了教育目的的具体内容。"教育目标"(培养目标)是教育目的下位概念，是指不同性质的教育和不同阶段的教育的具体要求，即指某级某类学校的具体要求，是对教育目的的具体化。基础教育、高等教育、职业教育、成人教育等分别具有不同的教育目标。

新课程的培养目标是国家对基础教育阶段学生基本素质的整体要求。目标提出：要使学生具有爱国主义、集体主义精神，热爱社会主义，继承和发扬中华民族的优秀传统和革命传统；具有社会主义民主法治意识，遵守国家法律和社会公德；逐步形成正确的世界观、人生观、价值观；具有社会责任感，努力为人民服务；具有初步的创新精神、实践能力、科学和人文素养以及环境意识；具有适应终身学习的基础知识、基本技能和方法；具有健壮的体魄和良好的心理素质，养成健康的审美情趣和生活方式，成为有理想、有道德、有文化、有纪律的一代新人。

"课程与教学目标"是"教育目标"的下位概念，它是具体体现在课程开发与教学设计中的教育价值。包括"课程总体目标""学科课程目标""教学目标"。"课程总体目标"即指各学科培养人的思路，其中最为核心的是：改变课程过于注重知识传授的倾向，强调形成积极主动的学习态度，使获得基础知识与基本技能的过程同时成为学会学习和形成正确价值观的过程。"课程总体目标"从"知识与技能、过程与方法、情感态度价值观"这样三个维度进行了表述，这也是得到广泛认同的"三维目标"的政策

依据。"学科课程目标"又分为"学科课程总体目标"和"学科课程具体目标"两个层次，以课程标准的形式呈现，在学科层面体现改革目标的要求。事实上，各学科课程标准在具体体现三个维度的目标要求时，彼此之间并不完全一致。比如，义务教育阶段数学课程的总体目标具体包括"知识与技能""数学思考""问题解决"和"情感与态度"四个方面，而语文课程的总体目标则被划分为十项，体育与健康课程的总体目标从五个方面表述。除了这种总目标上的差异外，各学科课程的具体目标更加丰富多样。这样的差异正是总体目标在学科课程中具体化的结果。"教学目标"是一堂课或几堂课构成的单元预期实现的学习结果，与具体的课堂教学相关联，与特定的环境因素和师生因素密不可分。通常认为，作为学习结果之表述的教学目标，应当具有"行为目标""达成目标""可计测目标"的性质。就是说，课堂教学目标十分具体，必须是课堂教学结束后可以检测的，因此它的表述只能借助于动词，即使是情意领域的教学目标，也要用行为描述的方式呈现出来。

可见，"教育目的→教育目标→课程总体目标→学科课程目标→教学目标"是教育者关于人的素质发展不断具体化的理解过程。把握教学目标的纵向结构，能使我们更好地理解和把握不同阶段、不同性质教育的要求。

2. 教学目标的横向结构

教学目标的横向结构，主要指课程与教学目标的内在要素及其逻辑联系。把握教学目标的横向结构，能使我们更有效地确定具体、全面的课时教学目标，从而有效实现教学的丰富价值。现从学科素养的角度和以知识分类理论为依据对教学目标的横向结构作一具体的分析探索。

学科素养是我国新课程标准中提出的一个新的概念。新课程各学科课程标准都把学科教学的目标定位于"培养基本的学科素养"。所谓学科素养是指在学科学习和实践活动中养成的具有该学科特征的基本知识、基本技能、基本思想和基本经验的综合。它不是多种要素的简单叠加，而是一种注入主体精神的"合金"，一种处理问题的习惯和思维方式。各学科素养的融合，构成了学生今后生活、学习和工作所必需的基本素质。因此培养学生形成学科的基本素养是素质教育的核心。下幅《学科素养结构示意图》揭示了学科素养的内涵及联系，即教学目标的横向结构。从图中可看出学科素养由四部分组成：

一是学科基本知识。根据知识分类理论，基本知识由陈述性知识和程序性知识

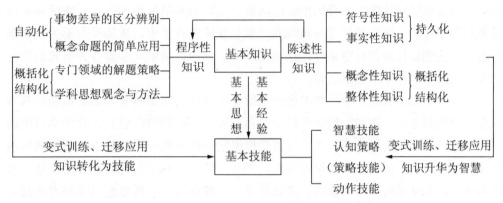

学科素养结构示意图

两部分组成。陈述性知识是关于"知什么"的知识，可以用语言来表达和传递，包括符号性知识、事实性知识、概念性知识和整体性知识四部分。程序性知识是关于"知如何"的知识，即知道如何进行的知识，是一套办事的操作步骤。它以陈述性知识为基础，通常包括四个方面，即事物差异的区分辨别、概念命题的简单应用、专门领域的解题策略、学科思想观念与方法。

二是学科基本技能。这里所说的"技能"，从广义的知识观来看，实际是个人习得的一套程序性知识，并按这套程序去办事的能力。基本技能由智慧技能、认知策略（策略技能）、动作技能三部分组成。如果学习者通过练习，习得了按某种程序顺利完成身体协调任务的能力，则表明他已习得了动作技能。如果学习者通过练习，习得了按某种程序完成智慧任务的能力，则他习得了认知技能。认知技能包含智慧技能和认知策略（策略技能）两类。智慧技能和认知策略（策略技能）的根本区别在于前者运用习得的概念和规则加工外在的信息，后者运用习得的概念和规则来调节、控制自己的认知加工活动。

三是学科基本经验。所谓学科基本经验是指学生在学科学习过程中的经历和体验，是学生在亲自或间接经历了学科活动过程而获得的经验。经验是认知结构的有机组成部分，是构成学科素养的基本成分，是具体的、具象的，具有个体性和独特性。经验是个体知识向智慧转化的中介。智慧形成于经验的过程中，形成于经历的活动中，如教师为学生创造的思考过程、探究过程、抽象过程、预测过程、推理过程、反思过程等。智慧形成于学生应用知识解决实际问题的各种教育教学实践活动中，通过这些活动让学生亲身感悟解决问题、应对困难的思想和方法，在活动中逐渐地积累丰富的、正确的思考与实践的经验。在课堂教学中，教师要为学生积累学科基本经验创设良好的时空条件，让学生动手、动口、动脑，参加各种形式的学习活动，以此来帮助学生积累经验。

四是学科基本思想。学科基本思想是指对学科发展和学科学习最具影响的基本观念、思想和方法。例如，数学学科中的化归思想、数形结合思想，化学学科中的守恒思想、动态平衡思想等。学科方法是根据学科内在的规律和特点，总结和归纳出来的思维方法、研究方法和学习方法。例如，数学学科中的化归法、递推法、列举筛选法，化学学科中的等效法、终态法等。一般而言，学科思想对学科方法起着指导作用，学科方法是学科思想的具体化反映。在很多时候，学科思想与学科方法并没有确定的界限，例如，数学中的"数形结合"既是一种学科思想，又是一种学科方法，因而人们通常将学科思想与学科方法统称为学科思想方法。学科思想方法可分为哲学思想方法、一般思想方法和具体思想方法三个层次。哲学层次的学科思想方法，如辩证思想、系统与联系思想、量变与质变思想、一般与特殊思想等；一般意义的学科思想方法，如抽象与具体、分析与综合、归纳与演绎、假设与验证等；具体学科的学科思想方法，如物理与化学学科中的控制变量法，数学学科中的待定系数法、割补法等。学科思想方法是学科素养的重要组成部分，是学科教学的灵魂。在学习学科基本知识的过程中，帮助学生掌握学科的基本思想方法，有助于学生对整个学科的理解和把握，有助于学生的知识迁移和学习运用。

学科素养的四个组成部分有着内在的逻辑联系。学科基本知识中，陈述性知识是程序性知识的基础，当对基本知识的学习上升到概括化水平和结构化水平时，就能有效地在新的问题情景中迁移应用，基本知识就能有效地转化为基本技能。只有在不断解决问题的实践过程中，学生才能有效地把握学科思想方法，积累学科基本经验。

因此，只有全面把握教学目标的横向结构，揭示教学目标内在逻辑联系，才能使学生在学习基本知识、掌握基本技能的过程中，积累基本经验，形成基本思想，从而有效实现教学的丰富价值，促进学科素养的全面发展。

3. 合理确定和有效陈述教学目标

合理确定教学目标，并有效陈述教学目标是有效达成教学目标的基础。学科素养结构和知识分类理论为有效确定教学目标提供了一个基本框架，教师应在研读课程标准、教材内容、把握基本学情的基础上，合理确定教学目标。确定教学目标的一般思路是：本课时学生应该识记哪些符号事实性知识，学习哪些概念性知识、整体性知识、程序性知识、策略性知识和学科思想方法。学习的这些知识是要求达到识记、理解还是应用水平。

课程与教学目标陈述的基本方式可以分为两类：一是采用结果性目标的方式，即明确告诉学生学习的结果是什么，所采用的行为动词要求明确、可测量、可评价。这种方式指向可以结果化的课程目标，主要应用于"知识与技能"领域，如"能在地图上识别五种基本的地形类型""举例说明气候对人类生产和生活的影响"等，常用的行为动词有"说出""描述""写下""说明""概括""评价""证明"等。二是采用体验性或表现性目标的方式，即描述学生自己的心理感受、体验或明确安排学生表现的机会，所采用的行为动词往往是体验性的、过程性的，这种方式指向无须结果化的或难以结果化的课程目标，主要应用于"过程与方法""情感态度价值观"领域，如"用不同的物体和方法制造声音，描述自己对这些声音的感受""阅读自己喜欢的作品，收藏自己喜欢的书籍资料"等，常用的行为动词有"经历""尝试""欣赏""养成""热爱"等。

只有合理确定和有效陈述教学目标，才能充分发挥教学目标的导教、导学和导测功能，才能将教学目标落到实处。

(二)整体把握教学内容结构，促进学生的主动发展

把握教学内容结构，就是指把握概括化、结构化的知识内容和概括化、结构化的方法程序。从学科素养结构图中可以看出，学科基本知识分为两大类，即陈述性知识和程序性知识。陈述性知识的主体是概念性知识和整体性知识。所谓概念性知识指的是学科基本概念、原理、法则等知识，这一类知识是对某一客观事物"本质"的、"必然"的、"一般性"的认识，是反映客观事物本质属性的思维形式。对于概念性知识的学习要概括出其本质属性或关键特征，使对概念性知识的学习上升到概括化的水平，并在此基础上，努力揭示不同概念之间内在的逻辑联系，使对概念性知识的学习上升到结构化的水平。所谓整体性知识是指围绕某一主题组织起来的知识整体，本质上由基本概念组成，这里只不过更强调其组织性和整体性。对于整体性

知识的学习要努力概括出围绕某一主题的各个知识要素，并揭示出各知识要素内在的逻辑联系，使整体性知识的学习在概括化的基础上上升到结构化的水平。因此，整体把握教学内容结构，对于陈述性知识的学习而言，就是要对概念性知识和整体性知识的学习在概括化的基础上上升到结构化的水平，即把握概括化、结构化的知识内容（简称"知识内容结构"）。

所谓程序性知识指的是以学科基本概念为基础的、渗透学科思想方法的、解决问题的操作步骤，重点是学习研究专门领域的解题策略。专门领域的解题策略，是指在复杂情境中运用概念命题及学科思想方法解决某一类复杂问题的方法程序。对于专门领域解题策略的学习，要在把握学科基本概念和思想方法的基础上，努力归纳出解决某一类问题的操作步骤和实施要点，使其上升到概括化的学习水平，并在此基础上，积极探索与解决类似问题的方法程序之间的内在逻辑联系，使其上升到结构化的学习水平。因此，整体把握教学内容结构，对于程序性知识的学习而言，重点是对专门领域解题策略的学习在概括化的基础上上升到结构化的水平，即把握概括化、结构化的方法程序（简称"方法程序结构"）。

从学习论角度看，学习的过程就是一个概括化的过程。越是概括化、结构化的知识越具有迁移应用价值。学生掌握了概括化、结构化的知识内容和概括化、结构化的方法程序，即"知识内容结构"和"方法程序结构"（简称"两类结构"），就掌握了学习某一类知识、解决某一类问题的思维方式或方法，也就掌握了主动学习的工具。因此，整体把握教学内容结构，能有效促进学生主动发展。

现分别举数例作具体说明：

语文学科学习"景物描写"这一知识概念时，不能停留在对每一篇文章具体的景物描写做琐碎的分析，而是要以典型的景物描写为案例，引导学生从景物描写的"内容、方法、作用"三个方面抽象概括出"景物描写"这一知识概念的关键特征（见"景物描写"知识结构图）

说明：该"景物描写"知识结构图，由多个要素多个层次组成。景物描写的"内容""方法"和"作用"三个要素组成了一个层次。景物描写的"内容"由"风云雷电、山川湖海、花鸟虫兽"等要素组成另一个层次，而景物描写的内容中的"花"又由"花、果、叶、枝、杆、根、茎"等要素组成下一个层次。景物描写的"方法"通常有抓住典型景物的典型特征，选用准确的字词、合适的句子，运用修辞方法，按照一定的时

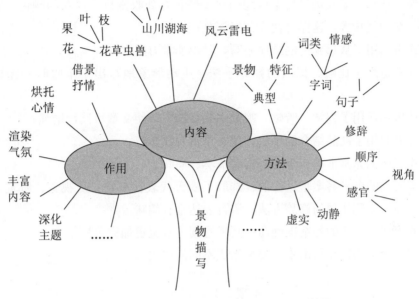

叶　枝
果
花　　花草虫兽　山川湖海　风云雷电
借景
抒情
烘托
心情　　　　　　　内容　　　　景物　特征　　词类　情感
　　　　　　　　　　　　　　　　　典型　　字词
渲染　　　　　　　　　　　　　　　　　　句子
气氛　　作用　　　　　　　方法　　　修辞
丰富　　　　　　　　　　　　　　顺序
内容　　　　　　　　　　　　　　感官　视角
深化　　　　　　　　　　　　虚实　动静
主题　……　　　　景物描写　……

"景物描写"知识结构图

空顺序，运用多种感官、多个视角以及动静结合和虚实相生等方法，对景物进行准确、鲜明、生动的描写。景物描写的"作用"通常表现为借景抒情、渲染气氛、烘托人物心情、推动情节发展、暗示社会环境、深化文章主题等方面。这些多个层次中的多个要素，构成了景物描写这一知识概念的关键特征。学生理解掌握了这一知识结构，就有效掌握了这一知识概念，就能有效地运用这一知识概念去欣赏"景物描写"，去进行"景物描写"。

2007年江苏省高考卷中有一篇名为《麦天》的现代文，其中有一段是收麦子的场景描写：一路上都是鲜红的收割机，突突突，吼个不停，进了麦田，就如机船下了海，所过之处，留下的只是一地黄亮亮金灿灿的麦茬，散发着湿润的草香。命题者据此出题：这句话描写关中麦收情景，请分析它的表达特色。

这是一段典型的景物描写，我校语文组郑发健老师尝试让他初一的学生解答，我们的学生虽然是初中生，但是由于已经掌握了"景物描写"的这一知识概念的关键特征，对这一知识概念的学习已经上升到了概括化水平，同样可以有效地答题。我们的学生得出的答案如下：

①作者抓住了麦收场景典型事物的典型特征，如收割机、麦茬的颜色、收割机的声音、草的气味等，这样写使人记忆深刻；

②作者运用了从远到近的顺序来写，显得非常有层次；

③作者运用了比喻、拟人的修辞手法，生动形象地写出了丰收时一派繁忙的景象；

④作者还运用了视觉、听觉、嗅觉多感官描写，使文章可读性增强；

⑤作者采用了动静结合的手法，使文章富有立体感；

⑥作者用词非常准确、生动，富有节奏、韵味。

高考阅卷的参考答案是这样的：选取了麦天代表性事物；从视觉、听觉、嗅觉多角度描写；运用比拟的修辞方法；语言表达富有韵味。

你看，我们学生的答案准确命中高考答案，甚至更加完善！

知识概念结构往往是由不同要素组成不同的层次。

"描写"知识结构图

如图所示"描写"知识结构图，揭示了不同描写类型及相互关系，从描写的对象看可划分为"人物描写、景物描写、场面描写"，从描写的角度看可划分为"正面描写、侧面描写"，从描写的概括化水平看可划分为"细节描写、概括描写"等。学生理解掌握了"描写"的知识结构，对不同类型描写的知识概念的学习就上升到了结构化水平。

在初中数学中，学习"平方根"这一节知识内容时，可用下图概括出"平方根"这一知识概念的关键特征（如图所示），学生把握住了这些关键特征及其内在联系，对

"平方根"知识概念的学习就上升到了概括化的水平。在此基础上，进一步引导学生去学习研究"立方根"这一知识概念的关键特征，并与"平方根"知识概念进行比较，揭示两者的异同。这时，学生对"平方根"与"立方根"知识概念的理解掌握就上升到了结构化的学习水平，对学习的知识概念的理解就会更深刻。

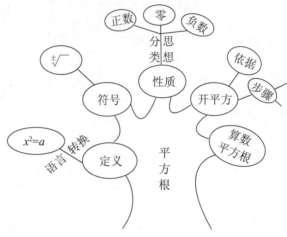

"平方根"知识结构图

下图是关于代数式的知识结构图，该图揭示了代数式有关的基本概念及其内在逻辑联系。从图中可直观地看出，用表示运算类型、运算次序的符号，把数和代数字母连接而成的式子，叫代数式。数及代数字母的积（用乘法运算符号）所构成的式子叫单项式，几个单项式的和叫作多项式。单项式和多项式统称整式。分母中含有代数字母（用除法运算符号）的式子叫分式。代数式中含有表达式的开方运算，而表达式中含有字母，这样的代数式叫无理式。用具体数值代替代数式中的字母，按运算关系计算，所得结果为代数式的值。用等号把两个代数式连接起来，所得的式子叫等式，含有未知数的等式叫方程……以上，简明扼要地揭示了代数式中相关概念的关键特征及其内在逻辑联系。我们掌握了这一知识结构，在学习有关新概念时，就能有效地揭示出新旧概念的纵横联系，使学生明白新学概念的来龙去脉，从而将知识综合贯通起来，促进数学知识的有意义学习，防止知识学习中的割裂现象和机械记忆。要注意的是，对有关概念进行概括化表述时，一方面要努力抓住概念的本质属性或关键特征，另一方面要尽可能符合科学性以及初中学生的认知水平和认知特征。

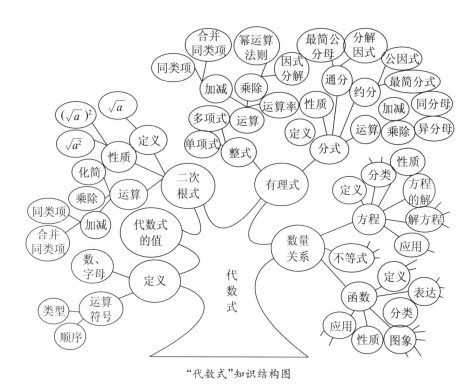

"代数式"知识结构图

在学科知识学习中，许多知识是围绕某一主题组织起来的知识整体，即所谓的整体性知识，本质上也属于概念性知识，只是更强调其组织性和整体性。对于整体性知识的学习，一方面，要努力概括出围绕主题的各个知识要素及内涵；另一方面，要努力揭示出各知识要素的内在联系，即对整体性知识的学习在概括化的基础上上升到结构化水平。

在语文学科教学中，要能有效地分析阅读一篇文章，就必须有效地把握阅读文章的"整体性知识"，如下图所示。该结构图揭示了文章阅读的基本内容及联系。通常，教师在指导学生阅读一篇文章时，可引导学生围绕文章的"内容、主旨、结构、表达方式、表现手法、语言"等要素及联系去分析文章。这一"整体性知识"揭示了文章阅读的一般思路，学生在不断的阅读实践中，这种阅读文章的"整体性知识"就能逐渐转化为阅读文章的能力，升华为赏析文章的智慧。

这一阅读文章的"整体性知识"，由多个层次、多个要素组成，对每个层次的每

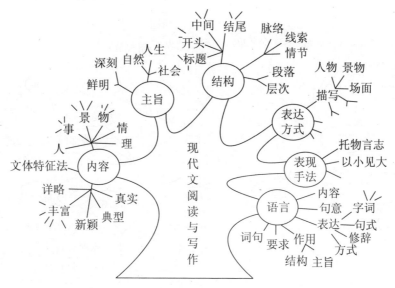

"现代文阅读与写作"知识结构图

个要素的掌握要进行教学长程设计，要运用"一课一得"策略进行系列化安排。

在中学地理学科中，区域地理知识结构就是一个"整体性知识"，它是围绕"区域"这一主题的知识整体，涉及区域的地理位置和范围、区域的自然环境和人文环境以及区域地理学习涉及的学科思想方法。（见"认识区域"知识结构图）

这一"认识区域"知识结构，揭示了区域地理学习的基本内容和思想方法。这些知识结构要素在纵向上可逐渐分化，横向上是相互联系的。在不断的学习中，学生掌握的知识结构会不断地丰富。学生掌握了这一概括化、结构化的知识内容和思想方法，就掌握了区域地理学习的一般思维方式，就能有效地自主地学习区域地理知识。

在学科基本知识的学习中，我们不仅要使学生掌握学科的概念性知识和整体性知识等陈述性知识，而且要在此基础上，帮助学生掌握解决某一类问题的思想方法和操作步骤，即帮助学生掌握程序性知识。专门领域的解题策略是程序性知识学习的一个重点。所谓专门领域的解题策略，就是指运用概念、命题以及学科思想方法解决某一类复杂问题的方法程序。对于专门领域解题策略的学习，应在把握学科基本概念和思想方法基础上，努力归纳出解决某一类问题的操作步骤，使其上升到概

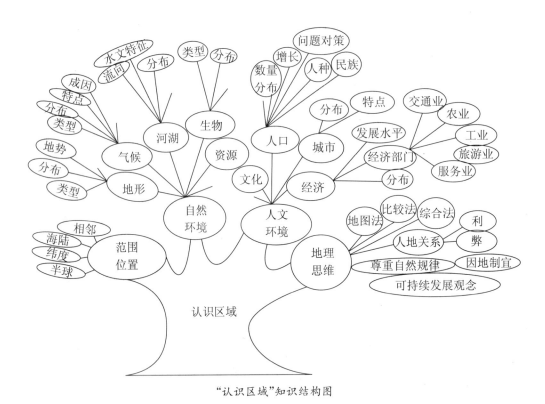

"认识区域"知识结构图

括化的学习水平，并在此基础上，积极探索与解决类似问题的方法程序之间的内在逻辑联系，使其上升到结构化的学习水平。

学习"用一元一次方程解决实际问题"这一知识内容，就属于程序性知识学习，用一元一次方程解决实际问题，一般要经历以下过程（如图所示）：

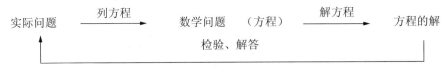

"用一元一次方程解决实际问题"知识结构图

在这一过程中，正确列出方程的关键在于审清题意，恰当地设未知数，找出问题中的等量（可以利用表格或示意图等策略来分析实际问题中的数量关系），列出方程，并正确解方程，检验方程的解，写出答案。上述用方程解决问题的操作步骤可用下列关键词进行概括："审、设、找、列、解、验、答"。学生理解掌握了以上概括化的操作步骤和实施要点，对"用一元一次方程解决实际问题"这一知识的学习就上升到了概括化的学习水平，通过适量的变式训练，这种概括化的方法程序就能有效地转化为解决实际问题的能力。

在学习"用一元一次方程解决实际问题"的基础上，学习"用一元二次方程解决实际问题"时，对二者涉及的学科基本概念、思想方法及解决问题的操作步骤进行比较，揭示出二者之间的内在逻辑联系，这时，学生对这一知识的学习在概括化水平的基础上就上升到了结构化的水平。

在初中物理、化学、生物等自然学科教学中，"科学探究法"是一种基本的且是十分重要的探究学习方法，它属于较复杂的程序性知识。在课堂教学中，如果教师能以具体的实验探究为案例，帮助学生逐步抽象概括出"科学探究法"的基本步骤及操作要点(见下图)，学生就能有效地掌握这一知识，并在不断的实践运用中，逐步将这一知识转化为解决问题的能力，升华为解决问题的智慧。

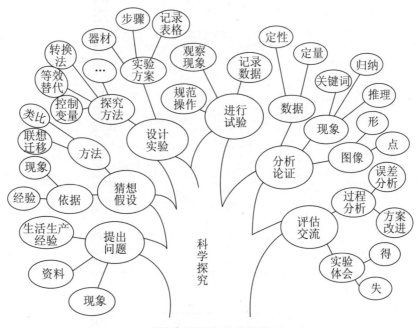

"科学探究"知识结构图

在初中地理学习阅读"世界等温线水平分布"这一内容时，重点不是把握世界气温水平分布的特点，而是以此为案例引导学生归纳出阅读等温线水平分布图的一般方法和步骤。学生掌握了阅读等温线水平分布图的一般方法步骤，就掌握了学习这一类知识的工具。这一方法程序，可简要概括为："抓要点、找规律、析原因"这样三个关键步骤。抓要点就是要抓住等温线水平分布"趋势"、等温线"弯曲""疏密"状况、气温分布"极值"等要点；找规律就是从抓住的要点出发，分析出气温水平分布的规律；析原因就是从影响气候因素出发，分析气温水平分布规律形成的主要原因。学生掌握了这一概括化的方法程序和实施要点后，就能有效地阅读这一类示意图。如果我们将阅读"等温线水平分布图"的一般方法和步骤迁移应用到"等高线分布图"的阅读中，就使这样的读图方法和程序上升到了结构化的水平。

需要强调的是，学习程序性知识的基础是把握好学科基本概念和学科思想方法，只有在掌握好相关基本概念和思想方法的基础上，对解决问题的操作步骤进行概括，这样概括化的操作步骤才有意义，才能有效地在新的问题情景中迁移应用。

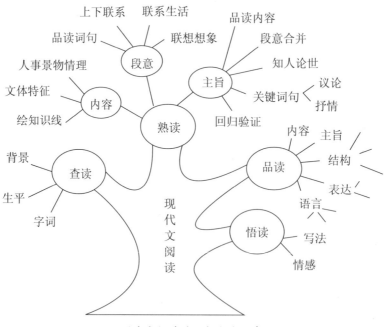

现代文阅读的一般方法程序

上图为现代文阅读的一般方法程序，通常可概括为"查、读、品、悟"四个步骤。"查"就是指的查读环节，通过查字典扫除字词障碍，查阅相关资料，了解作者生平和写作背景，为有效把握文章奠定基础。"读"指的是熟读环节，通过多种形式的阅读，初步把握文章具体内容、段落层次的意义和文章主旨。"品"是指品读，即围绕文章的内容、主旨、结构、表达方式、表现手法和字词句等方面进行研读赏析。"悟"指的是"悟读"，即对课堂教学作一小结，在文章的写法研读赏析中，你理解掌握了哪些基本知识，在文章主旨的理解中，你有哪些感悟和收获。从结构图中也可看出，在每个环节中，又由许多有效的学习策略。如果教师在文章阅读的教学中，经常运用这样概括化、结构化的方法程序去指导学生阅读，就能有效地提高阅读效果，最终就能使学生形成主动阅读的习惯。

(三)整体把握教学过程结构，提高学与教的有效性

1. 结构教学的一般学习过程

结构教学的一般学习过程可从两条线索进行分析，一条是从知识的理解记忆与应用转化过程来看，有以下几个环节构成：

(1)感情调节，明确目标(简称"定目标")

上课伊始，教师运用多种手段和方法调动学生积极的学习情绪，让学生带着愉悦的心情学习。简短的感情调节后，通常可借助学科知识树使学生明确学习目标，充分发挥教学目标的导教、导学和导测功能。

(2)知识为例，探寻方法(简称"找方法")

就是以教材内容为例子，创设问题情景，通过自学自检、互帮互学、展示点评、归纳小结等师生活动，引导学生探寻归纳出"某一类知识的关键特征或解决某一类问题的思想方法和操作步骤"，即所谓的"找方法"。学生掌握了某一类知识的关键特征或解决某一类问题的思想方法和操作步骤，就能有效地掌握某一类知识、解决某一类问题。在这一教学过程中，重点不是指导学生学习某一知识或解答某一问题，而是以此为基础，探寻归纳出学习某一类知识、解决某一类问题的思维方式或方法。唯此，才能实现举一反三、触类旁通的教学效果。

(3)变式训练，感悟验证(简称"悟方法")

就是利用变化的概念例证或规则例证进行练习，通过自学自检、互帮互学、展

示点评、归纳小结等师生活动，使学生在不断变化的例子中进一步感悟某一类知识的本质属性或关键特征，感悟解决某一类问题的思想方法和操作步骤。这样，通过量的变化实现质的飞跃。这一环节，应重在"变"与"不变"上下功夫。变的是习题的"形"，不变的是习题的"神"（即隐含在题中的概念的本质属性或解题的思想方法和操作步骤），使学生在一个个不断变化的例子中明白"万变不离其宗"，进一步深刻感悟学习某一类知识、解决某一类问题的思维方式或方法。

（4）当堂训练，独立应用（简称"用方法"）

就是以适量习题为试题，当堂检测，独立应用。检测学生对学科基本概念、本质属性或解决某一类问题的思想方法和操作步骤掌握的程度。当堂检测的试题针对性要强，要针对学习某一类知识、解决某一类问题的思维方式或方法。检测的形式可多种多样，尽可能以书面练习为主。要努力实现"四个当堂"，即当堂检测、当堂批阅、当堂反馈和当堂矫正。

例如，在中学地理中学习"农业的区位选择"内容时，可选择"三江平原的种植业"为"例题"，通过分析研究该地区农业生产的特点及其形成条件，抽象归纳出"农业区位因素"这一知识概念的关键特征及其对农业生产的影响。然后，可选择"青藏高原畜牧业"为"习题"，进行感悟验证，进一步理解感悟农业生产的区位因素及其对农业生产的影响。最后，可选择"泰国湄南河平原的水稻种植"为"试题"，独立检测学生对这一知识概念理解掌握的程度。

（5）整合提高，布置作业（简称"连方法"）

引导学生做好课堂小结。一方面，进一步小结课堂学习的主要内容，即学习某一类知识、解决某一类问题的思维方式或方法；另一方面，将本节学习内容嫁接到上位系统，更大的学科"知识树"上，回归系统，进行内容联网，进行整合、拓展、提高。这也是结构尝试教学法的一个重要环节。

坚持分层布置作业，即学生实行"最小作业量"和"非被动作业"制。最小作业量即教科书规定适合学生发展的必要作业量，属基础作业量，教师不得随意扩大。对学有余力的学生，鼓励他们进行"知者加速"，即学习教科书规定之外的内容，根据每位学生的具体情况由他们自己确定完成练习的数量和难度，即"非被动作业"。

布置的作业要求学生独立思考，独立完成。

以上五个环节中，"找方法""悟方法"和"用方法"，即"找、悟、用（三环）"构成其基本环节，可用如下简图示意：

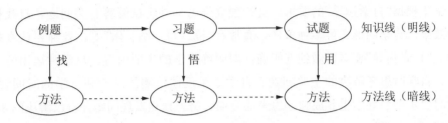

从图中可看出，在基本的三环节中有明暗二线，即由例题、习题、试题等教学内容构成的知识线为明线，贯穿其中的学习某一类知识、解决某一类问题的思维方式或方法的方法线为暗线。教学过程中，教师始终要用"方法线"（暗线）控制引导"知识线"（明线），通过师生活动，"知识线"使学生掌握具体知识，"方法线"使知识转化为能力，最终，教师的教法转化为学生的学法。

因此，从知识的理解记忆和应用转化过程看，这一过程的特点可简要概括为"三环两条线"（即"找、悟、用"三环节，明暗两条线）。

以上三个基本环节中，特别是"找方法"（知识为例，探寻方法）这一环节，在知识学习的不同阶段和不同学科知识的学习中，有不同的实施要求。在新授课学习中，"找方法"通常是以教材内容为案例，学习探究"某一类知识的关键特征和解决某一类问题的思想方法和操作步骤"。在专题复习课中，"找方法"则通常以一组试题为例，在学生独立练习的基础上，师生合作梳理知识概念。在语文现代文阅读中，"找方法"则由"查读课文、积累字词，概括内容、把握主旨，品读方法、赏析特色"等步骤组成，通过这些活动，使学生理解掌握文章的内容、主旨和写法。在物理、化学、生物等学科知识学习中，"找方法"通常经过"实验探索、观察现象、分析原理"等步骤，理解掌握学科概念。而在化学学科中学习"实验室制取 CO_2"等这一类知识时，则通过"原理分析、药品取用、仪器选择、实验操作、报告撰写"等步骤，使学生理解掌握实验室制取有关气体的一般方法程序。总之，"找方法"这一环节的实施要努力体现知识学习不同阶段的特征，要努力体现不同学科性质的特点。

另一条线索是从师生的活动来看，即从学习某一类知识或解决某一类问题时师生的活动特点看，通常通过"自学自检、互帮互学、展示点评、归纳小结"四个基本活动步骤来实现教学目标：

（1）自学自检

学生根据"自学指导"的要求，进行独立学习，并尝试解答有关问题，自我检测学习效果。自学的形式可多种多样，通常有"读、写、练、做"等，教师要认真指导自学。"自学指导"要努力做到五明确：即明确自学的主要内容、自学时运用的主要方法、自学时思考解决的主要问题、自学效果反馈检测的形式和自学的时间要求。自学时要不断引导学生养成独立思考的习惯，努力独立发现问题并自己解决问题。

（2）互帮互学

借助对组学习和小组讨论，交流自学效果，解决自学中的困惑，提出要老师或同学解决的重要问题。特别要发挥好结对"师徒"的合作作用，此"师"非老师，而是已知者，"徒"是暂未知者。要创设良好的小组合作氛围，引导已知者帮助未知者解答疑问，未知者大胆提出自己的困惑。引导学生提"两类问题"（即自己已懂的考别人的问题，不懂的请教别人的问题），在互帮互学中促进小组全体成员共同提高，在生生合作中实现生生共进。

（3）展示点评

在自学自检、互帮互学的基础上，学生以小组为单位，通过多种形式展示交流学习效果，并提出疑难问题，教师要引导学生积极参与讨论交流，自解疑难，对学生提出的带有普遍性的问题有重点地进行适量的点拨讲解。要营造民主、平等的课堂氛围，教师对学生的展示交流和自解疑难情况要及时做出积极评价。教师的点拨讲解要重视学习方法的指导。要努力帮助学生掌握学习某一类知识或解决某一类问题的思维方式或方法。同时，要从教学实际出发，创造性地使用有效的教与学的策略提高教学效率。

（4）归纳小结

引导学生对所学内容与方法作进一步反思和概括。同时思考巧妙的记忆方法并记住所学内容。此外将新学习的内容和方法与原有学习的内容与方法进行联结，使学习的内容与方法在概括化的基础上上升到结构化的水平。

以上四步组成了学习某一类知识、解决某一类问题的基本步骤，这一过程中充分体现出了"尝试学习"这一核心思想。因此，从师生活动过程看，这一过程的特点可简要概括为"四步一核心"（即四个基本步骤，一个尝试学习核心思想）。

结构教学的一般学习过程

知识的理解记忆与应用转化过程	感情调节明确目标	知识为例探寻方法	变式训练感悟验证	当堂检测独立应用	整合提高布置作业
师生的活动过程	导入新课营造氛围呈现目标明确要求	自学自检互帮互学展示点评归纳小结	自学自检互帮互学展示点评归纳小结	当堂检测当堂批阅当堂反馈当堂矫正	回归系统深化理解分层作业独立完成

2. 不同类型知识的特殊学习过程

不同类型的知识，学习的过程和条件不同，在教学过程中，只有遵循内在规律，实现知识类型与学习过程的匹配，才能更好地提高教与学的效率。

(1)符号性知识学习

学科基本符号包括词语、名称、术语或标记等，也有人统称为事物的名称，如人名、地名、电话号码以及外文单词的记忆都属于符号性知识学习。其学习过程是：外界提供刺激，如给出英语单词"book"(统称刺激)，学生感知后跟读默写(统称反应)，教师或其他外部环境对反应正确与否给予反馈，告知学习者反应是否正确。告知正确，其学习行为受到强化；告知不正确并予以纠正，其学习行为也会受到强化。因此，其学习过程为："刺激——反应——强化"。由于符号性知识学习属于机械学习，重复练习与反馈和纠正是学习的最重要条件。

(2)事实性知识学习

加涅说："事实是表示两个或多个有名称的客体或事件之间关系的言语陈述"。奥苏伯尔认为"事实性知识"是一种非概括性的命题知识，如知道"南京是江苏的省会城市""我国主要河流自西向东流""我国地势西高东低，呈三级阶梯状下降"等都属于事实性知识学习。事实性知识通常由句子表达。背诵这些句子属于符号性知识学习，不是事实性知识学习。习得这些句子表达的事实的标准，是这些句子在学习者头脑中引出实质性的非人为的心理意义。其前提条件是构成这些句子的词如"南京""江苏""省会""地势""河流"等名词对学习者已经有意义，并对表达关系的动词"是""(自西向东)流""(呈三级阶梯)下降"已经有意义。如果这些前提条件能满足，事实性知识学习并不难。其难点在于记忆，特别是学习大量的事实性知识，易相互干扰，且导致遗忘。许多事实性知识往往不是孤立的，有许多内在的联系，可以运用组织策略改进事实性知识的记忆。最有效的组织策略就是努力揭示知识间的内在联系，如揭示我国河流流向与我国地势特点的关系，将两者联系起来理解记忆。

除此之外，学习者在无意义材料中人为地赋予某些意义，使机械材料易于记忆。例如，明成祖将都城由南京（当时称为应天）迁至北京的年份是1421年，教师告诉学生用"一事二益"这一年代的谐音来记（谐音记忆法），将年代赋予一定意义（迁都这一件事有两大益处：奠定北京城市建筑基础和巩固北方边防），学生便易于记住这个年代。

还可以帮助学生掌握一些基本的记忆方法，使事实性知识保持长久。例如，物理学科中，学习"电荷"这节内容时，大量的事实使人们认识到：自然界只有两种电荷，被丝绸摩擦过的玻璃棒上带的电荷叫正电荷；被毛皮摩擦过的橡胶棒上带的电荷叫负电荷。学生对这一事实性知识极易混淆，物理组老师引导学生运用"形象记忆法"取得了良好的效果。所谓形象记忆法，即把抽象的事实形象化，这里可引导学生想象："我过生日时，走进一餐厅，看见餐桌中一块正方形的玻璃下压着一块漂亮的丝绸桌布，我高兴极了"。这样，就将"正电荷—玻璃棒—丝绸"形象化地进行联结。

又如，物理学科中，学习"色光的混合"这节内容，人们把红、绿、蓝三种色光叫色光的三原色。学生也不容易保持长久的记忆，物理组老师引导学生运用"联系记忆法"也取得了良好的效果，即把不熟悉的内容和已熟记的内容联系起来记忆。这里，可引导学生回忆小学已熟记的李白《忆江南》中名句"日出江花红胜火，春来江水绿如蓝"。这样，就能将"红、绿、蓝"三原色保持长久的记忆。

（3）概念性知识学习

概念性知识学习是指概念、原理、定律、定理、规则等知识的学习。概念性知识是构成学科知识体系的基础，只有学习好概念性知识，才能有效地掌握好学科知识，形成学科能力。

①概念学习

概念是指同类事物本质属性或关键特征的概括。概念学习意味着学生掌握同一类事物的本质属性或关键特征。概念的学习有两种基本方法，一种是先向学生呈现某个概念的正例和反例，然后引导学生对概念的正例和反例进行分析、综合和比较，抽象概括出概念的本质属性或关键特征，对概念下定义。这一过程可简要概括为：

"举正反例证—抓关键特征—下概念定义",即"概念例证—概念定义",简称为"例—概"法。

例如,初中物理学习"功"这一概念时,教师呈现做功与不做功的几个实例,如"物体在绳子拉力的作用下升高""静止的小车在拉力的作用下向前运动""提着小桶在水平路上匀速前进""用力搬大石头而没有搬起"等。然后,引导学生思考这些实例的异同特征,在对做功与不做功的实例分析中,抽象概括出"功"的概念的关键特征:一是物体"受力作用",二是物体在"力的作用方向上产生位置移动"。在此基础上,对"功"的概念下定义,即"在物理学上,把力与在力的方向上移动的距离的乘积叫作'功'"。

另一种方式是先呈现给学生一个概念定义。揭示其本质属性或关键特征,然后举正反例证分析说明。例如,中学地理学科学习"自然资源"这一概念时,可先给学生呈现自然资源的概念定义,即"自然资源是指人类可以直接从自然界获得,并用于生产和生活的物质和能量"。在此基础上,努力揭示出这一概念的本质属性或关键特征,即"直接从自然界获得""用于生产、生活""物质、能量",然后举出"煤炭""汽油""水稻"等自然资源的正例和反例,并揭示这些正反例的特征,做分析说明。这一过程可简要概括为:"下概念定义—抓关键特征—举正反例证",即"概念定义—概念例证",简称为"概—例"法。

原理是对概念之间关系的言语陈述,因此,其学习过程类同于概念学习。

②规则学习

当原理或定律指导人的行为,按原理或定律办事时,原理或定律变成了规则,若干简单规则的组合构成了高级规则。规则从本质上看是概念关系的言语说明。因此,规则学习必须在学生已经掌握有关概念的基础上才能进行。规则学习有两种形式,一种是教师呈现规则的若干例证,让学生从例证中概括出一般结论的学与教的方法,简称为"例—规"法。

例如,初中数学引进负数后,怎样进行有理数的加法运算呢?在学习有理数的加法法则时,教师先呈现有理数加法法则的如下例证进行分析:

甲、乙两队进行足球比赛,如果甲队在主场以 4∶1 赢了 3 球,在客场以 1∶3 输了 2 球,那么两场累计,甲队净胜 1 球。你能把上述过程用算式表示出来吗?

如果把赢 3 球记为"＋3",输 2 球记为"－2",那么计算甲队在主、客场比赛中的赢球数，就只要把$(+3)$与(-2)相加，即$(+3)+(-2)$。

我们已经知道甲队净胜 1 球，所以

$$(+3)+(-2)=1$$

然后，引导学生根据上述例证的分析，尝试填写下表中净胜球数和相应的算式：

赢球数		净胜球数	算式
主场	客场		
3	−2	1	3+(−2)=1
−3	2		
3	2		
−3	−2		
3	0		
0	−3		

在学生尝试完成上表填写并简要点评后，教师抓住有理数加法法则的关键特征，进行启发引导，即引导学生重点思考以上表式中：两个有理数相加，"和的符号"怎样确定？"和的绝对值"怎样确定？在学生自主尝试和合作探究的基础上，概括出有理数的加法法则。

在以上情况下，学生进行的是发现学习。用奥苏伯尔的同化学习理论来看，它属于上位学习。教师呈现若干体现规则的例证时，例证的排列方式要具有线索意义。在有些情况下，呈现模型、图表等直观教具，有助于学生发现规则。在学生遇到困难时，老师应给予适当提示。

规则学习的另一种方式是教师先呈现学生要学习的规则，然后用例子来说明规则的学与教的方法，简称为"规一例"法。

例如，初中数学中学习二次根式的加减法法则时，先向学生呈现法则："二次根式相加减，先将各个根式化简，然后合并同类二次根式"，再举若干例题来说明法则。"规一例"法教学的最重要的条件是学生已经掌握了构成规则的概念，如"二次根式""同类二次根式""二次根式的化简"和"合并同类二次根式"的概念，否则，学生不可能真正掌握这一规则。

　　如果学生认知结构中具备适当的上位规则，将会使新规则的学习更加稳固和容易。例如，在学习整式运算法则的基础上学习二次根式的运算法则，这时，如果教师引导学生发现新旧知识的相同点和不同点，就能促使学生形成更清晰和分化的认知结构。在这种情况下，学生进行的是接受学习。它符合同化理论中的下位学习模式。

　　(4)整体性知识学习

　　所谓整体性知识是指围绕某个主题组织起来的知识整体，本质上属于概念性知识的学习，这里只不过更强调其组织和整体性。例如，中学地理学科中有关区域地理的知识学习，就属于整体性知识的学习，它围绕区域地理这一主题，由多个要素组成，如区域的地理位置、自然环境和人文环境以及区域地理学习的思想方法等。因此，对于整体性知识的学习，一方面要努力概括出围绕主题的各个知识要素，另一方面，要努力揭示各知识要素的内在联系，即对于整体性知识的学习要在概括化的基础上上升到结构化的水平。实际上每一要素又有着内在的结构，所以，整体性知识往往是由多个层次的结构性知识组成。这一整体性知识的结构在纵向上要不断分化，横向上要综合贯通。这一类知识学习的重要策略是在对知识意义理解的基础上，进行结构化处理，即对学习的知识进行编码组织，形成组块。从信息论观点看，组块是信息量的一个单位。能够迅速接通长时记忆中信息的索引项通常称为组块，一个索引项可以展开许多内容。多大是一个组块，并不是固定不变的，一个数字、一个字、一个符号、一种结构、一个专业术语、一个图像、一个模式、一首短诗等，都可以是一个组块。将整体性知识编码组织形成组块，能大大地提高贮存的信息量，实现高容量与简约性的统一，从而有效地提高学习效率。

　　(5)程序性知识学习

　　程序性知识主要用来解决怎么办的问题，主要包括事物差异的区分辨别、概念命题的简单应用、专门领域的解题策略及渗透其中的思想观念和方法等。

　　①事物差异的区分辨别

　　学会辨别在学生日常生活及学校学习中起着极其重要的作用，如分辨形状和大小、确定方位和距离、估测时间和温度等。人的辨别能力有些是先天的，如空间知觉和对颜色的辨别。辨别能力的习得过程可以用模式识别解释。模式是由若干个元素集合在一起组成的一种结构，如物体、图像、语言、文字或人脸都可以看成是模式。教师可采用一些具体技术来促进学生的辨别学习，如扩大需要辨别的特征，对多重辨别学习进行对照比较，发挥多种知觉系统的作用，在学生识别了有关特征时教师及时进行强化或反馈。

②概念、命题的简单应用

概念、命题在简单情境中的运用是程序性知识的一种基本类型，其关键条件是要明确概念的本质属性或关键特征，基本过程是在明确概念的基础上，利用概念，作出判断，进行推理，在这一过程中有效地解决有关问题。

例如，判断对物体是否做功，应抓住对物体做功的两个必要条件：一是对物体要有力的作用，二是物体要在力的方向上通过一定的距离。学生抓住做功的这两个关键特征后，用这两个关键特征去审视各种情景，就能做出正确的判断、合情的推理，从而有效地解决有关问题。

对概念、命题的简单运用关键是要通过变式训练，使概念、命题的简单应用达到一种自动化的程度，从而留出更大的思维空间解决复杂问题。

③专门领域的解题策略

专门领域解题策略的学习是指概念、命题及学科思想方法在复杂情境中的运用，即解决复杂问题与创造，这是学科教学的重点和难点，也是学科能力的重要体现。例如，阅读中归纳文章内容和主旨的方法和步骤、分析文章写作特色的方法和步骤、数学中解综合题的方法和步骤、理化生等学科中科学探究的方法步骤和实施要点等。掌握概念和由概念构成的规则以及学科思想方法是学习专门领域解题策略的基础。如果学生对概念、命题的简单应用达到了自动化的水平，这样受意识控制的心理能量就可以更多地用在其他信息上，就能更有效地解决复杂的问题。

对于专门领域解题策略的学习，本质上是概念、命题在复杂情境中的应用，因此，前面论述的概念和规则学习的规律也适合于指导专门领域解题策略的学习。其学习的基本过程主要是通过教师呈现具体实例，引导学生分析与综合、类比与比较，抽象归纳出解决某一类较复杂问题的思想方法和操作步骤，然后通过变式训练使学生感悟验证，加深理解。但构成专门领域解题策略的概念和规则不同于反映具体事物性质的概念和对它们加工操作的规则。教师须注意专门领域解题策略学习的特殊性。一是策略学习的概括性：专门领域解题策略学习所涉及的概念、规则一般都有较高的概括性，在应用时有很大的灵活性，即适合应用于多种变化的情景，所以这类知识的学习一般不可能短期见效，需进行长程教学设计。二是策略学习的制约性：学生对专门领域解题策略的学习应用受认知发展水平制约，不同阶段的学生认知发展水平不相同，对解决某一类问题方法、步骤的概括的抽象水平，要适应其认知发展特点，要有一个逐步提高抽象水平的过程。三是策略学习的复杂性：专门领域解题策略的学习往往涉及诸多概念、命题的应用，如果教师在概念新授课学习中，努力使学生对概念、命题的简单应用达到自动化水平，这样学生在解决复杂问题时，就可以把受意识控制的能量更多地用在其他信息上，从而就能更有效地解决复杂问题。

对有些专门领域解题策略的学习应在把握相关基本概念和学科思想方法的基础上尽可能概括出解决某一类问题的操作步骤及要点，努力使其上升到概括化的学习水平。

现以"数学综合题解题"的策略做一个说明。

所谓数学综合题解题策略，指的是以数学学科基本概念、原理、法则为基础的，渗透数学学科思想方法的解决某一类问题的操作步骤，其基本结构模型可用下图示意。

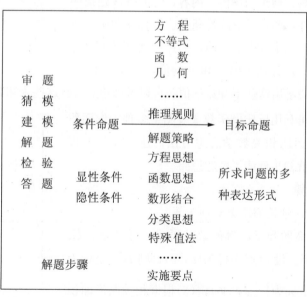

该模型概括出了解答综合题的一般步骤和实施要点，提出了"条件命题""目标命题""推理规则"和"解题策略"在解决问题中的重要作用。

解答综合题的一般步骤可概括为"审题、猜模、建模、解题、检验、答题"等环节，在这里对重点环节"审题""猜模"和"建模"做一个说明："审题"即认真阅读题目图文内容，分析"条件命题"和"目标命题"，重点是分析"条件命题"中隐含的条件以及"目标命题"中所求问题的多种表达形式；"猜模"即分析研究解决"目标命题"中所求问题可能涉及哪些概念、原理、法则（推理规则），即猜测应该属于哪一类型的数学模型（函数、方程、不等式、概率与统计等）；"建模"即依据题设条件、推理规则并运用有关数学思想方法（解题策略），建立相应的数学模型。抓好了这三个环节就有效掌握了解题策略的重点。

例1　如图1，已知梯形 $ABCO$ 的底边 AO 在 x 轴上，$BC//AO$，AB 垂直 AO，过点 C 的双曲线 $y=\dfrac{y}{x}$ 交 OB 于 D，且 $OD:DB=1:2$，若三角形 OBC 的面积等于3，求 k 的值。

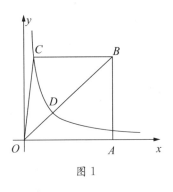

图1

解题思路分析：通过阅读图文内容，可明确该题条件命题中的显性条件，初步了解隐性条件。目标命题中，所求问题是求出反比例函数中的 k 值，而这一问题又可以有其他表达形式，一是分别求出 x 和 y 的值，二是求出 xy 积的值（审题）。要求出这些未知数的值，可以考虑建立含有这些未知数的方程（猜模）。

根据题设条件，可利用反比例函数式及图中多种图形面积的数量关系，并运用相关数学思想方法，建立有关方程（建模）。至此，就初步理清了解题思路。

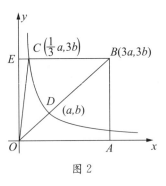

图2

解题基本步骤：

①在图2中，延长 BC 交 y 轴于 E，

②根据条件命题和反比例函数解析式，可以设定 C、D、B 三点的坐标。设 D 点坐标为 $(a，b)$，则 B 点坐标为 $(3a，3b)$，C 点坐标为 $\left(\dfrac{1}{3}a，3b\right)$，（3）根据相关图形面积

的数量关系，建立等式，即 $S_{\triangle OBE} - S_{\triangle OCE} = 3$，通过计算，可求出 k 的值。

例 2　如图 3，平行四边形 $ABCD$ 中，$AB : BC = 3 : 2$，$\angle DAB = 60°$，E 在 AB 上，且 $AE : EB = 1 : 2$，F 是 BC 的中点，过 D 分别作 $DP \perp AF$ 于 P，$DQ \perp CE$ 于 Q，求 $DP : DQ$ 的值。

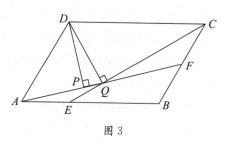

图 3

解题思路分析：首先审题阅读图文内容，可知目标命题是求出两条线段的比值。这时应考虑，这一所求问题的结果可以有哪些与之相关联的表达形式。经分析可以考虑以下几种，一是分别求出两条线段的长度；二是通过两线段所在的三角形相似，利用对应边成比例列式求解；三是根据两线段所在的三角形，通过"等面积底之比"或"等底面积之比"转化求解。在审题基础上，结合题目条件尝试猜测，建立相关数学模型。

通过以上分析，学生在尝试探索中就有可能找到利用"等面积底之比"转化求解，求出两线段的比值。

解题基本步骤：

①在图 4 中，连接 DE，DF，观察发现，$S_{\triangle DEC}$ 和 $S_{\triangle DAF}$ 分别为 $S_{平行四边形ABCD}$ 的一半

②根据等面积三角形列方程，将高之比转化为底之比，即 $\frac{1}{2} AF \cdot DP = \frac{1}{2} EC \cdot DO$，$DP : DQ = EC : AF$

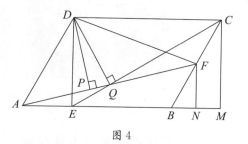

图 4

③求解 $EC : AF$ 的值，在图 4 中，设 $AB = 3a$，则 $BC = 2a$，过 F 作 $FN \perp AB$，交 AB 的延长线于 N，过 C 作 $CM \perp AB$，交 AB 的延长线于 M，$\angle CBM = \angle DAB = 60°$，在 $\triangle BFN$ 与 $\triangle BCM$ 中，通过解直角三角形，用 a 的代数式表示出 BN、FN、BM、CM，在 $\triangle AFN$、$\triangle ECM$ 中用 a 的代数式分别表示 AF、EC 的长，即可求出 $DP : DQ$ 的值。

通过以上两题的解答，不难看出，解答综合题的基础是有效掌握好数学学科中

基本的概念、原理、法则以及灵活运用数学学科的思想方法。因此，在平时的课堂教学中，要重视抓好数学学科中基本概念、原理、法则的学习。对概念性知识的学习，要抓住其关键特征，并揭示内在联系，使概念性知识上升到概括化和结构化的水平，实现深度学习。

综合题解答的基本结构模型属于策略性知识，策略性知识具有高度的概括性，使用中具有很大的灵活性。因此，在平时的学习中，要不断引导学生把握解题的基本步骤和操作要点，并在解题过程中引导学生大胆地说出解题思路，在不断的运用过程中，就能有效地将这样的策略性知识转化为解决问题的能力。

扬州市教育局领导来校考察交流

(四)整体把握教学方式结构，促进每位学生的发展

整体把握教学方式结构，即指教师要把握多种多样的教学组织形式和学生学习方式(见教学方式结构示意图)，通过优化教学组织形式和学生学习方式，让每一个学生成为学习的主人，使全体学生得到发展。

教学组织形式是指教学活动中教师和学生为实现教学目标所采用的社会结合方式，主要有个别学习、对组学习、小组学习、全班讨论、学生执教和教师讲述等基本形式。优化教学组织形式就是要改变目前以教师讲述或一问一答的单一的教学组

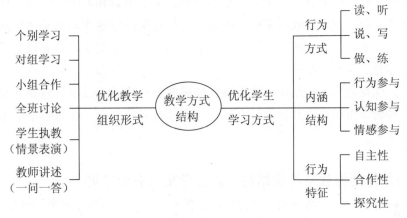

教学方式结构示意图

织形式，要根据教学内容、基本学情对教学组织形式进行优化组合。学习方式是指学生完成学习任务过程时基本的行为和认知的取向，它是一个组合概念，包含学生的行为参与、认知参与和情感参与。它是三者的有机结合，其中学生的行为参与是载体，认知和情感因素表达了学习方式的实质内涵。优化学生的学习方式，意味要丰富行为参与方式，要改变学生的学习态度、学习意识和学习习惯品质，要体现出自主性、合作性和探究性的基本特征。当前学生的学习方式存在着单一、被动的问题，学生缺少自主探索、合作学习、独立获取知识机会；教学以教师讲授为主，而很少让学生通过自己的活动与实践来获得知识，集体讨论为主的学习活动也很少；学生很少有根据自己的理解发表看法与意见的机会，课堂教学在一定程度上存在着"以教师为中心"的情况。这种单一、被动的学习往往使学生感到枯燥、乏味，而且负担很重。

　　教与学方式的改进优化，要体现出读、听、说、写、做、练等多样化的行为参与方式，体现出自主性、探究性和合作性方面的基本特征，要体现出学生学习的行为参与、认知参与和情感参与的有机融合。

　　教学方式改进的主要价值取向是让每一个学生真正成为学习的主人。因此，要为学生主动学习创造条件，首先要有时间保证，要求教师给每个学生在课堂上至少有1/3主动活动的时间，最好能达到2/3的时间让每个学生主动学习，包括思考、操作、练习、讨论等各种方式，即使用一问一答的方式，也尽可能要扩大提问面。

其次是空间保证，即要有个别学习、小组讨论、学生执教和教师讲述等多样化的教学组织形式。教学组织形式的多样化扩大了单位时间内学生主动活动的空间。要努力创设民主、平等、安全的课堂氛围，使学生在对组、小组学习中有机会大胆地表达自己的感受、意见和结论。

因此，优化教学方式结构，就是要教师根据学科性质、教学目标要求和学生情况，对多种教学组织形式和学生行为参与方式进行有机组合，让每一个学生真正成为学习的主人。

（五）整体把握教学评价结构，促进学生的有效发展

整体把握教学评价的结构，就是指在新课程指导下，整体把握教学评价的目的、内容、方法、主体、结果等要素及其内在联系，通过优化教学评价结构，促进学生更有效的发展。

1. 优化教学评价的目的，应强调发展性和激励性

确立评价主要是为了检验和改进学生的学，激发学生学习的兴趣和热情。要努力创造条件，帮助学生在评价中获得成功，使学生不断获得成功的积极体验，使学生在成功学习中走向成功。

2. 优化教学评价的内容，要突出整体性和全面性

要从知识与能力、过程与方法、情感态度价值观几个方面进行评价，要从学科素养结构角度对学生进行全面评价。既要评价学生对基础知识的识记、理解和应用，又要评价学生对学科思想方法的理解掌握；既要评价学生对符号、事实的识记，又要考查学生对概念、原理的应用。特别要重视评价学生对学习某一类知识、解决某一类问题的思维方式和方法掌握情况的有效评价。应从基础性发展目标和学科学习目标两个方面进行评价。

3. 优化教学评价的方法，应体现过程性和多样性

形成性评价和终结性评价相结合，但应加强形成性评价。提倡采用成长记录的方式，收集记录能够反映学生学习过程和结果的资料。定性评价和定量评价相结合，更应重视定性评价。要客观描述学生的进步和不足，并提出建议。自我评价和他人评价相结合，应重视学生的自我评价，引导学生对学习的过程和结果进行自我反思总结。考试是评价的主要方式之一，考试应与其他评价方

式相结合。要充分利用考试促进每个学生的进步。根据教学阶段性的特点，可以将教学评价分为以下几种：课堂教学评价、单元教学评价、学期教学评价、学年教学评价。不同教学阶段的评价，应有相应的评价目的、评价范围和评价方法，努力克服教学评价的随意性。

评价结果要和学生沟通，要多采用激励性语言，客观描述学生的进步、潜能及不足。要有明确、简要的促进学生发展的改进计划，帮助学生认识自我，树立自信。

总之，整体把握教学评价的结构，就是要更充分地发挥教学评价的导向功能、诊断功能、激励功能和发展功能，促进学生更有效地发展。

江苏省教育科学研究院杨九俊院长来校报告

三、结构教学法的理论基础

（一）马克思主义哲学基础

马克思主义哲学认识论认为，科学认识的任务是在直观的认识中获得的大量感性材料，进行加工整理，经过一系列的科学抽象、逻辑思维，达到对客观事物的本质和规律的认识。认识事物的本质就是要抽象概括出"某一类知识的关键特征"或"解决某一类问题的思想方法和操作步骤",即对知识的学习要上升到概括化的水平。认识事物的规律就是要揭示"不同类知识关键特征"的内在联系或"解决不同类问题的思想方法和操作步骤"的相互联系,即对知识的学习上升到结构化的水平。对事物的认识达到了概括化和结构化的水平,就把握了事物的本质和规律。结构教学法的核心观点提出帮助学生掌握概括化、结构化的知识内容和方法程序,就是要使学生对学科知识的学习理解上升到理性认识的水平,这样的学习是深度学习,这样的教学是有效教学。

科学认识的过程,往往是从个别到一般,即由具体到抽象;然后再从一般到个别,即由抽象到具体的辩证过程。换句话说,就是由感性的具体到抽象的规定,再由抽象的规定上升到思维中的具体,这就是科学认识的基本过程。结构教学法由"例题找方法""习题悟方法""试题用方法"三个大环节构成教与学的一般过程,"例题找方法"就是以具体知识为案例通过科学抽象、逻辑思维,探寻归纳出"某一类知识的关键特征"或"解决某一类问题的思想方法和操作步骤",这一探索就是由具体到抽象的过程,由个别到一般的过程。"习题悟方法"和"试题用方法"就是用学习的方法解决具体的问题,是从一般到个别的过程。三大环节构成的这一教学过程从本质上看是符合科学认识的过程。这一过程也遵循了"实践—认识—再实践—再认识"的认识过程,这样的过程也使学生对事物的认识由量的变化实现质的飞跃。

(二)系统科学理论基础

把控制论、信息论、系统论作为一个整体来看,可以从中抽出三条基本原理:整体原理、反馈原理、有序原理。

整体原理告诉我们:任何系统都是有结构的,系统的整体功能大于各孤立部分之和,$E_\text{整} > \Sigma E_\text{部} + \Sigma E_\text{联}$("$E_\text{整}$"指系统的整体功能,"$\Sigma E_\text{部}$"指各孤立部分功能之和,"$\Sigma E_\text{联}$"指各孤立部分相互联系形成结构产生的功能)。结构教学法把课堂教学诸要素看成一个系统,努力发挥系统的整体功能。把教学目标看成一个系统,整体把握教学目标的纵向结构和横向结构,使我们在设定教学目标时既保持方向上的合理性,又保证教学目标的全面性和具体性,从而有效实现教学的丰富价值。把教学内容看成一个系统，帮助学生掌握概括化、结构化的知识内容和方法程序，从而使学生有效地掌握主动学习的工具。把教学过程看成一个系统，实现不同知识类型与学习过程方法的匹配，促进学生更有效地掌握知识。把教学方式看成一个系统，努力体现出学生的主体性和主体间性，让每一个学生真正成为学习的主人。把教学评价看成是一个系统，整体把握教学评价的诸要素及其内在联系，更充分地发挥评价的导向、诊断、激励和发展功能。

反馈原理告诉我们：任何系统只有通过反馈，才能实现有效的控制。结构教学法在教学过程中发生着广泛的信息反馈现象。教学过程中"知识为例，探寻方法"（找）、"变式训练，感悟方法"（悟）、"当堂检测，独立应用"（用）三个基本环节，构成一个反馈回路，教学过程中的"自学自检、互帮互学、展示点评、归纳小结"四个基本步骤实现着教学信息的有效反馈，在自学的基础上进行自我检测，在自学自检的基础上进行互帮互学，在自学与互帮的基础上进行展示点评，均有效地实现了教学信息的反馈。在教学过程中通过多种形式的教学反馈，有效地调控着教学过程，从而有效地提高了教学效率。

有序原理告诉我们：任何系统只有开放，对外界有信息交换，才可能有序。与外界有信息交换，是系统有序的必要条件。结构教学法就是一个开放的教学系统，从教学过程的"找、悟、用"三个环节来看，"找"的阶段对学生来看主要是信息输入阶段，"悟"和"用"主要是信息输出阶段。从教学过程的"自学自检、互帮互学、展示点评、归纳小结"四个基本步骤看，有效地实现着信息的输入和输出。从学生的尝试学习活动来看，可简要概括为"读""听"与"说""写"这样相互联系的环节。"读"指的是学生在教师指导下的自学课文；"听"指的是学生听教师启发式的点拨讲授和同学对展示的点评；"说"指的是在自学自检的基础上，互帮互学中的相互交流和展示点评步骤中的展示交流；"写"指的是在"找、悟、用"三个环节中的多种练习。这样，通过这些环节，在大脑的视觉中枢、听觉中枢、语言中枢、运动中枢建立一一对应的神经联系，这个过程就是一个有序的过程。"读""听"是信息输入，"说""写"是信息输出，通过这样的信息交换，大脑神经联系越来越有序。这一过程不仅是信息的输入、输出与反馈过程，更是学生积极思考的过程，而思考的过程本身就是大脑内各系统间交换信息的过程，就是一个开放的过程，一个有序的过程。

(三)认知心理学基础

认知心理学中有一派,主要是从信息加工的角度研究教与学。该学派理论认为,人类理解记忆的首要问题在于组织,在于对知识信息的编码。结构教学法优化了教学信息的组织形式,将大量的教学内容编制成"学科知识树"或"纲要信号"的形式就是对知识信息作了很好的编码组织,每一个"知识树"或"纲要信号"就是一个很好的理解记忆组块,大大压缩了理解记忆的单位,实现了大容量与简约性的统一,可有效地在减轻学生学习负担的同时,提高学习的效率。认知心理学认为,信息光有好的编码还不能由短时记忆进入长时记忆,须通过多次复述和强化,才能保持长久。结构教学法的各个学习环节和各个学习步骤使学习的知识信息得到多次复述和强化,十分有利于学生对知识信息的理解记忆,特别是以学科知识树或纲要信号的形式将学习内容直观地呈现,使学生边听边看,视听结合,多种渠道并用,发挥多种感官、多路通信的功能,大大提高了学习效率。

现代认知心理学认为,学习在本质上是学习者主动建构心理表征或认知结构的过程,这种心理表征既包括结构性的知识,也包括非结构性的知识或经验。所谓结构性知识是指规范的、拥有内在逻辑系统的、从多种情境中抽象出的学科基本的概念性知识,包括学科基本概念、原理和思想方法。良好的学科知识结构是促进学生建构良好的心理表征或认知结构的基础。而用"学科知识树"或"纲要信号"形式呈现的知识结构有利于促进学生建构良好的心理表征或认知结构。

(四)现代教学论基础

我国当代教学改革实验的主题是学会学习、认知与情感的协调发展,师生关系的改善与互动。"学会学习"是一个核心概念,与之相关的还有自学能力、尝试动手能力、思维能力、创新能力。学生是课堂学习中最活跃和最根本的因素,课堂教学的目的,是为了促进学生的全面发展,要努力构建和谐的师生关系,构建有利于提高课堂教学效率的系统结构,实现目的、内容、过程与方法的动态平衡,提高课堂教学的效率。我们在探索结构教学法的实践过程中,在课堂教学改革中,坚持以新课程理念为指导,积极借鉴和吸收"主体学习理论",构建"结构"教学模式。

"主体学习"理论认为,人的学习不是简单的"刺激—反应"的知识接受活动,而是学习者主动进行心智运作、知识建构和智慧生长的过程。"主体学习"强调"以学为本"。一是以"学生"为本，即在课堂教学中要确立学生的主体地位，重视并调动学生的主观能动性和创造精神，以使他们在能动的创造中去不断追求和实现自身的教育价值，课堂教学的终极目标是为了发展"学生"，促进学生的全面发展。二是以"学习"为本，学生的学习活动，应该成为课堂教学的主要活动形式，并且要在帮助学生获得知识与技能、积累经验与形成思想的过程中，逐步培养起学生自主学习，研究解决问题的能力。结构教学法在教学目标和教学内容的设计上，以"知识分类与目标导向"理论为指导，以"学科素养"为核心，以"两类结构"为载体，整合教学内容，帮助学生建构知识结构和方法结构，培养学生良好的思维方式，形成解决问题的技能和策略，有助于培养学生的主动探究意识和自我学习能力，让学生从"学会"到"会学"，让学生成为智慧成长的主人。

著名特级教师、锡山高级中学校长唐江澎来校报告

结构教学法的一般教学过程体现出"三环二线四步一核心"的主要特征，"三环"即指"例题找方法""习题悟方法""试题用方法"三个环节，"四步"即指教学过程中师生活动的四个基本步骤："自学自检、互帮互学、展示点评、归纳小结"，"一核心"即体现出尝试学习的核心思想。在以上教学过程中，体现出"自学为主，练习为主"

和"先学后教，以学定教"的特征，充分体现出现代教学论"以学为本"的核心思想。

四、结构教学的主要策略

结构教学法的实施，是一项系统工程，从宏观层面上说，一种教学方法的构建，从教师教学观念的转变，到课堂教学模式的构建，从相关制度的确立到推进实施的步骤，都要有整体的思考和安排。我们在多年的实践探索中，坚持走理念先行、实践跟进、学科试行、全面推广的策略。从微观层面来看，我们着重研究教学目标的优化设计、教学内容的有效整合、教学过程的实施策略、教学效果的全面评价等问题，研究不同学科不同课型中结构教学法的实际运用和操作要点，研究如何进一步深化"结构尝试"教学思想在学科教学中的灵活运用，研究如何发挥教师的教学个性和自我创造。

结构教学法的主要策略，大致分成准备、实施、保障三大部分。

(一)准备策略

1. 绘制好学科知识结构图

知识结构图是指以"学科知识树"或"纲要信号"的形式直观呈现学科基本概念、思想方法及其内在联系的一种示意图，即"知识内容结构"和"方法程序结构"的直观图示。良好的知识结构图是有效实施这一教学方法的基础，因此须在认真研读课标和教材、把握学科基本概念的关键特征、揭示基本概念的内在联系的基础上，认真绘制好学科知识结构图。良好的知识结构应满足下列特征：一是概括化水平高，即揭示了学科基本概念、原理的本质属性或关键特征；二是结构化水平高，即揭示了学科基本概念内在的逻辑联系，在纵向上不断分化，横向上综合贯通；三是巩固度要好，即形式丰富多样，结构简洁明了，有利于激发学生学习兴趣，便于学生理解记忆。

知识内容结构图是由学科基本概念组成的不同层次的结构图，在纵向上可逐渐分化，横向上可综合贯通，通常可划分为以下几个层级。

一是整个学科的知识结构，内容涵盖一门学科的教学内容标准，通常以"学科知识树"的形式呈现。

如初中化学"学科知识树"，从结构图中可直观看出，该知识内容结构图揭示了初中化学学科学习研究的主要内容：身边化学物质的组成、结构、性质、变化规律、与人类社会的关系以及化学学科的思想方法。

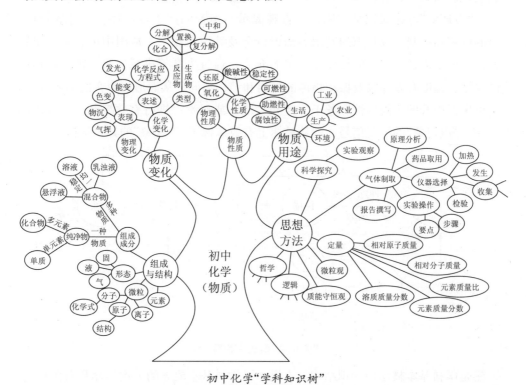

初中化学"学科知识树"

根据原子论和分子学的观点，物质是由原子、分子等粒子构成的，而原子由原子核和电子构成，原子核则由质子和中子两种粒子构成。分子的破裂和原子的重新组合是化学变化的基础，化学变化的基本特征是有其他物质生成，常表现为放出气体、颜色改变、生成沉淀等，还伴随着能量的变化。根据反应物和生成物的特点，可将化学反应分为多种类型。我们将物质在化学变化中表现出来的性质叫作化学性质，如氧化性、还原性、稳定性、可燃性、腐蚀性等。化学在促进生产发展、提高生活质量、保护生存环境方面起着重要作用。在化学学科教学中，不仅要掌握基本的化学知识，还要重视基本实验技能和化学思想方法的学习，这些内容在纵向上可逐级分化，而在横向上是综合贯通的。如果学生把握住了这些内容，学生也就有效地掌握了初中化学学科的知识结构，学生就能更有效地学习。

二是学科专题的知识结构，它具体揭示了围绕一个专题的各知识概念的内在逻辑联系，可以用"知识树"或"纲要信号"的形式呈现。

如"声现象"专题知识结构图，它直观揭示了声音的产生与传播、声音的特性、噪声的危害和控制，以及声的利用等知识概念及其内在联系。从图中可直观看出物体的振动产生声音，声音的传播需一定的介质，通过人耳等进行接收。由于物体振动的快慢、幅度有差异以及振动物体的材料和结构不同，从而形成声音的不同特性，人类可根据声音的不同特性服务于生产和生活，或对噪声进行有效控制。学生理解把握住了"声现象"的纲要信号，就从整体上有效掌握了"声现象"的知识结构。

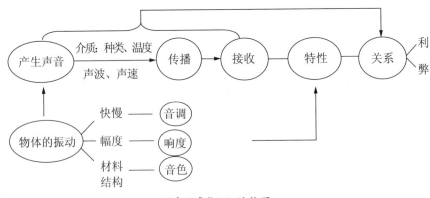

"声现象"知识结构图

三是学科基本概念的知识结构，它揭示了学科基本概念的关键特征及内在联系，也可以用"知识树"或"纲要信号"形式呈现，如图所示。

"平方根"概念的知识结构，揭示了平方根知识的关键特征及其内在逻辑联系。从图中可看出，用数学符号语言"$x^2 = a$"直观、简明地揭示了平方根的定义，可引导学生将数学符号语言"$x^2 = a$"转化为自然语言，即"x的平方等于a，x就是a的平方根"或"一个数的平方等于a，这个数就是a的平方根"，在这一过程中进行了两种语言的转换，学生在两种语言转换中就能更好地理解记忆平方根这一知识概念。在学习平方根性质时，可引导学生运用数学"分类思想"对"a"进行分类讨论，来掌握平方根的性质，即"正数的平方根有两个，互为相反数；零的平方根为零；负数没有平

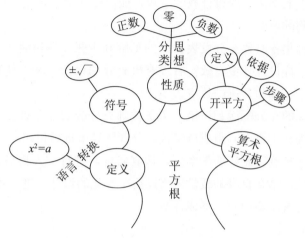

"平方根"知识结构图

方根"。在理解掌握"开平方"概念基础上，运用平方根的定义或性质就能有效地进行开平方运算。在教学中，如果教师依托"平方根"知识结构进行教学，并引导学生利用"平方根"知识结构理解记忆，就能有效地提高教学效率。

在学习"平方根"知识结构的基础上，进一步学习"立方根"知识。这时学习的"立方根"知识这一新授课，就变成了学习"平方根"知识的复习课，新授课上成复习课，有利于加深对概念的理解，大大提高学习效率。

2. 设计好"尝试学案"

(1)学案编制流程

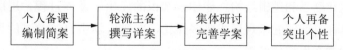

每位任课教师提前一周在认真钻研课程标准、教材，了解学情的基础上，分课时编制简案。简案要有明确的学习目标，要准确把握和处理教材的重点、难点，要以学生的学为主线，设计好教学过程，并有明确的学习方法指导，

主备教师提前一周在认真备课的基础上，撰写详案。集备时，全体教师利用集备时间认真研讨。先由主备教师进行说课，重点说清楚学习目标及重点、难点，对教材的重点、难点是如何进行概括化、结构化处理的，选用了哪些有效的概念学习

策略，如何以学生的学为主线设计教学过程，如何设计学生自主尝试的步骤及任务，如何选编课堂检测的习题。

每位任课老师集备时要充分发表自己的见解和主张，研讨时要认真思考，这样设计是否有效？怎样设计才更有效？有没有更有效的设计方案？使集备真正产生智慧碰撞、资源共享、师师共进的效应。

经过集体备课的充分酝酿和讨论，主备教师充分吸收同备课组教师的意见，修改完善学案，并提交学科中心组成员审核，分管领导审批后付印。

每位任课教师拿到印制好的学案后，认真研读，进行个人再备，进一步从具体的班情、学情出发，结合自身的教学风格进行个性化的设计，进一步细化教学环节，预设教学方法，完善学案内容，形成详案。

（2）学案编制理念

坚持"为学生尝试学习服务"的理念，将以教师的讲为主线转变为以学生的学为主线设计教学过程，教学过程的设计要有利于学生的尝试学习，有利于学生在读、写、说、做等尝试活动中掌握基本知识，在互帮互学中解决疑难问题。

（3）学案主要栏目

尝试学案主要栏目有"教学目标"（或学习目标）、"学习过程"和"布置作业"等。

要根据课程标准、教材内容和基本学情，依据知识分类理论，合理设置并有效陈述教学目标。学习过程设计应体现出问题导学特征，即教师根据学习目标创设问题情景，使学生在解决问题的过程中，掌握知识，形成能力。要抓住知识概念的关键特征、解决问题的思想方法和操作步骤设计问题（群），设计的问题（群）要能揭示各知识点的内在联系和逻辑结构，能体现知识的发生、发展过程，层层深入，体现出一定的梯度性。问题的呈现形式要多样化，能激发学生自主尝试的兴趣，能引导学生提出疑问或产生新的发现。

学案的编制要努力体现出不同学习阶段、不同学科性质和不同知识类型的特征，充分用好教材和配套教辅资料。

（4）学案使用方法

通常，应在上课前下发学案，在课堂中使用。尽量不要作为课后作业提早下发，以免增加过重负担。如果确要作为课后作业提早下发，要减少或不再布置课后巩固性练习。

3. 组织好小组合作学习

开展小组合作学习和师徒合作是实施该教学法的一个重要的学习形式。此"师"非老师，而是能者或知者，"徒"是不能者或未知者。把掌握了学习内容的学生与尚未掌握的学生结成相对稳定的对子，长期互帮，使他们弱化自我中心，学会相互关心、取长补短，提高成绩。同时，形成一种和谐的人际关系。同伴结对要讲明结对帮助的意义，学习优秀者帮助别人不仅不会影响进步，而且会加速发展，因为帮助别人，会发现许多自己不曾想到的问题；帮助别人必须揣摩别人的思想与方法，使自己站到教者的位置上，不仅要知其然，而且要知其所以然，从而优化思维方式；帮助别人还会增进人际关系。要大力倡导"知者为师"，"未知者虚心求教"的风气，并建立奖励互帮的制度。

小组合作需创设条件支持：一是形成相对稳定的互帮群体，有得力的负责人。二是群体成员团结协作，向上精神强烈。三是有明确的互帮目标和具体的互帮内容。四是互帮时间能得到保证。五是有"互帮显示板"，显示板即小黑板或白板等。学生互帮特别是讨论时，容易出现注意力不集中、话题分散的情况，借助互帮显示板能更有效提高合作的效果。

（二）实施策略

1. 实施"整体—部分—整体"的教学

实施"整体—部分—整体"的教学，就是指在学习新知识时，首先从整体上初步感知学习的新知在学科和专题知识结构中的地位和作用，在此基础上再学习研究新的知识，最后将学习研究的新知识回归到整体的学科和专题知识结构中去，进一步深化理解。

学生在"整体"知识的引领下，学习新的知识概念，在揭示新旧知识的联系中，理解掌握知识概念，使学生在结构中学习知识，学习结构化的知识，联系旧知，学习新知，促进学生加深对新知识的理解。"整体"是教学的出发点。

在学习"部分"（具体）知识后，再将所学习的知识概念，回归到上位系统，回归到学科或者单元整体的知识内容结构中来，使学生进一步感悟知识概念内在的逻辑联系，加深对整体知识内容结构的理解。"整体"也是教学的归宿。

为有效实施"整体—部分—整体"这一教学策略，教师要重视起始学科序言课、专题或单元序言课的教学，重视用好知识结构图，教师可将"学科知识结构"或"专题知识结构"印制成挂图，张贴在教室墙上，也可将各学科知识结构或专题知识结构汇编成小册子，以方便学生随时阅读。

2. 建构有利于学生尝试学习的步骤

结构教学建构了有利于学生尝试学习的步骤，其教学过程主要体现出"三环二条线"和"四步一核心"的特点，如下图所示：

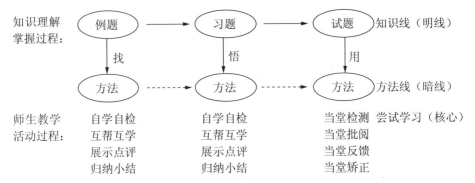

这里的"方法"实质上是指事实性知识的记忆策略，基本概念的关键特征及内在联系，整体性知识的主要要素及内在联系，专门领域解题策略涉及的基本概念、思想方法和解题步骤以及学习这些知识的有效策略。对这些知识的学习上升到概括化和结构化水平时，学生就掌握了学习某一类问题的思维方式和方法，就上升到了方法层面。"找、悟、用"的过程就是抓教学目标的落实过程，实现知识向能力的转化过程。在这一过程中，通过学生自学自检的独学、互帮互学的对学和组学、展示点评和归纳小结的群学，充分发挥出学生的主体性和主体间性，体现出尝试学习的核心思想。

知识理解掌握的"找、悟、用"过程和师生的教学活动过程，要努力体现出不同性质学科、不同类型知识、知识学习的不同阶段以及不同学习基础的学生特点。

3. 优化课堂有效的学习策略

结构教学的实施，各学科从实际出发，创造了许多提高教学效率的有效学习策略，在课堂教学中优化实施。取得了良好的教学效果。

（1）关键特征法

关键特征法即在学习某一类知识时，要努力抓住这类知识的本质属性或关键特征，或在解决某一类问题时，要努力抓住解决这一类问题的思想方法和操作步骤，并用简明扼要的关键词对其进行概括。抓住了关键特征和操作步骤，就使学生对学习的知识上升到了概括化的水平，就能有效地掌握某一类知识、解决某一类问题。如果在此基础上，努力揭示不同类知识关键特征或解决不同类问题操作步骤的内在逻辑联系，就使学生对学习的知识上升到了结构化的水平，就能更有效地促进学生对知识的理解掌握。

例如，学习一元一次方程的概念时，可抓住"一元""一次""整式"三个关键词对其概念关键特征进行概括。"一元"即方程中含有一个未知数，"一次"即未知数的最高次数为1，"整式"即指整式方程。学生把握住了以上三个关键特征，也就有效地把握住了一元一次方程概念的本质属性，就有效地掌握了这一类知识，而学生掌握了"关键特征法"的学习策略，就能有效地自主学习"一元二次方程""分式方程"等新的知识概念内涵。

再如，学习"轴对称"与"轴对称图形"概念时，可用"两图形、折叠、重合"和"一图形、折叠、重合"分别概括"轴对称"与"轴对称图形"概念的关键特征。所谓轴对称，是指对两个图形而言，把一个图形沿着某一条直线折叠，如果它能够与另一个图形完全重合，那么称这两个图形关于这条直线对称，也称这两个图形成轴对称。轴对称概念本质上反映了两图形的关系，可用"两图形、折叠、重合"概括其关键特征。学生把握住了这些关键特征，就有效地掌握了轴对称概念。所谓轴对称图形，是指对一个图形而言，把图形中一部分沿着某一条直线折叠，如果直线两旁的部分能够互相重合，那么称这个图形是轴对称图形。其实质是揭示了一图形的性质特点，可用"一图形、折叠、重合"概括其关键特征。这样，用"关键特征法"这一学习策略就有效地抓住了两个概念的关键特征，就使概念学习上升到了概括化的水平。如果引导学生进一步分析、比较两者的异同，即如果把两个图形看作一个图形的两部分，那么，"轴对称"就变成了"轴对称图形"。如果把一个图形的两部分看作两个图形，那么，"轴对称图形"就变成了"轴对称"。这时，学生对相关概念的学习就上升到了结构化的水平。同理，可将这一思维方式迁移运用到"中心对称"和"中心对称图形"等知识概念的学习中去。

在学习用配方法解一元二次方程这一程序性知识时，一般解题步骤为：将一元二次方程中的二次项系数化为1，把常数项移至等式右边，方程两边同时加上一次项系数一半的平方，将等式左边配成完全平方的形式，再开平方，并检验和写上答案。这里，可将一般解题步骤用下列关键词进行概括，即"化1、移项、加一半平方、配方、开方、检验、答题"。这时，学生对这一程序性知识的学习就上升到了概括化的学习水平。在适量的变式训练中，这样的概括化的程序性知识就能有效地转化为解决问题的一种自动化技能。

值得注意的是，用关键词法对专门领域解题步骤进行概括时，理解相关的基本概念是基础，把握有关学科思想方法是关键。在上例中，理解"配方法"这一概念是基础，所谓配方法，指先把一个一元二次方程转化变形为 $(x+h)^2=k$ 的形式（其中 h、k 为常数），如果 $k \geqslant 0$，再通过直接开平方法求出方程的解。从这一概念定义中也可看出把握"转化的思想"是解题的关键。

在学习"亚洲地形"这一具体知识时，学生通过阅读有关地形图，掌握了亚洲地形（地势）的具体特点。在此基础上，如果教师进一步引导学生对亚洲地形（地势）特点进行分析，并用"地势起伏""地形类型""地形分布"和"地形成因"等关键词去概括亚洲地形（地势）特点的关键特征，学生对"亚洲地形"知识的学习就上升到了概括化的水平。这时，学生不仅掌握了"亚洲地形（地势）"特点这个具体知识，而且掌握了分析研究大洲地形特点的一般方法，在以后学习其他大洲地形特点乃至区域地形特点时，学生就能触类旁通。

学生掌握了关键特征法后，就能更好地理解某一类知识概念的内涵，更好地掌握解决某一类问题的思想方法和操作步骤。

实际上，在教学过程中，学生要有效地把握某一类知识概念的关键特征，或解决某一类问题的思想方法和操作步骤，必须对某一类知识或某一类问题进行分析与综合、比较与类比、抽象与概括。这一分析研究过程，非常有利于发展学生的逻辑思维能力。因此，学习掌握关键特征法，不仅有利于学生理解知识概念，而且能有效促进学生的思维发展。

(2)语言转换法

语言转换法即通过"自然语言"和"学科语言"的相互转换来有效地把握相关概念的关键特征。自然语言即指本国使用的语言，学科语言即体现学科特征的表述学科概念的符号、公式、方程式和示意图、实物图等。例如，物理学科中功的概念可用学科语言中的公式表示，即 $W=F \cdot s$。如用自然语言对功的概念下一定义，可表述为：如果一个力（F）作用在物体上，物体在这个力的方向上移动了一段距离（s），这个力的作用就显示出了成效，我们把这个力（F）与物体在力的方向上移动的距离（s）

的乘积($F \cdot s$)称为机械功(W)，简称功。从上述可看出，学科语言对概念的表述具有简明直观的特点，而自然语言则使概念的表述更加明确具体。因此，通过"说"(自然语言)与"写、画、记"(学科语言)，使两种语言相互转换，在相互转换的过程中，有效地促进学生对概念内涵的理解记忆和迁移应用。

又如，初中数学中的完全平方公式，用数学语言中的公式可表示为：$(a \pm b)^2 = a^2 \pm 2ab + b^2$。用自然语言则可表述为：两数和(差)的平方等于两数的平方和加(减)两数积的两倍。由于在完全平方公式中，a，b代表的因数或因式是不断变化的，面对不断变化的因数或因式，学生学习是有困难的，如果学生在理解记忆完全平方公式的基础上，再掌握其简洁的自然语言的表述，就能有效地促进学生对完全平方公式的迁移应用。

(3)出声思维法

出声思维法即在回答问题中大声说出解题的思路。学生在解决问题时，如果能大声说出解决某一问题的思路、依据、操作步骤和学科思想方法，就说明学生理解掌握了这一知识，而且说明学生对这一知识的学习上升到了概括化的水平，如果学生说错了，教师就能及时了解学生对知识概念理解中存在的问题，从而进行有针对性的点拨指导。

如学生在学习"轴对称"和"轴对称图形"概念后，老师出示一组相关图形 a，b，c 等，要求学生作出判断，哪些图形成"轴对称"，哪些图形是"轴对称图形"，并说明理由。如果学生大声说出答案和解题思路，即"图形 a 中的两个图形成轴对称"，因为图形 a 中的"两图形、折叠、重合"。这时，学生就运用了出声思维法，学生能大声正确说出解题思路，教师就知道学生对这一知识概念是真正理解了。如果学生在大声说的过程中出现了错误，教师就能及时发现错误的原因，就可以有针对性地进行启发诱导。

在解题过程中，要引导学生反复地运用出声思维法。通过反复运用，能使学生更深刻领悟学习的某一类知识的关键特征或解决某一类问题的思维方式和方法。

(4)编解一体法

编解一体法是指在学生初步掌握了某一类知识的关键特征或解决了某一类问题的思想方法和操作步骤后，引导学生对题目进行改编或自己编写题目，并由自己或请他人进行解答。如果学生能改编题目，或自己编写题目，就说明学生理解掌握了基本知识。只有在学生有效地把握概念内涵或解题思路的基础上，学生才能有效地改编题目。通过编解一体的学习活动，学生能更好地理解概念的本质属性，更好地把握解决某一类问题的思路和方法。编解一体法形式可多种多样，可自编自解、自编他解，或指定小组某同学解答。运用编解一体法进行学习，还能营造良好的课堂学习氛围。

（5）重讲基题法

所谓"基题"就是指概念的基本表达式或隐含概念本质属性与解题思路的形式比较简单的题目，如二次函数的解析式 $y=ax^2$。"重讲"就是紧扣基本表达式或基础题目将概念的本质属性、解题思路和方法说透彻，如紧扣 $y=ax^2$ 这个二次函数的解析式，说清楚二次函数的定义、表达形式、性质、图像特征及其相互关系，并从"图像形状、开口方向、所在象限、顶点坐标、对称轴、图像升降"等方面讲清图像特征。学生通过二次函数的基本表达式掌握了二次函数的本质属性或关键特征，就能举一反三，触类旁通。重讲基题，就是对基础题的讲解和训练，要舍得花时间、下功夫。在重讲基题的基础上再进行变式训练，拓展提高，这时的变式训练就能取得事半功倍的成效。

（6）一题多变法（多变归一法）

一题多变法就是在重讲基题的基础上，对基础题变形，进行变式训练，在变式训练的过程中，使学生深刻领悟概念的本质属性，有效把握解决问题的思想方法和操作步骤。"多变"是指基础题目形式的变化，"不变"的是隐含在题目中的概念的本质属性或解题的思想方法和操作步骤。在一题多变的过程中，要引导学生关注多变归一，"归一"就是要学生通过出声思维，说出某一类概念的关键特征或解决某一类问题的思想方法和操作步骤，使学生进一步明白"万变不离其宗"。

（7）一课一得法

在文科学科教学中，往往在一节课中教学内容繁杂，涉及诸多的核心概念。如语文现代文阅读教学，需完成的教学任务较多，有概括文章内容、把握文章主旨、分析文章的写作特色等，而文章的写作特色，又可从文章的主旨、选材、结构、表达方式、表现手法和语言等多个方面去分析研究。如何概括文章内容、把握文章主旨、分析写作特色和品味语言又有诸多好的学习策略，这些教学目标不可能在一节课中通过学习一篇文章来全部实现。一节课或读一篇文章只能抓住一个重点内容进行学习，集中力量突破一个重点知识，完成一两个重点目标，即所谓的一课一得。如学习鲁迅的《从百草园到三味书屋》这一篇文章时，教学目标可重点确定为学习研究"景物描写"这一表达方式，学习莫怀戚的《散步》可重点学习研究"以小见大"这一表现手法。重点教学目标的确定要依据基本学情，努力体现不同文章的特色。重点教学目标确定以后，要集中力量进行突破。教学过程中，可通过"例题找方法""习题悟方法""试题用方法"三个基本环节来掌握重点教学目标。如学习鲁迅《从百草园到三味书屋》这篇文章，确定的重点教学目标是学习研究"景物描写"这一表达方式，那么，在课堂教学中即以对百草园中的景物描写为案例，帮助学生掌握景物描写这一知识概念的关键特征。把握住了景物描写的关键特征，即把握住了景物描写的一般方法。学生初步掌握了景物描写的一般化方法后，教师可从已学文章中再选取有关景物描写的片断让学生进行变式训练，进一步感悟应用景物描写的方法，最后进行当堂检测。在这样的学习中，学生能真正实现一课有一得。与此同时，一节课实际上学习研究了多篇文章的片断，而这样的学习策略，我们称之为"一课多文"。一课一得的学习策略，又使得一篇文章的多个知识点分散到了多节课中去学习，这样的策略我们称之为"一文多课"。"一课一得""一课多文"和"一文多课"是文科学科学习的有效策略。

(8)概念模型法

概念模型是指能直观形象反映概念(包括原理、定律、规律等知识)本质属性或关键特征的示意图、模型图及实物模型等，如物理学科中"光的反射定律"示意图、地理学科中的"地质构造"示意图、"水循环原理"示意图、数学学科中"三角形中位线定理"示意图、"平行四边形性质"示意图等。概念模型能将复杂事物或过程简单化，能更直观形象地反映概念的本质属性或关键特征。概念模型法就是在概念学习过程中，借助概念模型，引导学生研读理解概念模型，并借助概念模型说出概念的关键特征。通过绘制、记忆模型图，来理解记忆概念的内涵，并在迁移应用时，引导学生回忆概念模型图，借助概念模型图进行解题。通过"读、说、绘、记、忆"概念模型图，能有效地提高学习效率。

在江苏省第八届初中校长论坛上主题发言

(三)保障策略

1. 开展理论学习，转变教师的教学观念

围绕结构教学法的实践，建立教育理论学习与研修制度。学习教育教学法规，如《学科课程标准》和《基础教育课程改革纲要解读》等，下发《人民教育》人手一本；学习教育理论书籍，如《邱学华与尝试教学》《理解教育论》《学与教的心理学》《形式逻辑学》等；通过实验论坛、学科中心组活动、专题读书报告会等形式，倡导读书学习的良好氛围，努力提升教师的教学理论素养，切实转变教师的教学观念。

我们通过组织全体教师学习《学与教的心理学》这本书，历时一年，先后举办两次"教学心理学"的专题读书报告会，组织全体教师认真领会"知识分类与目标导向"教学理论的精华，结合自己所任教的学科开展研究，梳理学科知识。在"知识分类"理论的指导下，绘制学科知识的"两类结构"，提高了教师对教材知识的把握能力，促进了教师的专业发展。为进一步指导学生学习，开展课堂实践打下了基础。

我们通过深入学习"尝试学习"理念，引导教师树立"一切为了学生"的教学观念，创设有利于学生主动尝试的学习情境，真正做到"以学为本，以学定教"。相信学生的学习潜能，切实保障学生的主体地位，维护学生的自主性和积极性。

2. 加强校本教研，提高教师的专业素养

结构教学法的实践研究和推广运用，不是一朝一夕就能实现的，我们在构建结构教学模式的过程中，认真开展以结构教学模式为主线的校本教研，切实提高教师的学科专业素养。

(1)专题研讨活动制度

针对结构教学法的构建，我们围绕"教什么"和"怎么教"的问题，针对教师课堂教学中实际存在的问题，尤其是"结构"构建过程中的规范性和合理性问题，还有"小组合作学习"的组织形式等问题，展开了锲而不舍的研讨。十年来，我曾在实验论坛上，做课堂教学专题演讲不下百次。只有在长期的思想熏陶和理论引领、实践探索中，才能使"结构"的思想深入人心，取得全体教师的认同和共识，这个过程是漫长的，但又是必须经历的。

(2)学科中心组研究活动制度

每个学科建立了学科中心组，担负起"理论学习深入一点，实践研究先行一步"的指导和示范作用，围绕结构教学展开专题研究，组建了一支教学研究的骨干队伍。现在，这批骨干都已经成长为推进课改的中坚力量，成为学科教学的带头人。

(3)备课组研究活动制度

我们在集体备课的时候，明确要求备"两类结构"，对教材知识进行深层次的剖析和梳理，围绕学生认知实际，构建适合学生掌握的"知识内容结构与方法程序结构"，突出学科知识主线，突出前后知识的内在联系，提升了集体备课的质量，改变了教师一味依赖教学参考书的不良倾向，使备课活动真正成了最基本、最有效的校本教研方式。

(4)专家引领制度

定期邀请课程教学专家来校讲学或示范教学，也是推进课改的重要途径。我们先后邀请邱学华教授来校教学，并亲自上示范课，取得了良好的效果。我们还邀请王敏勤、熊川武等国内知名的课程与教学论专家经常性的来校讲学，积极承担由他们牵头组织的大型公开教研活动，为优秀骨干教师的成长搭建平台，在与专家的智慧碰撞、资源共享中，积极推进学校的课改步伐。

3. 开展课堂实践，提升教师的实践智慧

教师参与课改的动力，实践智慧的提升，来自课堂实践。我们在推进结构教学法的过程中，坚持以课堂为本，让课堂成为检验我们课改成败得失的主阵地，在大量的课堂教学实践中，不断修正方向，完善策略，提高实效。

（1）每学期一次的大型会课制度

以教研组为单位，全员参与，认真开展结构教学法的会课活动。每个教研组都高度重视，认真修改教学方案，抓好每一个细节，认真落实结构教学理念。在教研组活动中，通过课堂展示、评课议课、当堂打分、考核评比，通过会课活动，让"结构"教学理念渗透到每一个教师的心中，形成科组特色。

（2）每学期一次的课改推进月活动

每学期开展一次"课改推进月"活动，全面发动，层层选拔，优选各个科组评选出来的课例，进行全校性的观摩评比，同时开展优秀教案评比和说课评比，大力营造课改氛围，对最终评选出来的获奖者，给予物质和精神鼓励，张榜表扬，记入业务档案，作为年终评优晋级的重要依据，突出课堂教学改革在教师教学中的重要地位。

（3）每学期一次的大型对外公开教研活动

每学期承担一次市级以上的大型公开教研活动，展示结构教学法，开展相互的交流学习，共同提高，推出我校的教学名师。我们先后在中国教育报刊社、江苏省名校联盟、江苏省教育服务中心、江苏省课堂教学研究中心、无锡市教育局、宜兴市教育局等单位的组织下，举办了多次大型对外教研活动。这些活动的开展，进一步激励了教师的课改热情，促进了结构教学法的成熟。

4. 健全激励制度，引导教师的教学创新

我们在推进课改的过程中，健全激励制度，鼓励教师的教学创新。我们学校规模较大，现在南北校区共有 90 多个班级，4000 余名学生，400 多位教职工。我们通过制度激励，引导教师积极投身课改，对先行一步者提供平台、给予奖励，倡导良好的课改氛围，让课改先行者体验成功、尝到甜头，发挥引领作用和示范作用，形成"骨干先行，全员跟进"的课改氛围。现在我校教师的课改热情非常高涨，课改的发展态势很好。

在推行结构教学的过程中，从学科发展的角度来看，经历了一个"单科突破—各科并进—综合渗透"的过程。结构教学，发端于"纲要信号"教学法，综合借鉴了多种教

学理论和教学实践经验。在学科运用上，首先从地理学科开始，运用"纲要信号"法，梳理知识，引导学生研读教材，形成了关于地理学科的知识结构，尤其是"区域地理认识法"这一纲要信号，最为成熟和完善，在区域地理的教学中，发挥了非常重要的作用。在将"纲要信号"上升到"一类结构"时，首先在语文学科的运用中，实现了突破，构建了"阅读与写作"这幅"知识树"，将平时阅读和写作中涉及的基本的语文知识，加以概括化和结构化，在语文教学中大大提升了学生的阅读能力，培养了学生解决一类问题的具体策略和思维方式，在语文阅读教学中，形成了鲜明的特色，得到了广大语文教师的一致认同，成为我校课堂教学改革的一大亮点。接着，在数学、英语、物理、化学、政治、历史、体育、美术等学科中，也广泛开展了结构教学的尝试，各学科都构建了"学科知识结构—专题知识结构（单元知识结构）—概念知识结构"三级知识体系，绘制了大量的知识树，充分运用于课堂教学实践中，取得了良好的效果。

5. 优化评价标准，指导教师的教学行为

我们在参照上级教研部门下发的"课堂教学评价表"的基础上，围绕"实施新课程理念，推进有效的教学"的主题，进行了校本化的修改，提出了结构教学的课堂教学评价标准，引导教师切实转变教学行为，确保结构教学理念在课堂教学中的落实到位。

著名特级教师、语文教育专家钱梦龙先生来校报告

走进课堂

一、结构教学法语文案例

(一)《石榴》教学案例

年级：八年级　课型：新授课　主备：蒋雪萍

1. 教学目标

(1)概括说出文章主要内容和主旨。

(2)理解说出托物言志的表现手法的主要特征。

(3)初步学会语句赏析的一般策略。

2. 教学过程

教学过程和内容	教师活动	学生活动	设计意图
一、感情先行 明确目标	1. 板书课题：石榴。 2. 导入：同学们，自古以来，文人墨客对花草树木情有独钟。今天，让我们一起到石榴的世界里走走，去感受生命的色彩、倾听生命的歌唱吧。 3. 多媒体呈现学习目标。	1. 认真做好上课准备，准备好教科书、练习本。 2. 跟随教师的导入进入情境。 3. 明确学习目标。	导入能激发学生的情感参与。情感先行是非常重要的。 明确学习目标，能充分发挥好教学目标的导学、导教和导测功能。
二、查读课文 积累字词	1. 展示预习自检内容。 (1)请学生默写。 (2)请学生更正互评。 2. 让学生介绍本文的写作背景。	预习自检： (1)学生默写(选四个人上黑板默写)。 (2)互批、更正。	预习自检环节能加强字词的积累，同时增强个人和小组的自学和互检能力。

续表

教学过程和内容	教师活动	学生活动	设计意图
		写作背景： 1942年，正是抗日战争极端困难的关头。国民党反动派妥协后退，镇压抗日救国运动。亲日顽固派大肆鼓吹崇外媚日、投降屈从的反动论调。一些政界人物和文化人士变节投敌，苟且偷生。而共产党高举抗日救亡大旗，坚持抗战，力挽狂澜。在此背景下，郭沫若写了这篇文章。	
三、概括内容 把握主旨	指导自学： （请一个学生到黑板上去板演） 布置自学任务： 1.绘制知识线，概括说出文章写得主要内容。 2.说说文章借写"石榴"表达了怎样的主旨。	自学自检： （1）独立朗读课文，进行自主圈画，并借助知识线完成对内容的概括。 （2）运用段意串联的方法初步概括出文章的主题。 互帮互学： 小组互对答案，解答疑难。 展示点评： 小组代表根据板演点评、更正、补充。 归纳小结： 引导学生达成一致。	教师根据掌握目标设计问题，概括说出内容、主旨的环节明确方法，让学生有的放矢。 在自学自检、互帮互学、展示点评中掌握知识，体现学生的主体性，这几步也是结构教学法的基本步骤。

续表

教学过程和内容	教师活动	学生活动	设计意图
四、品读写法 赏析特色	指导自学： 布置自学任务 1. 作者写了石榴的哪些方面内容？请结合文中关键词句归纳并说出它们的特征。 2. 围绕这些特征作者用了哪些描写方法进行描写（结合"景物描写"的方法品读赏析）？ 3. 结合文中议论性句子，联系背景进行联想、想象，理解"夏天"和"夏天的心脏"的含义，进一步感悟作者表达的思想情感。	自学自检： 自主完成。结合知识线，找到事物，圈画概括特征。结合"景物描写"方法品读赏析，旁批关键词。结合背景，联想想象。 互帮互学： 对组、小组，互对答案，解答疑难。 展示点评： 小组代表回答问题。 归纳小结： 引导学生达成一致	问题的设计主要是针对这节课的特色目标逐层深入地来进行设计的。由事物到特征，围绕特征引入以前构建的"景物描写"知识结构帮助赏析，到结合背景的联想，已经在更深入地体会文章的情感。
五、归纳小结 理解记忆	自学要求布置： 请对照"阅读知识结构"概括、说出什么叫托物言志的表现手法。	自学自检： 自己概括并说。 互帮互学： 对组、小组，讨论。 展示点评： 小组派代表交流。 归纳小结： 达成一致。	此环节设置在于顺水推舟地概括说出"托物言志"的表现手法，并领会在本文的具体运用。
六、整合提高 布置作业	作业布置： 推荐阅读《初中语文阅读与欣赏》（八年级　上卷）《草之吟》，进一步体验感悟"托物言志"的表现手法。	课后独立完成。	这个环节的设计主要是在课外的迁移中验证方法。

附：《石榴》文章知识线

托物言志：指通过对某一特定物品具体形象特征的描写和议论，来表现抽象事物如志向、意愿或思想感情等。这里借石榴寄托情怀，即通过对石榴有关特征的具体生动的描绘和议论，赞扬了石榴不怕威压、坚贞刚勇、奋发向上的精神品质，歌颂真善美，也含蓄地抒发了作者执着坚定的信念和热切的追求。

(二)《窗》教学案例

年级：八年级(下)　课型：新授课　主备：马伟平

1. 教学目标

(1)通读课文，积累字词，概括说出主要情节和人物的思想性格。

(2)研读课文，概括"对比"写法运用的主要特点。

(3)联系拓展，说说对人物的评价。

2. 教学过程

教学过程和内容	教师活动	学生活动	设计意图
一、感情先行 明确目标	1. 组织教学，调动学生积极的学习情绪。 2. 揭示课题《窗》(板书)。 3. 出示"阅读与写作"学科知识树，引导学生明确本文是一篇微型小说，本课的主要目标是学习文章的"表达"特点，深入理解"对比"手法的特点及作用，并借助"对比"手法的赏析，深入理解文本内容和主旨。	1. 认真做好上课准备，准备好教科书和练习册。 2. 在老师创设的情景氛围中，自由表述对"窗"的畅想，蕴蓄情感。 3. 复述语文"阅读与写作"知识树，共同明确本课的学习目标。	明确教学目标，能充分发挥好教学目标的导学、导教和导测功能。利用语文"阅读与写作"知识树明确目标，能使学生从整体上把握"表达"的知识结构，初步感知记叙文"表达"的特点。

续表

教学过程和内容	教师活动	学生活动	设计意图
二、知识为例探寻方法 （一）速读课文积累字词	1. 指导学生速读课文，圈画生字词，做到三会（读、写、说）。 2. 组织检查（默写、批改、评比）。 3. 强调易错点，指导字词记忆方法。	1. 速读课文，画出生字词。 2. 结合注释，互帮互学，掌握字词。 3. 板演默写，批阅订正。	基础知识尽量在课堂上掌握完成。 关注学生的基础积累，这是语文课堂首先要解决的问题。
（二）通读课文整体把握	出示自学思考题，指导自学（多媒体呈现）： 1. 圈画重点词句，积累字词，概括说出小说的主要情节和人物性格。（小说情节大致分"开端—发展—高潮—结局"四个阶段，情节发展的内在线索，是人物与人物之间的关系——矛盾冲突）。 2. 用纲要信号法画出文章的情节结构图示。	自学自测： 围绕小说的情节结构，学生独立阅读课文并思考问题，做好批注。 互帮互学： 小组交流讨论。 展示点评： 以小组为单位，全班交流。 归纳小结： 1. 文章主要叙述了两个危重病人围绕"窗"展开的故事，矛盾冲突的起因是不靠窗病人心生嫉恨，高潮是不靠窗病人见死不救，结局是"窗"前只有一堵秃墙，留给读者很多的思索。 2. 主要通过对比手法来刻画人物性格、揭示社会现实的。 （附：文本内容纲要信号图）	教师根据记叙文学习的要求设计成问题，发挥问题导学的功能。 在自学自检、互帮互学、展示点评中掌握知识，体现学生的主体性和主体间性，这几步也是结构尝试教学法的基本步骤。 两个问题的设计，立足于对文章的整体把握，第一个问题侧重于策略，第二个问题侧重于思维结果的有效呈现。

续表

教学过程和内容	教师活动	学生活动	设计意图
（三）研读课文 探究特色	指导自学： 1. 文章围绕"人心如窗，美丑在心；去恶向善，远离嫉妒"这个主旨，主要采用了什么手法来刻画人物形象，突出主旨？对比。 2. 文章结尾"光秃秃的一面墙"在结构上有什么特色？作用如何？	自学指导： 学生独立阅读，思考，做好批注。 互帮互学： 小组交流讨论。 展示点评： 以小组为单位，全班交流。 归纳小结： 1. 文章主要运用对比手法凸显人物性格、揭示中心思想。 2. 结尾和4、5两小节中详写"公园美景"，这一详一略构成了结构上的对比，蕴含深意。	引导学生研读教材，是充分用好教材，发挥教材内容案例功能的基础。 利用文本进行有效的拓展，是语文课堂必须有的生成。 两个问题的设计之间，前者着力于建构，后者指向于运用，都在于深入理解文本。
三、理解记忆 小结巩固	指导自学： 1. 品读4、5两节，看看作者用哪些语言来写公园美景？有何作用？景象有什么特点？ 2. 你觉得还有哪些地方用了对比手法？具体说说它的表达作用。	学生小组讨论，小组代表发言。 师生小结： 1. 在4、5两小节中详写"公园美景"，语言优美生动，富有感情色彩，渲染了"生命活力"。充分展示出近窗者心地善良，高尚乐观。结尾略写一堵秃墙，反衬远窗者自私卑劣。对比鲜明，饱含作者的褒贬情感，这是语言上的对比。 2. 文中还有以下精彩的对比：	此问题的设计，意在引导学生进一步深入理解"窗"的深刻含义，体会作者的情感，进一步了解记叙文的"表达"特点，和本课的"特色"——"对比手法"结合起来，帮助学生形成结构化的知识。

续表

教学任务和内容	教师活动	学生活动	设计意图
		A. 两个病人（选材上的对比）。 B. 描述—静躺（前者的高尚无私，内容上的正反对比） C. 过了几天—迫不及待地移到窗前（同一个事物或人前后行为的对比，虚伪急不可待）	
四、当堂检测 独立运用	任务： 完成《创新课时训练》中相关的题目。	1. 学生独立完成练习题（如有困难，允许查阅资料）。 2. 对调批阅，当堂矫正。	当堂检测是课堂教学重要的一个环节。只有坚持当堂检测，才能有效地强化效率意识，减轻学生课后作业负担。 尽可能用好"课本中习题"和"学辅资料"进行当堂检测，能有效减轻师生过重负担。

附：

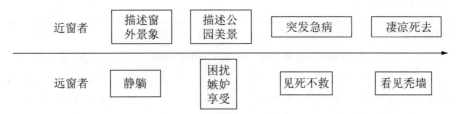

文章内容纲要信号图

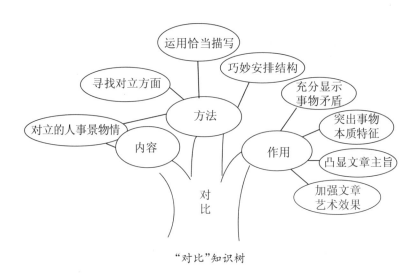

"对比"知识树

说明："对比"手法含义很宽泛，体现在"选材"(内容)的安排上、结构的彼此映衬上、语言色彩的反差上、详略的比照上，从而有效地凸显主旨。

(三)《阿里山纪行》教学案例

年级：八年级(《语文》苏教版) 课型：新授课 主备：张金凡

1. 教学目标

(1)利用工具书，会读、会默写、会理解课文中的重点词语。

(2)细读课文，运用"知识线法"，会概括文章内容，初步感知文章主旨。

(3)品读课文，能运用品味文章语言的方法，品读文本语言。

2. 教学重点

理解和运用品味文章语言的方法，品读文本语言。

3. 教学过程

教学过程和内容	教师活动	学生活动	设计意图
一、感情先行 明确目标	1. 以《高山青》乐曲，吸引学生注意力。并让学生介绍阿里山风景，老师补充背景介绍。	1. 两人介绍阿里山。 2. 全班齐读学习目标。	营造快乐氛围。 明确目标，充分理解目标的导教、导学功能。

教学过程和内容	教师活动	学生活动	设计意图
二、注音释义 积累字词	2. 明确目标。 请同学快速阅读课文，在书本上画出并理解和记忆以下字词： 风靡（mǐ）：形容事物很风行。 接风洗尘：设宴欢迎刚从远道而来的人。 山岚（lán）：山中的雾气。 堪（kān）称：称得上。 谛（dì）听：仔细听。 禅（chán）：安静而止息杂虑。 幢（chuáng）顶 红桧（guì）	自学自检： 画出并识记部分生词。 互帮互学： 在笔记本上默写，小组内交换批改。 展示点评： 小组总结默写情况。 归纳小结： 哪些字容易写错，哪些读音需要注意。	要求学生积累词汇，丰富自己语言库。 在自学自检、互帮互学、展示点评中识记理解字词，体现学生的主体性和主体间性。
三、概括内容 把握主旨	请学生运用"知识线法"，按照以下方法指导逐段概括文章内容，初步感知文章主旨，绘制在笔记本上。 内容概括 方法指导： 叙事：人物＋事件 绘景：景物＋特征 示例（第一段）： 内容：叙事。在台北（地点），两岸学者（人物）欢聚，唱"高山青"（事件）。 写法：记叙，点题。 段意：两岸人民心相融。	自学自检： 根据老师提示逐节概括，写在笔记本上。 互帮互学： 在小组内交流。 展示点评： 以小组为单位，全班交流。 归纳小结： 根据师生点评意见，学生修改完善知识线。 （见链接内容）	自学自检这一步很重要，长此以往，有利于培养学生自学能力，发挥每一个学生的主体性。 长期的互帮互学能真正实现提优补差，促进学习共同体的发展。 展示点评为班级学习营造民主气氛，活跃课堂气氛，发现学生思维存在问题，为老师点评，提升学生思维能力提供依据。

续表

教学过程和内容	教师活动	学生活动	设计意图
四、品读语句赏析特色 （一）呈现例子归纳方法	先让学生回顾品味文章语言的一般方法，（该句在写法上有什么特点？写了什么内容？表达了什么情感？在文中有什么作用？或谈谈你对这句话的理解。）然后让学生品读以下优美语句。 示例："那是静谧的世界、静洁的世界、甚至可以说是禅的世界。" 品味：这句话运用反复（写法），流畅的语言、富有音乐美文字（写法），通过想象、联想（写法）描写了在这片森林给人视觉、听觉上的感受（内容），突出森林的静谧、静洁，甚至有一种脱离凡尘的清静之感（句意）。表现了作者深深的爱意（作用）。 句1：森林恰似一片汪洋，无边无际。树木姿态各异，如幢顶，如伞盖，如古寺宝塔。它们排列整肃，如孙武之军阵，秦皇之兵马。 句2：这潭犹如山间一面明镜，清澈透亮，仿佛山林不是倒映潭中，而是与水潭镶嵌在一起，成了一幅倒置的水墨画。	品读课文，品味下列语言： 句1：这段话用了六个比喻，句式整齐，结构匀称，节奏鲜明，和谐动听（方法）。描写了森林的面积、树木的姿态和气势（内容）。写出森林面积无边无际，树木姿态盘曲、有点古典风味和整齐严肃的气势（句意）。表现出森林之美和作者的喜爱之情（作用）。 句2：这句话运用了两个比喻（方法），把潭比作明镜，把山林及其倒影和水潭镶嵌在一起的样子比作倒置的水墨画（内容）。形象生动的写出了潭水清澈透亮，水木相映之美（句意）。表达作者一种浓浓的爱意（作用）。 句3：这句话"人少树多，树密、阴厚"运用短句的形式（方法），高度凝练的写出了阿里山总的特征（内容）。风景美如画（段意）。总结全文（作用）。	通过创设问题情景，形成知识感悟场。使学生进一步理解掌握语言赏析的一般方法。形成自己解决问题的思想方法和操作步骤。

续表

教学过程和内容	教师活动	学生活动	设计意图
	句3：山中人少树多，不知阿里山的姑娘究竟在何方。树密、阴厚，仿佛能挤出浓汁。我只觉得阿里山的风光美如画。		
（二）变式训练 感悟验证	请学生参考上面的方法，口答：在文中再找一个优美语句，说说你对下列语句的理解。例如：山间的曲径幽路全被青苔染绿，茸茸的、毛毛的、濛濛的……	这句话从视觉、触觉的感官角度（方法）描绘了青苔的形状、密度、厚度（内容）。（长短句结合，节奏鲜明；叠词运用，富有节奏美）。写出了山间的曲径幽路给人的舒服感觉（句意）。表达了作者深深的爱意。（作用）。	通过变式训练，让学生再次运用赏析语言的一般方法感悟运用（知识只有在理解记忆的基础上才能实现有效的迁移应用）
五、归纳小结 回归系统	让学生用文字概括说出语言赏析的一般方法。	首先要找出文章遣词造句中运用的方法，然后分析它们写了什么内容，要表达什么句意，并说明其在文章反映主旨和结构安排上的作用。	利用知识树帮助学生归纳语言赏析的一般方法。适当安排一些时间给学生提问质疑，激励学生勇于思考，体现学生的主体性和独立性。
六、当堂检测 独立应用	用多媒体出示思考题，独立完成检测题。读"几乎在树身之间穿行，"到"它仍然是阿里山的标志、灵魂。"这一段，完成下列题目：题1：用简洁文字概括台湾著名的红桧被冠名为"神木"的原因。题2："神木"已遭雷劈，为什么"他仍是阿里山的标志、灵魂"？	学生思考独立完成：题1：香、高、粗、老题2：因为即令受此巨创，但还被用碗口粗的钢索系在另几棵原始大树上，依然拔地参天，八面威风，雄踞山间，无可匹敌。他那八面威风，雄踞山间，无可匹敌的精神依然存在，所以他仍是阿里山的标志、灵魂。题3：总结全文，照应开	只有坚持当堂检测，才能有效强化效率意识。尽可能用好"课本练习题"和"学辅资料"进行当堂检测。检测前安排适量时间理解记忆有关内容，努力帮助学生获得成功。

续表

教学过程和内容	教师活动	学生活动	设计意图
	题3：前文提到"不到神木，又何以能说到了阿里山"，联系全文内容，请你谈谈这句话对表达中心有什么作用？	头，通过议论点明中心：神木是阿里山的标志、灵魂，表现了神木的不怕挫折，百折不挠的精神，它这种精神也正是台湾人民乃至中华民族的精神。	
七、整合提高布置作业	1. 摘抄文章优美语句，谈谈作者如何表达两岸人民心相融的情感。 2. 完成语文练习册相关补充练习。	独立完成。	让学生进一步体会文章语言特点，感受文章语言魅力。

4. 资料链接

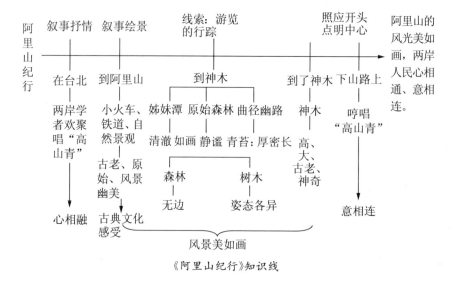

《阿里山纪行》知识线

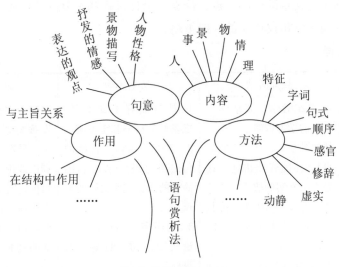

"语句赏析法"知识树

说明：该"语句赏析法"知识结构，揭示了语句赏析的一般思路。通常对文章中某一语句的理解赏析，可从"内容""句意""方法"和"作用"四个角度进行分析。"内容"指该句写了什么具体内容，包括"写人、记事、绘景、状物、抒情、说理"。"句意"指语句表达出的"人物的性格特征、景物的特征、抒发的情感或说明的道理"。"作用"通常指这一语句在全文结构上有什么作用，表达的句意与文章主旨的关系。"方法"指这一语句写法上的特色，可以从以下方面进行分析，即材料选择上是否抓住典型事物的典型"特征"；"字词"选用有何特点；"句式"是否合适；是否按照一定的时间和空间"顺序"；是否运用多种"感官"；是否运用"虚实"和"动静"结合的手法，运用了哪些"修辞"手法等。学生把握住了这一"语句赏析法"的知识结构，就掌握了解决这一类问题的思维方式，在不断的语言实践中，就会有效地提升学生分析文章赏析文章的能力。

(四)《人的高贵在于灵魂》教学案例

年级：八年级(《语文》苏教版)　课型：新授课　主备：顾亚琴

1. 学习目标

(1)利用工具书，注音释义，会默写生字词。

(2)会概括说出文章的中心论点、论据、论证过程和主要论证方法。

(3)理解并说出赏析议论文的一般策略。

2. 教学过程

教学过程和内容	教师活动	学生活动	设计意图
一、感情先行 明确目标	1. 组织教学，调动学生积极的学习情绪。 播放歌曲《一个真实的故事》，伴随音乐讲述：这是一个真实的故事，一位年轻的女大学生为了挽救一只丹顶鹤牺牲了自己的生命。 2. 结合学生的回答，导出课题《人的高贵在于灵魂》(板书) 3. 多媒体呈现议论文知识树，依托文体知识树呈现学习目标。	1. 认真做好上课准备，准备好教科书和练习册。 2. 学生自由讨论：她的付出值得吗？（要求：用简要的语言阐明自己的观点） 3. 利用多媒体展示的议论文知识树，明确学习目标。	明确教学目标，能充分发挥好教学目标的导学、导教和导测功能。利用议论文知识树明确目标，能使学生从整体上把握议论文的知识结构，初步感知学习议论文的基本要求与方法。
二、注音释义 积累字词	查阅字典，积累字词(会注音、释义、默写)。 1. 给下列加点字注音： 蹲( )在 携( )带 缅( )怀 沐( )浴 萎( )缩 显赫( ) 2. 能说出下例成语的含义： 赫赫战功 无足轻重 全神贯注 默默无闻 节衣缩食	学生可以课前预习课文，当堂掌握有关字词，老师抽查默写，互相检查批改，进行当堂评比。 明确：dūn、xié、miǎn、mù、wěi、hè 形容战功卓越。 无关紧要。 形容注意力高度集中。 无声无息，不为人知。 省吃俭用，非常节俭。	基础知识尽量在课堂上掌握完成。 关注学生的基础积累，这是语文课堂首先要解决的问题。

续表

教学过程和内容	教师活动	学生活动	设计意图
三、概括内容 把握主旨	指导自学： 认真阅读课文，思考回答： 1. 文章表达了作者怎样的观点？用文中的句子回答。（学法指导：寻找文章的中心论点应关注文章的题目、开头和结尾） 2. 作者主要运用了哪种类型的论据材料来证明自己的观点？请概括说出运用的论据材料是什么？作者在选择论据材料时有什么特点？（学法指导：事例概括的方法，谁、在什么情况下、有什么表现） 反馈巡视： 个别指点辅导，参与学生的学习。 点拨评价： 进行有效学习的指导，给予学生恰如其分的积极的评价。	自学自检： 提出两个思考题，学生独立阅读课文并思考问题。 互帮互学： 小组交流讨论。 展示点评： 以小组为单位，全班交流。 归纳小结： 1. 明确中心论点：人的高贵在于灵魂。 2. 事实论据 阿基米德能在剑劈内来时说："不要踩坏我的圆。"；第欧根尼能在亚历山大大帝面前请他不要挡住阳光；王尔德在入关前说他报关的是他的才华；一个少女能在吵闹的车厢里旁若无人的看书；默默无闻的青年画家能节衣缩食到北京去看名画展。 论据的选择兼顾古今中外、名人和普通人，事例典型，增强了文章的说服力。	教师根据议论文学习的要求设计成问题，发挥问题导学的功能。 在自学自检、互帮互学、展示点评中掌握知识，体现学生的主体性和主体间性，这几步也是结构尝试教学法的基本步骤。 在理解记忆具体知识点的过程中要重视方法的归纳指导。
四、研读课文 赏析特色	指导自学： 1. 文章可划分为哪几个层次？各层表达了什么观点？各层间逻辑关系有什么特点？	自学自检： 学生独立阅读课文并思考问题，用笔在书本上画出。 互帮互学： 小组交流讨论。	引导学生研读教材，是充分用好教材，发挥教材内容案例功能的基础。 利用文本进行有效的拓展，这是语文课堂必须有的生成。

教学过程和内容	教师活动	学生活动	设计意图
	2. 文章自然段过渡自然，上下勾连，请找出过渡性语句或段落并作简要说明。 3. 文章语言简明严密，表达概括有力，请举例说明。 4. 作者主要运用了哪种论证方法来证明自己的观点？有什么作用？ 反馈巡视： 个别指点辅导，参与学生的学习。 点拨评价： 进行有效学习的指导，给予学生恰如其分的积极的评价。	展示点评： 以小组为单位，全班交流。 归纳小结： 1. 三个层次。一是提出论点。二是列举事例证明一切贤哲都十分珍惜内在的精神生活。以一个少女和许多画家为例，赞颂有着纯正追求的青春岁月。三是表达自己的期望。 2. 如第 4 小节，过渡段。从名人到普通人，自然流畅。如第 3 小节第一句话，过渡句，简明扼要，上下勾连。 3. 如第 1 小节"当然不能也不该否认肉身生活的必要"，"由于内心世界的巨大差异，才分出了高贵和平庸，乃至高贵和卑鄙"等。 4. 举例论证法。事实胜于雄辩。全文结构是总分总的关系，主体部分是并列关系。	
五、归纳小结 　理解记忆	请说出议论文阅读的一般策略（阅读文章的知识内容结构） 见资料链接"议论文阅读"知识树	学生小组讨论，小组代表发言。	此问题的回顾提出，照应开头，使学生在学完本文之后，打破旧有观念，建立新的认识，并关照自己内心，关注周围社会，人生观、价值观得以重新建立或提升。

续表

教学过程和内容	教师活动	学生活动	设计意图
六、当堂检测	理解记忆学习的内容，或将学习的内容迁移应用。用好课本、学辅资料、精选试题，分层检测。 1. 读了课文，你觉得一个人灵魂的高贵体现在哪三个方面？ 2. 课文中说："其实，无须举这些名人的事例，我们不妨稍微留心观察周围的现象。我常常发现，在平庸的背景下，哪怕是一点不起眼的灵魂生活迹象，也会闪现出一种很动人的光彩。"你在平时的生活里发现过这样"动人的光彩"吗？说出来，同学们互相交流。（要普通人的事例，在生活中常见的事例。）	学生独立完成练习题，当堂交流。 明确： 1. 一是有思想；二是有丰富的精神世界；三是有一个纯正的追求。 2. 学生可以畅所欲言，只要符合题意即可。	当堂检测是课堂教学重要的一个环节，只有坚持当堂检测，才能有效地强化效率意识，减轻学生课后作业负担。 尽可能用好"课本中习题"和"学辅资料"进行当堂检测，能有效减轻学生过重负担。
七、整合提高布置作业	分层作业，用好课本和学辅资料，精选习题《八年级下册——伴你学》上的"达标导测"和"迁移运用"中相关的习题。	独立完成	课外适量的作业能够帮助学生更好地巩固课堂所学的内容。

3. 资料链接

说明："议论文阅读"知识树以树形的纲要信号对议论文的学习策略进行了概括。教师可借助这一知识树引导学生掌握如何阅读议论文，掌握议论文的三个要素以及论点、论据、论证各自的要求。当学生掌握了"议论文阅读"知识树时，就形成了良好的学习议论文的认知结构或认知图式，即议论文的学习策略，学生就能更有效地自主学习。

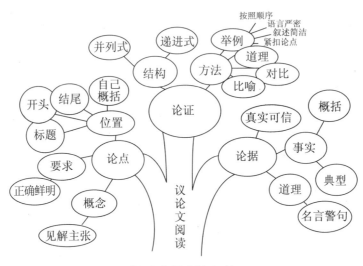

"议论文阅读"知识树

(五)《苏州园林》教学案例

年级：八年级(《语文》苏教版)　课型：新授课　主备：周水平

1. 教学目标

(1)积累重点词语。

(2)熟读课文，会说出《苏州园林》说明的对象、特征、顺序、结构、说明方法和语言特点。

(3)初步学会用"知识线法"的策略把握文章内容、主旨和写法。

(4)通过领略苏州园林的建筑风貌，了解中国人的审美观、文化观。

2. 教学过程

(导入新课，明确目标)

(课前播放竹笛名曲《姑苏行》，在优美典雅的旋律中营造愉悦的学习氛围)

师：都说"上有天堂，下有苏杭"，杭州有美丽的西湖引人入胜，那苏州又有什么美景让人流连忘返呢？

生：苏州有许多的园林。

师：是的，"江南园林甲天下，苏州园林甲江南"。苏州有美丽的园林，苏州园林甲天下。今天老师要带领大家通过朗读文字去神游苏州园林。

师：《苏州园林》是说明文，请同学们回顾七年级下册第三、第四单元，说说说明文的知识内容结构。

生：内容、主旨、写法三个方面。

师：任何文章都可以从这三方面思考，请结合说明文的文体特征细化一些。

生：说明对象、说明特征、说明方法、说明结构、说明语言等方面。

师：（屏显说明文阅读知识树）

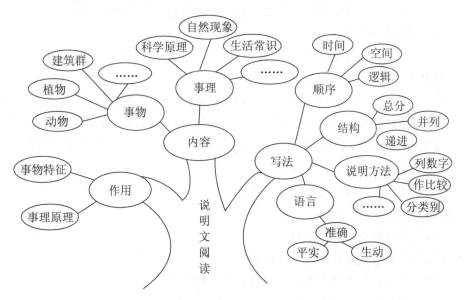

"说明文阅读"知识树

师：（出示学习目标）

3. 学习目标

(1) 积累重点词语。

(2) 熟读课文，会说出《苏州园林》说明的对象、特征、顺序、结构、说明方法和语言特点。

(3) 初步学会用"知识线法"的策略把握文章内容、主旨和写法。

（4）通过领略苏州园林的建筑风貌，了解中国人的审美观、文化观。

生：（齐读学习目标）

（默写字词，丰富积累）

师：查读课文，检查圈画生字生词和掌握音形义情况。

（屏幕显示，2生黑板板演，其余自默）

注音：

池沼（　　）　轩榭（　　）　丘壑（　　）　嶙峋（　　）　镂空（　　）

蔓延（　　）　着眼（　　）　蔷薇（　　）　斟酌（　　）　败笔（　　）

释义：

重峦叠嶂　　俯仰生姿　　因地制宜　　自出心裁　　别具匠心

（反馈默写情况，做出积极评价）

师：同学们，掌握字词的"音形义"，丰富词语积累，是学好语文的基础。

（整体感知，概括内容，把握主旨）

师：默读课文，勾画每一段的中心句，即最能体现苏州园林特点的句子。在此基础上，概括梳理本文的知识线，把握说明对象、对象特征，理清思路。

（说明文中心句是一个能够体现说明对象特征的完整而简洁的句子。把每一段的中心句串联起来，就能了解文章的基本内容。）

生：学生独立阅读，勾画每一自然段中心句。

学习小组内交流、纠错。

小组代表全班交流展示，师生点评。

①苏州园林是我国各地园林的标本。

②游览者无论站在哪个点上，眼前总是一幅完美的图画。

③苏州园林可绝不讲究对称。

④假山的堆叠，可以说是一项艺术而不仅是技术。池沼，大多引用活水。

⑤苏州园林栽种和修剪树木也着眼在画意。

⑥花墙和廊子隔而不隔，界而未界。

⑦苏州园林在每一个角落都注意图画美。

⑧苏州园林里的门和窗，图案设计和雕镂琢磨功夫都是工艺美术的上品。

⑨苏州园林极少使用彩绘。

⑩可以说的当然不止以上写的这些，这里不再多写了。

师：概括说明文主要内容的方法：串联每段的中心句。

用"对象＋特征"的方法画出知识线，根据知识线内容明晰说明顺序。

生：学生自画，小组交流，代表发言，勾画本文层次。

写法	结构	总		分							总	
苏州园林		①	②	③	④	⑤	⑥	⑦	⑧	⑨	⑩	喜爱 →赞美
内容（对象）		苏州园林		亭台轩榭	假山池沼	花草树木	花墙廊子	每个角落	门窗设计	建筑颜色	图画美	
段意（特征）		标本	完美图画	布局美	配合美	映衬美	层次美	图画美	图案美	色彩美	许多方面	

师：通过概括梳理本文的知识线，清晰地看到作者在介绍苏州园林时紧紧围绕苏州园林"图画美"的总特征，按照从整体到局部、从总到分、从大处到小处的逻辑顺序来写，条理清晰，主次分明，特征突出。

（品读语段，赏析特色）

品读课文第四自然段，思考下列问题，并将答案写在题后，5分钟后交流。

①这段说明对象和特征是什么？作者将这一段文字放在课文第4段，合理吗？

②指出本段中用了哪些说明方法并说出其作用。

③试从准确性与生动性的角度对该段的字词进行品味。

生：独立思考、小组交流，代表发言。

第1题讨论结果

生：这一段说明对象是苏州园林的假山池沼，特征是讲究配合美。

放在这里是合理的。

它与第2段的总说文字相照应，分说苏州园林"讲究假山池沼的配合"的特点。

从总说与分说的照应来看，其顺序和位置是正确的，表现出假山和池沼在园林结构中的重要性。

它与第3、5、6段文字一起，分说苏州园林布局、配合、映衬、层次方面等主要特点。

还可发现第7～9段介绍的是苏州园林的次要特点。

从全文看，第3～9段，分成七类，从七种角度对苏州园林的特点进行了说明。

全文呈现出一种"逻辑顺序"。

第2题讨论结果

生："苏州园林里都有假山和池沼"既是全段的总说句，又点示了该段分说部分的顺序。"假山的堆叠，可以说是一项艺术而不仅是技术"是段中第一个分说层次的中心句。"至于池沼，大多引用活水"是段中第二个分说层次的中心句。本段运用"分类别"的说明方法，条理清晰地说明了苏州园林假山和池沼配合的特点。

生："池沼里养着金鱼或各色鲤鱼，夏秋季节荷花或睡莲开放，游览者看'鱼戏莲叶间'，又是入画的一景。"运用举例子的说明方法，具体说明池沼里养鱼和植莲，都是为了体现景色入画，体现图画美。

第3题讨论结果

生："至于池沼，大多引用活水。""大多"在范围上限制，概括一般现象，不排除个别池沼没有引用活水的情况，体现了说明文语言的准确、严密。

生："或者是重峦叠嶂，或者是几座小山配合着竹子花木，全在乎设计者和匠师们生平多阅历，胸中有丘壑，才能使游览者攀登的时候忘却苏州城市，只觉得身在山间。"语言准确生动，既表明了假山无一不是精心堆叠，又说明了假山实在逼真，还从侧面表现了假山的艺术效果。

师：本段的语言在准确的前提下，既平实又生动。品析说明文语言的方法是："抄下它，解释它，正反两面说清它"。

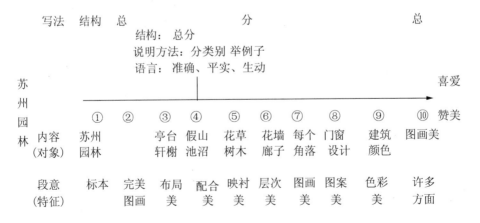

师：我们来丰富完善第 4 节的知识线内容。

生：对象——假山、池沼

特征——布局美

写法——结构，总分。说明方法，分类别、举例子。语言，准确、平实、生动。

（把第 4 节段落知识线添加丰富到原有知识线）

师：用这样的方法丰富完善其他小节的知识线。

生：学生自画，小组交流，代表发言，丰富完善知识线。

（评说苏州园林，了解中国人的审美观、文化观）

师：跳读课文，找出文中把苏州园林与绘画艺术结合起来的句子，思考体现了中国人怎样的审美观？

生：①务必使游览者无论站在哪个点上，眼前总是一幅完美的图画。

②用图画来比方，对称的建筑是图案画，不是美术画，而园林是美术画，美术画要求自然之趣，是不讲究对称的。

③池沼或河道的边沿很少砌齐整的石岸，总是高低屈曲、任其自然。还在那儿布置几块玲珑的石头，或者种些花草：这也是为了取得从各个角度看都成一幅画的效果。

④没有修剪得像宝塔那样的松柏，没有阅兵式似的道旁树：因为依据中国画的审美观点看，这是不足取的。

⑤苏州园林在每一个角落都注意图画美。阶砌旁边栽几丛书带草。墙上蔓延着爬山虎或者蔷薇木香。如果开窗正对着白色墙壁，太单调了，给补上几竿竹子或几棵芭蕉。

师：这些语句中都提到了图画，请问指的是什么画？

生：国画中的水墨画。

师：中国画不同于西洋画，在座的同学有没有学习中国画的？

生：有。

师：那请学过中国画的同学来说一说中国画的特点是什么？

生：中国画追求的不是形似而是神韵，如果是画山水那就讲究自然之趣，还会有许多留白的地方，给欣赏者留下想象的空间。

师：感谢这位同学让我们对中国画有了进一步的了解。是的，中国的绘画、建筑追求的最高艺术境界就是人与自然的和谐统一，讲究浑然天成。苏州园林曲曲折折的回廊，近景远景的层次，都体现出中国古人"曲径通幽"的审美观和"天人合一"的文化观。而这种审美观，也慢慢地积淀了中国人"含蓄内敛"的性格，这就是文化。

（屏显：中式审美）

园林：追求人和自然的和谐统一。

古代建筑：追求浑然天成的艺术效果。

中国古代艺术：追求诗情画意的审美感受。

生：（齐读）

（深入探究，回归系统）

师：这节课你有哪些收获？结合知识树总结本堂课所学的知识，熟练说说学习说明文的一般方法。

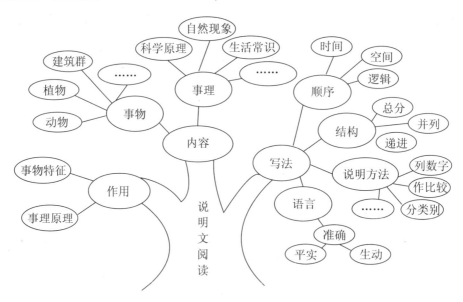

"说明文阅读"知识树

（布置作业，强化训练）

用所学方法精读《伴你学》第 85 页《扬州个园》，完成文后习题。

(六)中考文言文复习专题

年级：九年级(《语文》苏教版)　课型：复习课　主备：张莉

1. 教学目标

(1)初步学会给文言文词语归类的复习方法。

(2)初步学会用迁移法、猜读法理解常用文言词语的意义。

2. 教学重点

(1)学习给文言词语归类的复习方法。

(2)指导学生用迁移法、猜读法理解常用文言词语的意义。

3. 教学方法

结构尝试教学法

4. 教学过程

教学过程和内容	教师活动	学生活动	设计意图
一、感情先行 明确目标	1. 提问：如果给你一篇陌生的文言文，要求解释词语，你有哪些好的解决方法？ 2. 揭示本节课学习目标。(呈现知识树)	1. 学生回顾平时练习运用的方法，讨论交流。 2. 利用印发的知识树，明确学习目标。	找到兴趣点，激发学习课文的热情。 明确目标，充分发挥目标的导教、导学和导测功能。运用结构化知识记忆解释文言文词语的方法。
二、试题为例 探寻方法	指导自学： 完成习题(一)，并将考点写在试卷右边空白处。 反馈巡视： 二次备课，并作个别辅导。 点拨评价： 引导学生参与讨论，自解疑难。 归类法、迁移法、猜读法的指导。 教师对学生展示、点评、提问等情况做出积极的	自学自检： 独立完成试题(一)，并在试卷右边空白处写出考点。 互帮互学： 小组内交流，探讨。 展示点评： 小组代表回答问题，并说出解决问题时所运用的策略。 归纳小结： 学会用归类法的形式对课	让学生根据教师出示的试题自学思考，发现考点，从而明确复习方向。长期的互帮互学能真正实现提优补弱，有效促进学生共进。 在展示点评中引导学生发现解决文言字词的方法，有效促进学生积极思维。通过归纳小结，学生进一步明确积累文言字词的重要性。

续表

教学过程和内容	教师活动	学生活动	设计意图
	评价。 归纳小结： 呈现文言文知识结构图，作归纳小结。	内重点词语进行有效的梳理，这样解释文言词语才会自觉地由课内向课外迁移、猜读。	
三、变式训练 感悟验证	指导自学： 完成习题（二），并将考点写在试卷右边空白处。 反馈巡视： 教师巡视、个别辅导、二次备课 归纳小结： 通过两个训练，指导学生明确中考试题的出题方向和解题的策略。	自学自检： 独立完成试题（二），并在试卷右边空白处写出考点。 互帮互学： 同桌交流，互对答案，相互出题答题，讨论交流。 展示点评： 小组代表回答问题，小组代表将组内题目展示，其他小组代表答题。（答题者需考虑用了什么方法解题。） 归纳小结： 1. 答题出题所用方法：迁移法、猜读法。 2. 说出中考的出题思路。	采取互帮互助的方法，充分发挥集体的智慧，调动学习的积极性。 个体出题、群体出题、合作交流，既调动了学生的积极性，又使教学有针对性。 通过变式训练真正实现质的飞跃，使学生进一步理解解决文言解释的方法策略。
四、当堂检测 独立应用	1. 完成习题（三），并将考点写在试卷右边空白处。 2. 对学生的当堂检测情况做出积极的评价。	1. 学生独立完成练习。 2. 对调批阅，当堂矫正，并讲出所用方法策略。	当堂检测，当堂矫正，提高课堂的有效性，缩短学生课外学习的时间，真正实现高效课堂。
五、整合提高 布置作业	1. 课后进一步整理本节课内容，理解记忆文言文知识树。 2. 课后自选《初中复习与能力训练》题目练习。	运用所学知识，独立完成课后作业。	用好教辅材料，减轻学生作业负担。 通过课外作业训练，学以致用，巩固复习效果。

附1:

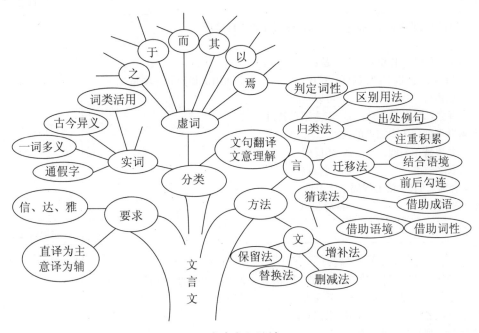

文言文知识树

说明：文言文知识比较多且比较琐碎，复习课主要针对"言"和"文"两方面进行方法指导。这节复习课着重知识树"言"这个方面，展开教学。常言道"授人以鱼，不如授人以渔"，文言文教学也是如此。一方面，要强化归纳和总结，提高学生的整体阅读能力。教师可以对每类字、词举五至十个例子，然后学生自主将初中六册课文的类似字词再举五至十个，最后给学生一定的时间对学、组学、群学。另一方面，要学会运用方法释词，即学生在积累了大量的语料、形成了一定的文言文语感基础上，运用迁移法、猜读法解决课外文言词语。

附2：

中考文言文复习专题

习题（一）	知识概念
1. 以《曹刿论战》为例，将文中实词、虚词分类进行整理。 2.2010 年无锡市中考文言文试题： (1)下列句中的"以"与"以尊周室"中的"以"的意义和用法相同的一项是(　　　) A. 不以物喜　　　　　　B. 可以一战 C. 令辱之，以激怒其众　D. 策之不以其道 (2)解释下列句子中加点的词。 A. 范蠡事越王勾践：　　B. 还反国 C. 布衣之极也：　　　　D. 间行以去： 3. 解释加点的词(第七周周末练习题)。 或以白琬　　　　　　吾荷朝恩	
习题（二）	知识概念
1.2011 年无锡市文言文中考题： (1)下列句中的"之"与"楚闻之"中的"之"的意义和用法相同的一项是(　　　) A. 属予作文以记之　　B. 至之市 C. 亲戚畔之　　　　　D. 怅恨久之 (2)解释下列句子中加点的词。 A. 身干阖闾　　　　　B. 被羔裘 C. 天下谁能伐楚乎　　D. 操鞭笞平王之坟 2. 阅读课外文言文《唐太宗论弓矢》，小组内出题答题。 要求：答题者需考虑用了什么方法解题。	
习题（三）	知识概念
阅读《黠鼠》一文，解释加点的字。 (1)有鼠方啮　(2)拊床而止　(3)既止复作　(4)使童子烛之　(5)此鼠之见闭而不得去者也　(6)举烛而索　(7)覆而出之　(8)堕地乃走　(9)虽有敏者，莫措其手　(10)是鼠之黠也	

习题答案和解析：

习题（一）

1. 通假字：小惠未徧，民弗从也。“徧”通“遍”，遍及，普遍

　　词类活用：神弗福也　　赐福，保佑　　名词→动词

　　　　　　　公将鼓之　　击鼓进军　　名词→动词

　　古今异义：肉食者鄙　　古义：目光短浅　　今义：粗俗低下

　　　　　　　牺牲玉帛，弗敢加也。古义：指猪、牛、羊等

　　　　　　　　　　　　　　　　今义：为正义事业而献身

　　　　　　　小大之狱　　古义：案件　　今义：监狱

　　　　　　　又何间焉　　古义：参与　　今义：间隔

　　一词多义：以，① 何以战：凭借　② 必以分人：把　③必以情：根据

　　　　　　　之，①小大之狱：的　　②公与之乘：他，代“曹刿”

　　　　　　　　　③公将鼓之：助词，舒缓语气

　　　　　　　其，①其乡人曰：他的，代“曹刿的”

　　　　　　　　　②下视其辙：代“齐军”

熟记注释中的重点词语：

虽不能察：即使　　　　公将驰之：驱车追赶

再而衰：第二次　　　　彼竭我盈：充满

望其旗靡：倒下　　　　小信未孚：为人所信服

　　解析：依托文言文知识树，将文中的实词、虚词进行分类，实词从通假字、一词多义、古今异义、词类活用入手，虚词抓住文中出现的“以”“之”“其”归类，找到文中的例句，区别用法。这样解释文言词语才会自觉地由课内向课外迁移、猜读。

　　2.(1)本题考查的是虚词“以”的意义和用法。

初中阶段共学过这几种用法：介词，因为；介词，凭；介词，把；介词，用、按照；连词，相当于“来”；连词，相当于“以致”；动词，以为、认为。

“以尊周室”的“以”是连词，翻译成“来”。而四个选项的“以”的意义分别为：A. 因为；B. 凭借；C. 来；D. 用。这都有赖于课文文言虚词的积累。故选 C。

　　(2)A. 侍奉，辅佐(猜读法，“事父母”)；B. 同“返”，返回(迁移法，“反归取之”)；C. 平民(迁移法，“臣本布衣”)；D. 离开(迁移法，“一狼径去”)。

解析：本题考查的是对文言实词的理解。解答本题，主要依靠平时的积累。

（3）结合上下文，这个"白"字既不是姓，也不是颜色，那就猜想做动词用，联想到"自白"一词，可解释成"说、告诉"。"荷"可以借助学过的诗句"妇姑荷箪食"迁移运用，解释成"背负，肩担。"

习题（二）

1.（1）本题考查的是虚词"之"的意义和用法。

初中阶段共学过这几种用法：助词，的；音节助词，舒缓语气，无实义；代词（代人，代物，代事）；动词，到……去；表宾语前置。

"楚闻之"可由《晏子使楚》迁移得出：代词，指这件事。而四个选项的"之"的意义分别为：A. 代词，代这件事；B. 到……去；C. 代词，代人；D. 音节助词。故选 A。

（2）运用迁移法，"身""被""笞"联想到《陈涉世家》中"将军身披坚执锐""尉果笞广"；"伐"联想到《曹刿论战》中"齐师伐我"。

2. 如：（1）朕少好弓矢＿＿＿＿＿＿＿＿＿＿＿（迁移法，"子敬素好琴"）

（2）皆非良材 ＿＿＿＿＿＿＿＿＿＿（借助成语，"皆大欢喜"）

（3）朕始悟向者辨之未精也＿＿＿＿＿＿＿＿＿＿（迁移法，"寻向所志"）

（4）数延见＿＿＿＿＿＿＿＿＿（迁移法，"广故数言欲亡"）

习题（三）

（1）方：正在。（迁移法，"方为秋田之害"）

（2）止：制止。（借助词性及语境）

（3）既：已经。（迁移法，"弦既不调"）

（4）烛：用烛火照，这里作动词用。（迁移法，联想到"尉果笞广"中的"笞"）

（5）去：离开。（迁移法，"一狼径去"）

（6）索：寻找。（迁移法，"便索舆来奔丧"）

（7）覆：倾倒。（借助成语，"翻天覆地"）

（8）走：逃跑。（借助成语，"走马观花"；或迁移法："几欲先走"）

（9）虽：即使。（迁移法，"人有百手"）；措：安放。（借助成语，"措手不及"）

（10）是：这。（迁移法，"是可忍，孰不可忍"）；黠：狡猾。（借助词语，"狡黠"）

二、结构教学法数学案例

(一)特殊角的三角函数

年级：九年级(《数学》江苏科技版)　课型：新授课　主备：葛艳艳

1. 教学目标

(1)识记 30°、45°、60°角的三角函数值。

(2)会用特殊角的三角函数值和"转化""数形结合"的数学思想方法，解决有关问题。

2. 教学过程

教学过程和内容	教师活动	学生活动	设计意图
一、感情先行 明确目标	板书课题 多媒体呈现本节课的学习目标。	齐声朗读，明确学习目标。	发挥教学目标的导学、导教和导测功能。
二、知识为例 探寻方法 (一)探索特殊角的三角函数值	指导自学： 阅读书本第 46 页的"观察与思考" 你能根据"特殊角三角形示意图"(如下图)，分别说出 30°、45°、60°角的三角函数值吗？三角函数值之间有何关系呢？ 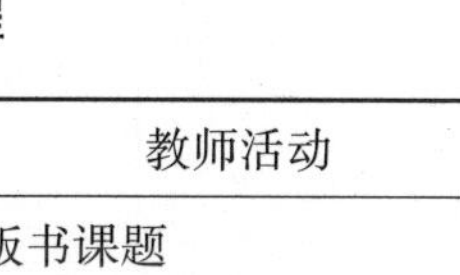 反馈巡视： 二次备课，个别辅导。	自学自检： 独立完成，并将答案写在笔记本上。 互帮互学： 互对答案，解答疑难。 展示点评： 小组选派同学根据黑板上两个特殊三角形谈一谈在刚才的"观察与思考"活动中的发现与心得，然后全班讨论交流。	根据问题，借助独立学习、小组讨论、全班交流等活动，体现了学生的主体性。 借助"特殊三角形示意图"这一概念模型，能有效地帮助学生理解掌握相关概念。 利用标注边长的"特殊角三角形示意图"来理解记忆特殊角的三角函数值，渗透了"数形结合"的数学思想方法，有效的提高了学习效果。

续表

教学过程和内容	教师活动	学生活动	设计意图
	归纳小结： 1. 借助"特殊角三角形示意图"，三边比分别为 1：$\sqrt{3}$：2 和 1：1：$\sqrt{2}$，识记 30°、45°、60°角的三角函数值。 2. 学有余力的同学可引导进一步推广得出互余角的三角函数值之间的关系公式： 当∠a+∠b=90°时， $\sin 30°=\cos 60°$ $\sin 60°=\cos 30°$ $\sin 45°=\cos 45°$ $\tan 30°·\tan 60°=1$ $\tan 45°·\tan 45°=1$ $\sin a=\cos b$ $\sin b=\cos a$ $\tan a·\tan b=1$		
（二）识记特殊角的三角函数值	反馈巡视： 激励大家投入竞赛，对学困生进行个别辅导，教会识记的方法。 点拨评价： 对优胜的同学与小组进行表扬。 归纳小结： 识记方法为记图识表。	指导记忆： 阅读"特殊角三角形示意图"并尝试在笔记本上进行默绘，根据图形说出 30°、45°、60°角的三角函数值。先在组内竞赛，再进行全班竞赛，看哪位同学、哪一个小组记得又快又好。（默绘完成后举手示意）	通过"读图、绘图、默图、记图"能更有效地理解记忆特殊角的三角函数值，为解直角三角形奠定基础。 开展学习竞赛，能更好地活跃气氛，激发学生学习兴趣，提高学习效率。

续表

教学过程和内容	教师活动	学生活动	设计意图
三、变式训练 感悟验证	1. 阅读书本第47页例1，例2，并将解答过程写在笔记本上。 2. 完成书本第47页"练习"，并将解答过程写在笔记本上。 3. 对于学有余力的同学，"练习2"可进行变式训练，例如：把条件"$BC=2$"改为"$\angle A=60°$"，求图中所有的锐角和线段长；请思考还可以如何改变该条件，使题目的结果不变。	自学自检： 独立看书，在笔记本上解答书本例题并进行核查（完成后举手） 选请中等学生黑板板演"练习"题，其他人独立完成。 互帮互学： 小组检查，纠错，释疑 展示点评： 每组派一个同学检阅黑板完成情况，对错误的题目用红笔进行更正，并加以讲解。 归纳小结： 1. 重点掌握好两类题型："已知角度求三角函数值"和"已知三角函数值求角度"。 2. "练习2"也可通过读图，发现该图由三个两两相似的三角形组成（简称子母三角形），它们都是边长比为"$1:\sqrt{3}:2$"的"特殊角三角形"，从而直接解题。	在变式训练中，进一步理解和记忆特殊角三角函数值。 鼓励学生通过读图发现"练习2"中的基本图形，体验默绘基本图形给解题带来的成功乐趣。 对于学有余力的同学通过设计开放型问题，进行变式训练，培养发散性思维。
四、当堂检测 独立应用	1. 完成书本习题7.3 2. 附加题：习题7.3的第3题，请改换一个条件，使所求的结果保持不变。（要求所有条件均用到答案不唯一，每给出一	学生独立完成练习题。 对调批阅，当堂矫正。	当堂检测，当堂矫正，缩短学生课外作业时间，实现高效课堂。 利用附加题的形式进行激励，分层训练，实现因材施教。

续表

教学过程和内容	教师活动	学生活动	设计意图
	种答案加 10 分) 3. 对学生当堂检测情况进行积极评价。		
五、整合提高 布置作业	1. 利用多媒体呈现"解直角三角形知识树",揭示本节课在解直角三角形中的地位与作用,为后续学习作准备。 2. 作业: ①订正课内错题。 ②完成《数学补充习题》(九下)21 页内容。	独立完成: 识记《解直角三角形》知识结构。	用好教辅材料,减轻学生作业负担。

附:

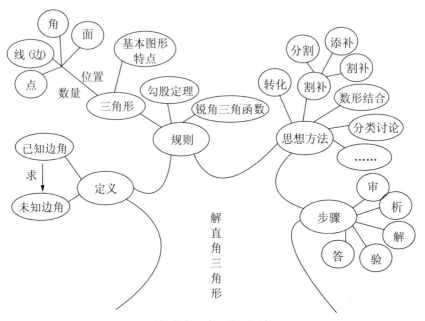

"解直角三角形"知识树

说明:"解直角三角形知识树"用树的形式,形象具体的反映了解直角三角形所涉及的知识体系和方法体系。教师可借助它让学生明确所学知识点对于解直角三角形的地位与作用,找到知识之间的联系,选择有效的解题策略,按步骤解决"解直角三角形"的问题。

(二)中心对称和中心对称图形

年级:八年级(《数学》江苏科技版)　课型:新授课　主备:范琴

1. 教学目标

(1)理解并说出中心对称图形的概念和性质;

(2)会利用中心对称图形的性质解决一些数学问题;

(3)比较中心对称与中心对称图形、轴对称与轴对称图形,进一步理解掌握类比思想方法。

2. 教学过程

教学过程和内容	教师活动	学生活动	设计意图
一、感情先行明确目标	创设问题情境 1. 利用扑克游戏引入课题: 上课之前咱们先来变个魔术,出示四张扑克牌后让学生闭眼,教师口述把其中一张牌旋转180°后让学生睁眼,发现图案没变化,提问:聪明的你能发现老师旋转的是哪张牌吗? 为什么?  2. 揭示课题后利用学科知识树出示学习目标:	认真思考,尝试回答问题。 利用知识树说出本课学习目标。	1. 明确学习目标,充分发挥好教学目标的导学、导教和导测功能。 2. 利用学科知识树明确目标,使学生从整体上把握中心对称的知识结构,初步感知中心对称图形的概念。

续表

教学过程和内容	教师活动	学生活动	设计意图
	①理解并说出中心对称图形的概念及性质； ②利用中心对称图形的性质解决一些数学问题。		
二、知识为例探寻方法 （一）复习轴对称与轴对称图形的概念、中心对称和中心对称图形概念	1. 阅读第79页《思考》内容第一题，并呈现"轴对称与轴对称图形"知识树，概括说出： （1）什么叫轴对称与轴对称图形？两者有何联系？（两图形，折叠，重合；一图形，折叠，重合；两图形看成一图形两部分，一图形两部分看成两图形） （2）请概括说出中心对称的概念。（两图形，旋转180°，重合） 2. 观察第79页图3-9三幅图，利用图形尝试解决下列问题： （1）说说什么是中心对称图形？ （2）你能否概括说出中心对称图形概念的关键特征？（一图形，旋转180°，重合） （3）请分析说明中心对称和中心对称图形的联系？（类比轴对称和轴对称图形的联系）	自学自检： 独立阅读图文内容，尝试解答有关问题，并写在题后。 互帮互测： 对组、小组，互对答案，解答疑难。 展示点评： 小组代表回答问题，相互点评、提问。 小结巩固，理解记忆： 概括中心对称和中心对称图形的概念。	1. 复习旧知为学习新知奠定基础。 2. 抓住概念的关键特征，揭示概念的内在联系，使学习的知识上升到概括化和结构化水平，有利于知识在新的问题情景中迁移应用。 3. 类比思想是数学学科探索问题的方法之一。

续表

教学任务与内容	教师活动	学生活动	设计意图
(二)中心对称图形的性质	(1)观察图形，请说出对称中心、对应点、对应线段、对应角。 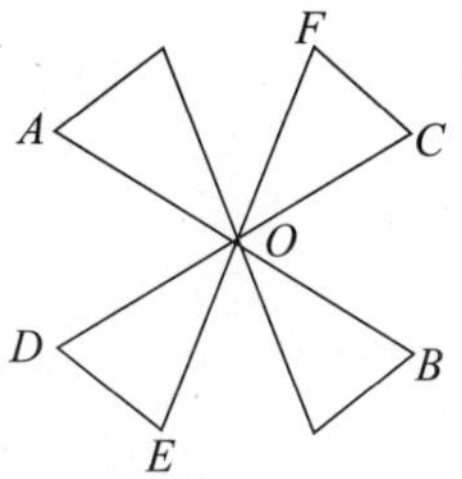 *F* *A*　　　*C* 　　*O* *D*　　　*B* 　　*E* (2)中心对称图形有哪些性质？ (从点、线、角、面等方面进行思考)	自学自检： 独立阅读图文内容，尝试解答有关问题，并写在题后。 互帮互测： 对组、小组，互对答案，解答疑难。 展示点评： 小组代表回答问题，相互点评、提问。 小结巩固，理解记忆： 归纳中心对称图形性质。	引导学生从构成图形的对称"点、线、角"等方面有条理地去思考，能更好地理解记忆。
三、变式训练　感悟验证	1. 阅读第79页图3-10图文内容，完成有关要求，将解答写在课本相应位置上，并写出解答依据。 2. 思考解答第79页题目：列举生活中的中心对称图形的例子。 3. 阅读第79页图3-11，说明线段是中心对称图形的理由。 4. 阅读第80页例题，分析说明图3-12是中心对称图形的理由。 5. 完成第80页《练习》两题，并将解答写在笔记本上。	自学自检： 独立阅读图文内容，尝试解答有关问题，并写在题后。 互帮互测： 对组、小组，互对答案，解答疑难。 展示点评： 小组代表回答问题，相互点评，学生板演第80页例题过程。 小结巩固，理解记忆： 中心对称图形应用依据、判定、作图	1. 说出并写出解答依据，用好"出声思维"的同时，能更好地加深对知识概念的理解。 2. 引导学生将中心对称图形概念和性质在新的问题情景中迁移应用，并在应用中感悟知识，深化理解。

续表

教学过程和内容	教师活动	学生活动	设计意图
四、理解记忆 小结巩固	指导学生 根据所学内容，你已掌握的内容有哪些？是否还有疑问与同学探讨？ 呈现"中心对称与中心对称图形"知识树，学生相互交流学习过程中获得的知识和方法，见下图。同时适时地提醒学生，明天我们将进一步应用中心对称，探索有关中心对称的作图和设计。	学生自己总结后相互交流，并尝试完成开头的知识树	在学习"中心对称图形"知识时，要充分用好知识树，在反复使用过程中，使学生对学习的"中心对称图形"基本概念由初步感知、深刻领悟到灵活应用。
五、当堂检测 独立应用	对学生当堂检测情况做出积极的评价完成第80页练习1、2、3、4(1) （直接将答案写在课本相应位置）	1. 学生独立完成练习题。（如有困难，允许查阅资料） 2. 对调批阅，当堂矫正。	1. 当堂检测是课堂教学重要的一个环节，只有坚持当堂检测，才能有效地强化效率意识，减轻学生课后作业负担。 2. 尽可能用好"课本中习题"和配套"学辅资料"进行当堂检测，能有效减轻师生负担。 3. 检测前安排适量时间理解概念与方法，能更有效地提高学习效率。 4. 当堂检测可作分层要求，在检测的题量上、难度上、形式上均可提出不同要求。

续表

教学过程和内容	教师活动	学生活动	设计意图
六、整合提高 布置作业	1. 完成课本第 80 页练习 4(2)、5、6 题。（直接将答案写在课本相应位置） 2. 完成第 43 页 1、2、3 题。	1. 课本习题由学生对调查阅批改。 2. 数学补充习题内容由教师查阅批改，并在下节课结合教学内容点评。	适量作业利于学生理解所学内容是否掌握，利于学生对知识、方法结构得以提高，利于教师检验所授内容是否清晰，方法是否得当。

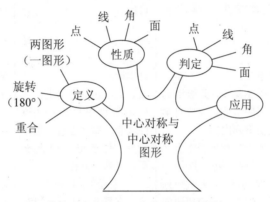

"中心对称与中心对称图形"知识树

　　说明：该知识结构对"中心对称与中心对称图形"知识点从"定义、性质、判定"等方面进行了概括，对"中心对称"与"中心对称图形"的定义又分别从"一图形、旋转、重合"与"两图形、旋转、重合"进行了归纳。研究其性质则可分别从"点、线、角、面"的角度来思考，即："点"，对应点连线过对称中心且被对称中心平分；"线"，对应线段相等且平行；"角"，对应角相等；"面"，对应图形全等且成中心对称。学生掌握了"中心对称与中心对称图形"知识结构，就能更有效地理解记忆和迁移应用这一类知识。

（三）分式方程

年级：八年级（《数学》江苏科技版）　课型：新授课　主备：蒋丽

1. 教学目标

(1)能说出分式方程的概念、增根的概念、产生原因以及增根的检验方法。

(2)会理解说出解分式方程的基本步骤，并会解可化为一元一次方程的分式方程。

(3)会运用转化和类比的数学思想方法来解分式方程。

2. 教学过程

教学过程和内容	教师活动	学生活动	设计意图
一、感情先行 明确目标	1. 板书课题——分式方程 2. 多媒体呈现《方程》知识结构，明确学习目标。 3. 调动学生的学习积极性。	1. 认真做好上课准备，准备好教材和笔记本。 2. 利用知识树明确学习目标。	明确学习目标能充分发挥好教学目标的导学、导教和导测功能。 利用知识树明确学习目标，能使学生从整体上把握知识。
二、知识为例 探寻方法 分式方程 概念	指导自学： 阅读课本第51页给出的三个问题情境，完成自学检测及下列内容。 答案要点写在笔记本上。 1. 概括说出列方程的一般步骤（引导学生回顾列一元一次方程解应用题的一般步骤。） 2. 请说说例题列出的方程和一元一次方程有什么区别？ 3. 请说说什么叫作分式方程？ 反馈巡视： 方法点拨，提示学生可以运用有效学习策略，探寻各个实际问题中的数量关系（如列表、画线段示意图等）。	自学检测： 独立完成在笔记本上： 1. 如果设甲每天加工 x 件服装，那么乙每天加工_____件服装，根据题意，可列出方程：_____ 2. 如果设原两位数的十位数字是 x，那么可以列出方程：_____ 3. 如果设自行车的速度是 x km/h，那么可列出方程：_____ 互帮互学： 1. 小组讨论交流，分析出每个方程的由来。 2. 讨论出列方程的一般步骤。 3. 概括出分式方程的概念及关键特征。	教师将知识点设计成几个小问题，用问题串的形式帮助学生自学，提高自学效率。 引导学生概括列方程步骤，既有利于学生掌握解题步骤，又有利于提高学生抽象概括能力。 在类比中学习新知，既利于复习旧知，又利于促进对新知的理解。 让学生在自学检测、互帮互学、展示点评、归纳小结中掌握知识，体现学生的主体性。 在方法点拨中体现教师的主导性。

续表

教学过程和内容	教师活动	学生活动	设计意图
	点拨评价： 教师对学生展示、点评、提问等情况做出积极的评价。 归纳小结： 分式方程的关键是分母中含有未知数。	展示点评： 小组代表分析讲解，其他同学补充。 归纳小结： 观察所列的三个方程，得出它们的共同点，从而归纳出分式方程的概念。	教师给出一组训练题，强化学生概念，以达到知识概括化。
分式方程的解 解分式方程的 一般步骤 变式训练	指导自学： 1. 阅读课本第 52 页"探索"，类比一元一次方程的解法尝试概括出分式方程的解题步骤。 将"例 1"做在笔记本上。 反馈巡视： 教师巡视解题情况。个别辅导。 点拨评价： 教师对学生展示、点评、提问等情况做出积极的评价。 归纳小结： 解分式方程的关键是通过去分母将分式方程转化为整式方程。	自学检测： 将例 1 做在笔记本上。 请两学生上黑板板演例 1 互帮互学： 1. 小组讨论交流，相互检查。 2. 交流概括解题步骤。 展示点评： 板演学生说明解题思路，其他同学点评。 归纳小结： 归纳解题步骤： 1. 去分母——将分式方程转化成为整式方程 2. 去括号 3. 移项 4. 合并同类项 =解 5. 系数化为 1 6. 检验	让学生回忆原有知识结构，以便后面更好的建构新知识。 在自学中尝试解答问题，进行自我检测，能有效提高自学效果。 只有概括关键特征，揭示内在联系，才能使新知识更好地嫁接在旧知识的基础上。 通过训练，强化学生掌握解题步骤，以达到方法结构程序化。

续表

教学过程和内容	教师活动	学生活动	设计意图
增根的概念 产生原因 检验方法	指导自学: 阅读课本第 53 页例 2 和"讨论"内容: 请说说什么叫原方程的增根? 解分式方程时,为什么会产生增跟? 怎样检验增根比较方便? 归纳小结: 1. 产生增根的原因是:我们在方程的两边同乘了一个可能使分母为零的整式,因此解分式方程可能产生增根,所以解分式方程必须检验。 2. 检验增根的方法——代入分母。	自学检测: 学生独立完成。 请两位同学板演例 2。 互帮互学: 小组内相互交流答案。 展示点评: 板演学生说明以上三个问题的解答思路。 归纳小结: 1. 什么叫增根? 2. 产生增根的原因及检验方法。 检验时只需将 x 的值代入最简公分母即可: 分母$\neq 0$,是原方程的解。 分母$= 0$,是增根,原方程无解。 3. 完善解分式方程的步骤。 去分母——一化 去括号 移项—— 二解 合并同类项 系数化为 1 检验——三检验	以此题来引导学生注意符号和漏乘问题,并出现增根。 通过对例题的探讨,完善解法步骤,并了解增根及其产生的原因。 通过师生共同小结,发挥学生的主体作用,有利于学生巩固所学知识,培养学生归纳、概括的能力。 展示知识树(附),从而进一步将方法程序化。 引导学生大声说出数学概念和有关解题依据,有利于学生加深对相关概念的深刻理解。
三、变式训练 感悟验证	1. 完成课本第 54 页例 3,自己独立做在笔记本上。 2. 教师巡视解题情况。个别辅导。	1. 四位学生板演,再由四位学生批改点评。 2. 教师巡视、批改,全对学生帮助批阅。	通过解题训练,进一步理解掌握解分式方程的一般步骤。

续表

教学过程和内容	教师活动	学生活动	设计意图
	3. 方法小结： 解分式方程常见误区： (1)去分母时漏乘整数项。 (2)去分母时弄错符号。 (3)忘了验根。 列分式方程解应用题常见误区： (1)单位不统一。 (2)解完分式方程后忽略"双检"。	3. 完成后相互检查，并指出错误，及时订正。 学生归纳小结，整体建构知识。 (1)什么是分式方程？ (2)解分式方程的一般步骤？ (3)解分式方程为什么要进行验根？怎样进行验根？ (4)解题易错原因。	完善方程知识树(附)。 提高学生的运算能力和对分式方程的进一步理解。
四、当堂检测 独立应用	当堂训练： 课本第54页练习。	学生独立完成当堂检测，如有困难，允许举手提问。 对调批阅，当堂矫正。	当堂训练是为了让学生更进一步落实课堂教学目标。选做题是为了满足不同层次学生的需求，为学有余力的学生提供发展空间。
五、整合提高 布置作业	1. 引导学生理解记忆"分式方程"知识树。 2. 课后完成习题。	1. 学生识记分式方程知识结构，并相互提问检查。 2. 学生独立限时完成。	由学生出题、批改，既利于学生对新知的掌握，又利于提高学生的学习能力。

附：

说明：该知识树反映了各类方程问题的结构化的知识体系，即一般方程问题都可从概念、基本性质、方程的解、解方程、应用和数学思想这六方面着手学习。本课时的分式方程如此，一元一次方程、一元二次方程也是如此，甚至可以拓展到方程组、不等式、不等式组也都可以从这六方面入手，进而深入每一方面的时候，不同的内容之间有内在的联系与区别。那么在同一知识树下，就更利于学生对这些内容的理解，并对他们加以甄别。这样一来，新内容也就转化成了旧知识，新课就上成了复习课。

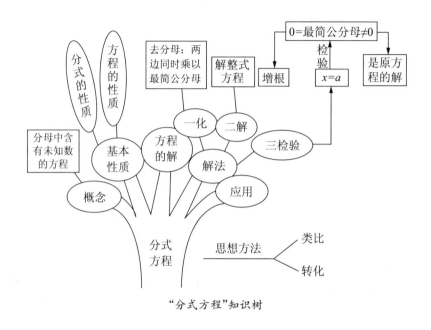

"分式方程"知识树

(四)勾股定理与平方根——2.5 实数(1)

年级：八年级(《数学》江苏科技版)　课型：新授课　主备：许鸿程

1. 教学目标

(1)理解无理数是客观存在的，会说出无理数、有理数和实数的概念，会判断一个数是有理数还是无理数。

(2)会用有理数估计一个无理数的大致范围。

(3)会理解并说出实数的分类方法。

2. 教学过程

教学过程和内容	教师活动	学生活动	设计意图
一、感情先行 明确目标	1. 板书课题：2.5 实数(1) 2. 组织教学：读懂课题，陈述目标，调动学生积极的学习情绪。	1. 做好上课准备：准备好教科书、补充习题、学生用计算器和演算本。 2. 利用所画的"实数"知识树，明确学习目标。	明确教学目标，能充分发挥好教学目标的导学、导教和导测功能。利用学科知识树明确目标，能使学生从整体上

续表

教学过程和内容	教师活动	学生活动	设计意图
	3. 课前在黑板上展示"实数"知识树。		把握"实数"的知识结构，初步感知学习"实数"的基本方法。 将学科知识树印发给学生便于学有方向、思有目标。
二、知识为例探寻方法 ①√2是怎样的一个数？	指导自学：(阅读第57页图文内容)完成活动题： 1. √2是一个整数？ 2. √2是一个分数？ (从"一个整数或分数的平方是否可能是2"出发进行思考)	自学自检： 独立阅读图文内容，尝试解答有关问题，并写在题后。 互帮互学： 对组、小组，互对答案，解答疑难。 展示点评： 小组代表回答问题。 归纳小结： 引导学生从整数、分数两个方面来描述√2特点。	教师根据学习内容"√2是怎样的一个数？"的关键特征设计成问题，发挥问题导学的功能。 在自学自检、互帮互学、展示点评中掌握知识，体现学生的主体性和主体间性，这几步也是结构尝试教学法的基本步骤。 在理解记忆具体知识点的过程中要重视方法的归纳指导。
②√2有多大？	指导自学：(阅读第57页图文内容)完成活动题 1. 比较1.4、√2、1.5三个数的大小。 2. 比较1.41、√2、1.42三个数的大小。 …… (利用计算器比较大小)	自学自检： 独立计算并将结果写在演算本上。 互帮互学： 互对答案，解答疑难。 展示点评： 小组代表回答问题，并相互提问、检测、点评。 归纳小结： 引导学生用逼近方法来说明√2的近似值是多少。	引导学生研读教材图文内容，是充分用好教材，发挥教材内容案例功能的基础。 逼近思想是数学学科探索问题的方法之一，引导学生在探索过程中体会"无限"的过程。

续表

教学过程和内容	教师活动	学生活动	设计意图
③怎样的数是无理数？	指导自学：(阅读第58页内容)完成活动题 1. 形如怎样的数是无限不循环小数？ 2. 列举常见的无理数。 教师巡视、个别辅导、二次备课 归纳小结，指导方法： ①π是无理数。② 带根号且开方开不尽的数。③形如 0.1010010001……	自学自检： 独立阅读图文内容，尝试完成活动题，并将答案写在演算本上。 互帮互学： 对组、小组，互对答案，讨论疑难。 展示点评： 小组代表回答问题，相互点评、提问。 小结巩固，理解记忆： 目前常见的无理数有三类以后还会接触到其他类型。	引导学生研读教材内容，充分用好教材，发挥教材内容的示范启示功能，对学生理解概念有直观、权威的感受，对教科书使用后的作用会有进一步的认识。
④实数如何分类？	指导自学：(阅读第58页图文内容)完成活动题 1. 实数除分为无理数、有理数外，是否还有其他分类？ 2. 试在数轴上用点表示 $\sqrt{2}$、$\sqrt{3}$ 的数。 3. 数轴上的点是否都表示有理数？	自学自检： 独立阅读文本内容，并将活动题在演算本上尝试完成。 互帮互学： 对组、小组，互对答案，讨论疑难。 展示点评： 小组代表回答问题，相互点评、提问。 小结巩固，理解记忆： 分类还可按数的大小进行；实数与数轴上的点是一一对应的。	引导学生仿照文本内容进行实数分类，渗透类比思想，体会分类的标准不同，分类的形式有异；通过画图体会数形结合思想，感受数轴上表示的数不仅有有理数，还有无理数。这些内容的示范启示功能，对学生理解概念有直观、权威的感受，对教科书使用后的作用会有进一步的认识。
三、理解记忆 小结巩固	指导学生 1. 依托"实数"知识树理解实数的分类及无理数常见特征。	依托"实数"知识树，绘制"无理数"特征示意图，理解无理数的特征内容。	在学习"实数"知识时，要充分用好"实数"知识树，在反复使用过程中，使学生对学习"实

续表

教学过程和内容	教师活动	学生活动	设计意图
	2. 运用数轴，理解实数与数轴上的点是一一对应的。		数"基本方法由初步感知、深刻领悟到灵活应用。
四、当堂检测　独立应用	1. 完成苏科版《八年级数学》上册第 58 页练习 1、2 内容。 2. 自主复习 2 分钟后，独立闭卷完成《数学补充习题》第 29 页第 1 题至 5 题，并思考第 6 题。 3. 对学生当堂检测情况做出积极的评价。	1. 学生独立完成练习题。（如有困难，允许查阅资料） 2. 对调批阅，当堂矫正。	当堂检测是课堂教学重要的一个环节，只有坚持当堂检测，才能有效地强化效率意识，减轻学生课后作业负担。 尽可能用好"课本中习题"和配套"学辅资料"进行当堂检测，能有效减轻师生负担。 检测前安排适量时间理解概念与方法，能更有效地提高学习效率。 当堂检测可作分层要求，在检测的题量上、难度上、形式上均可提出不同要求。
五、整合提高　布置作业	1. 完成课本第 61 页习题 1、习题 2。（直接将答案写在课本相应位置） 2. 完成《创新课时训练八年级》上册第 43、44 页	1. 课本习题由学生对调查阅批改。 2. 课时训练内容由教师查阅批改，并在"实数(2)"结合教学内容点评。	布置适当的巩固内容有利于学生理解所学内容是否掌握，有利于学生对知识、方法结构得以提高，有利于教师对所授内容是否清晰与方法得当否进行反省，适时调整教法。

附：

　　"实数"知识树揭示了实数的概念、分类、运算法则、数轴的概念以及借助数轴可进行实数的大小比较、求绝对值、相反数和进行有关估算。

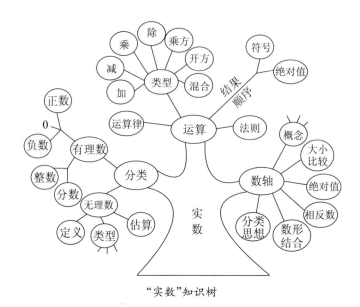

"实数"知识树

　　如果学生理解掌握了实数相关知识概念，并有效掌握转化思想，学生就能有效地解决有关实数的基本问题。

三、结构教学法物理案例

（一）物质的比热容

年级：九年级（《物理》江苏科技版）　课型：新授课　主备：袁小琴

1. 教学目标

（1）能说出比热容的概念、表达式、符号、单位及其物理意义。并会用比热容知识解释有关自然现象。

（2）能用热量的计算公式进行简单的计算。

（3）继续学习运用《科学探究法》探究物质吸热升温的属性。

2. 教学过程

教学过程和内容	教师活动	学生活动	设计意图
一、感情先行 明确目标	板书课题：物质的比热容。呈现教学目标。	1. 认真做好上课准备，准备好教科书和相关练习册。2. 明确学习目标。	明确教学目标，发挥好教学目标的导学、导教和导测功能。
二、知识为例 探寻方法 (一)学习用"科学探究法"探究物质吸热升温的属性	组织学生阅读课本第41页图文内容，回答：1. 提出问题 文中小明和小华提出了什么问题？2. 猜想假设 他们有什么猜想？3. 设计实验 ①本实验用了什么研究方法？②比较沙和水吸热升温快慢的方法有哪些？提示：与我们学过的比较物体运动快慢或者做功快慢的方法进行类比 ③你能否简要说一说小明和小红分别采用的实验方案？（包括实验器材、实验步骤、表格设计等）④进行实验 请根据所选的实验方案进行实验，注意实验操作的规范性，将实验数据填入表中。规范操作：①如何获取质量相等的水和沙？	自学自检：学生用好"圈、点、批注"读书法，紧扣课本，开展自学。将思考题答案写在笔记本上。并分组开展实验。互帮互学：小组内交流讨论问题的答案、实验结果和数据分析结论。展示交流：小组代表分别展示问题的结果，其他同学进行点评。	教师根据学习内容的关键特征设计成问题，发挥问题导学的功能。在实验设计方面要求学生尝试考虑影响问题的主要因素，有控制变量的初步意识。培养学生知识迁移能力。从不同的角度分析同样的问题，培养学生多角度分析问题的能力。由学生开展实验、计算、分析等一系列自主学习活动，自行分析数据，得出结论。

教学过程和内容	教师活动	学生活动	设计意图
	②你有哪些方法使加热的物质受热均匀？ ③如何保证加热方式相同？ ④如何获知物质吸热后升高的温度？ 观察实验，记录数据 5. 分析数据，得出结论 请分析你的实验数据，你能得到什么结论？ 结论：质量相等的沙和水，在升高相同温度时，吸收的热量不同（吸热能力不同）。 引入物质的另一种物理属性——比热容	归纳小结： 师生共同归纳科学探究的主要步骤及操作要点，并呈现"科学探究"知识树作小结。	
（二）"比热容"概念及热量计算	阅读第42页的课文内容，回答： 1. 什么叫物质的比热容？请写出比热容的表达式、符号、意义和单位。 2. 请说出水的比热容的物理意义。 3. 请你根据比热容知识解释为什么水和沙子在同一时刻温度不一样？	自学自检： 独立阅读课文内容，并将1～3题答案写在题后。 互帮互学： 互对1～3题答案，解答疑难。 展示点评： 小组代表分别展示1～3题解答，其他同学进行点评。 归纳小结： 教师进行小结评价。	用思考讨论相结合的学习方式，引导学生反复感知，掌握用比值法下定义的方法。
（三）关于热量的简单计算	阅读课本第43页"热传递过程中吸收或放出的热量"内容，请说出热量计算公式、符号、单位及意	学生独立完成例题，请2位学生板演，并作说明。师生共同点评。	让学生明白公式实际是概念的简明表达，引导学生利用公式解释有关现象。

续表

教学过程和内容	教师活动	学生活动	设计意图
	义，并完成第 43 页的例题，将解答写在笔记本上。		
三、变式训练 感悟验证	1. 阅读第 44 页内容，利用"海风、陆风"示意图，回答： (1) 什么是海风和陆风？（风的来向） (2) 海陆风是怎样形成的？ 2. 完成第 45 页第 1、3 题	学生独立完成，并在小组内交流。 请小组代表汇报。师生共同点评。	进行变式训练，使学生进一步加深对知识的理解。
四、当堂检测 独立应用	1. 完成第 45 页的练习 2 和练习 5。 2. 对学生当堂检测情况做出积极的评价。	1. 学生独立完成练习题。 （如有困难，允许查阅资料或相互讨论） 2. 对调批阅，当堂矫正。	及时了解学生的学习情况

附 1：

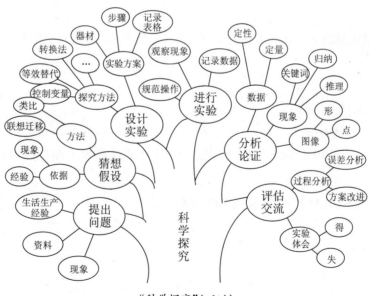

"科学探究"知识树

附2：参考答案

二(一)

1. 提出问题：为什么海水和沙子在同一时刻的温度不一样呢？

2. 猜想与假设：可能是沙子吸热升温或放热降温都比水快的缘故。

3. 设计实验：

①控制变量法

②(和比较物体运动快慢的方法进行类比)方法一：加热相同的时间比较升高的温度；方法二：升高相同的温度比较加热的时间。

③小明采用的是方法一，小华采用的是方法二。

4. 进行实验：

①用取得等质量的水和沙子。

②加石棉网并不断搅拌。

③用相同的容器装入等质量的水和沙子，用相同的酒精灯加热。

④用温度计分别测出加热前和加热后的温度(初温和末温)，温度之差就是升高的温度。

二(二)

1. 单位质量的某种物质温度升高(降低)1℃所吸收(放出)的热量叫作这种物质的比热容。

符号：c

单位：$J/(kg \cdot ℃)$

公式：$c = Q/m\Delta t$

2. $c_水 = 4.2 \times 10^3 J/(kg \cdot ℃)$，物理意义：1千克水温度升高(降低)1℃吸收(放出)的热量为 $4.2 \times 10^3 J$。

3. 不同物质比热容不同(或吸热能力不同)

二(三)

$Q_吸 = cm(t - t_0)$

$Q_放 = cm(t_0 - t)$

三

1. 海风：白天，陆地比大海升温快，地面附近密度较小的热空气上升，海面较冷的空气就会来补充，于是冷空气沿海面吹向陆地，形成海风。

2. 陆风：夜晚，陆地比大海凉得快，海面上的热空气上升，地面附近的冷空气就会来补充，于是冷的空气沿地面吹向大海，形成陆风。

(二)欧姆定律动态电路专题复习

年级：九年级(《物理》江苏科技版)　课型：复习课　主备：潘盘新

1. 教学目标

(1)会用"去表法"及"电流流向法"判断电路的连接方式。

(2)能熟练说出串、并联电路的特点。

(3)会运用欧姆定律分析动态电路特点。

(4)初步学会运用"动态电路分析"的一般程序。

2. 教学过程

(1)感情先行，明确目标

由电学知识树引入课题，明确学习目标。

(2)习题为例，探寻规律

读图 A、图 B，回答下列问题：

图 A

电路连接方式：_____　判定依据：_____

电路特点公式表达　文字说明
电流：_____　_____
电压：_____　_____
电阻：_____　_____

图 B

电路连接方式：_____　判定依据：_____

电路特点公式表达　文字说明
电流：_____　_____
电压：_____　_____
电阻：_____　_____

①动态电路——滑动变阻器

独立完成例一、例二，并小组讨论。

例一：如图 1，是典型的伏安法测电阻的实验电路图，当滑片向右移动时，请你判断各电表的变化。

分析：

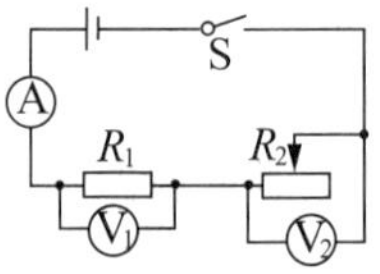

1. R_1、R_2 是如何连接的？_____

2. 电流表 A 测量的电流是通过_____的电流，电压表 V_1 测量的电压是_____两端的电压，V_2 测量的电压是_____两端的电压。

3. 当滑片向右移动时，R_2 的电阻如何变化？_____所以电流表 A 将如何变化？_____（依据是_____）；电压表 V_1 将如何变化？_____（依据是_____）；电压表 V_2 将如何变化？_____（依据是_____）。

例二：如图 2，当滑片 P 向右移动时，各电表将如何变化？

分析：

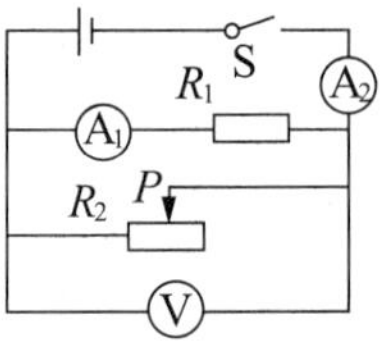

1. R_1、R_2 是如何连接的？_____

2. 电流表 A_1 测量的电流是通过_____的电流，A_2 测量的电流是通过_____的电流，电压表 V 测量的电压是_____电压。

3. 当滑片向右移动时，R_2 如何变化？_____所以电压表 V 将如何变化？_____（依据是_____）；电流表 A_1 将如何变化？_____（依据是_____）；电流表 A_2 将如何变化？_____（依据是_____）。

小结以上两题解题的一般程序及操作要点是_____

_____。

②动态电路——开关的断合

独立完成例三、例四，并小组讨论。

例三：在如图 3 所示的电路中，将开关 S 闭合，则电流表的示数将_____，电压表的示数将_____（填"变大""变小"或"不变"）。

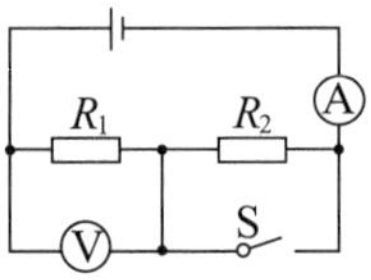

分析：

1. R、L 是如何连接的？_____

2. 电流表 A 测量的电流是通过 _____ 的电流，电压表 V 测量的电压是 _____ 两端的电压。

3. 将开关 S 闭合，电流表 A 将如何变化？ _____（依据是_____）；电压表 V 将如何变化？ _____（依据是_____）。

例四：在图 4 中，先闭合开关 S_1 后再闭合 S_2，则电压表的示数将 _____，电流表 A_1 的示数将 _____，电流表 A 的示数 _____。（选填"增大""不变"或"减小"）

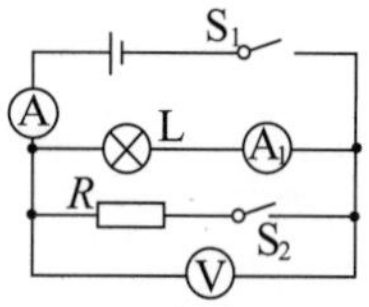

分析：

1. R、L 是如何连接的？ _____

2. 电流表 A_1 测量的电流是通过 _____ 的电流，电流表 A 测量的电流是通过 _____ 的电流，电压表 V 测量的电压是 _____ 电压。

3. 闭合 S_2 后，电流表 A_1 将如何变化？ _____（依据是_____）；电流表 A 将如何变化？ _____（依据是_____）；电压表 V 将如何变化？ _____（依据是_____）。

小结以上两题解题的一般程序及操作要点是_____ _____。

(3) 变式训练，感悟验证

① 在如图 5 所示电路中，当闭合开关 S 后，滑动变阻器的滑片 P 向右移动时，分析各表变化及灯泡亮暗变化。

② 如图 6，当滑片 P 向右移动时，各表将如何变化？

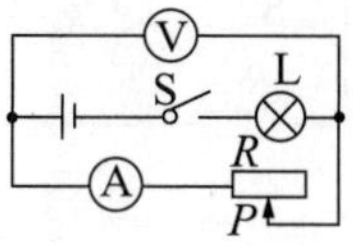

图 5 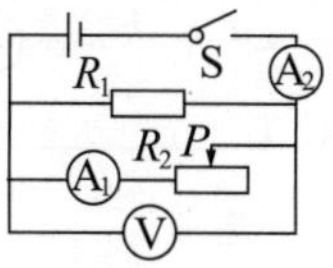　　　　图 6

③ 在如图 7 所示的电路中，当开关 S 断开时，电阻 R_1 与 R_2 是 _____ 联连接的。开关 S 闭合时，电压表的示数将 _____，电流表示数将 _____。（选填"变小""不变"或"变大"）

④ 如图 8 所示，当开关闭合后，电流表 A_1 和 A_2 的示数与开关闭合前相比较，

下列说法中正确的是   （ ）

    A. A_1 不变，A_2 增大   B. A_1 和 A_2 的示数都增大

    C. A_1 和 A_2 的示数都减小   D. A_1 增大，A_2 不变

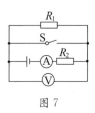   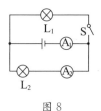

图 7   图 8

拓展提高：

⑤如图 9 所示，电源电压不变，闭合开关 S 后，滑动变阻器滑片自 a 向 b 移动
的过程中   （ ）

    A. 电压表 V_1 示数变大，V_2 示数变大，电流表 A 示数变大

    B. 电压表 V_1 示数不变，V_2 示数变大，电流表 A 示数变小

    C. 电压表 V_1 示数不变，V_2 示数变小，电流表 A 示数变大

    D. 电压表 V_1 示数变小，V_2 示数变大，电流表 A 示数变小

⑥将上题电路图中的电压表、电流表互换后形成图 10，则滑动变阻器滑片向右
移动的过程中，各电表的示数变化如何？

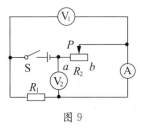   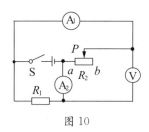

图 9   图 10

（4）当堂检测，独立应用（错一处扣 5 分，你得了_____分）

①如下图所示，电源电压保持不变，当开关 S 由闭合到断开时，电流表的示数
将_____，电压表的示数将_____。（均选填"变大""不变"或"变小"）

②如下图所示电路中，R 是一个定值电阻，R_t 是一个半导体材料制成的热敏电
阻，其阻值随温度变化的曲线如图所示，当开关闭合且电阻 R_t 所处的环境温度升高

时，电流表示数＿＿＿＿＿＿，电压表示数＿＿＿＿＿＿。（选填"增大""减小"或"不变"）

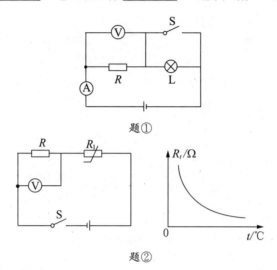

题①

题②

③如下左图所示的是握力计的原理图，其中弹簧上端和滑动变阻器滑片固定在一起，AB 间有可收缩的导线，R_0 为保护电阻，电压表可显示压力的大小。则当握力 F 增加时电压表的示数将　　　　　　　　　　（　　）

A. 变大

B. 变小

C. 不变

D. 无法确定

④如图所示的电路中，电源电压保持不变，闭合开关 S 后，当滑动变阻器的滑片 P 向右移动时，电流表 A_1 的示数将＿＿＿＿＿＿，A_2 的示数将＿＿＿＿＿＿，电压表 V 的示数将＿＿＿＿＿＿。（选填"变小""不变"或"变大"）

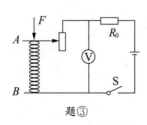

题③

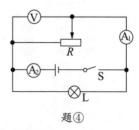

题④

附1：

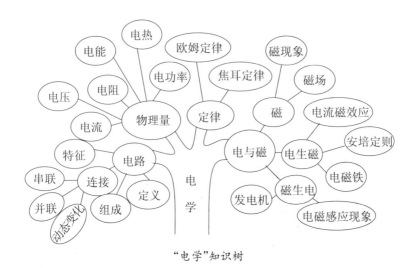

"电学"知识树

附2：

动态电路：在变阻器滑片位置或开关状态等发生变化的情况下，相关电路中电阻、电压、电流也随之发生相应的改变，这就是动态电路。

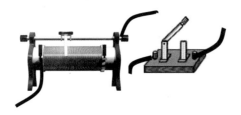

附3：

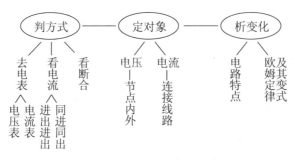

动态电路解题的一般程序及操作要点

附4：参考答案

	电路特点公式表达	文字说明

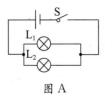

图 A

电路连接方式：
并联
判定依据：
电流同进同出

$$I=I_1+I_2$$
$$U=U_1=U_2$$
$$\frac{1}{R}=\frac{1}{R_1}+\frac{1}{R_2}$$

并联电路中，干路电流等于各支路电流之和。
并联电路中，电路两端的总电压与各支路两端的电压相等。
并联电路总电阻的倒数等于各支路电阻倒数之和。

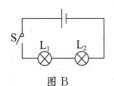

图 B

电路连接方式：
串联
判定依据：
电流同进同出

$$I=I_1=I_2$$
$$U=U_1+U_2$$
$$R=R_1+R_2$$

并联电路中，王路电流等于各支路电流之和。
并联电路中，电路两端的总电压与各支路两端的电压相等。
并联电路总电阻的倒数等于各支路电阻倒数之和。

例一：1. 串联 2. R_1 和 R_2、R_1、R_2 3. 变大、变小、$I=U/R$、变小、$U_1=IR_1$、变大、$U_2=U-U_1$

例二：1. 并联 2. R_1、R_1 和 R_2、电源 3. 变大、不变、电源电压不变、不变、并联电路各支路互不影响、变小、$I_2=U/R_2$

例三：1. 串联 2. R_1、R_1 3. 变大、R_2 被短路，$I=U/R$，R 变小、变大、$U_1=IR_1$

例四：1. 并联 2. L、R 和 L、电源 3. 不变、并联电路各支路互不影响、变大、$I=I_1+I_2$、不变、电源电压不变

变式训练：
①电流表变小，电压表变大，灯变暗 ②电流表 A_1 不变，电流表 A_2 变小，电压表不变
③串、变小、变大 ④D ⑤D ⑥电流表 A_1 变小，电流表 A_2 不变，电压表不变

当堂检测：

①变小、变小　②增大、增大　③A　④变小、变小、不变

(三)功

年级：九年级(《物理》江苏科技版)　课型：新授课　主备：朱亚萍

1. 教学目标

(1)能理解说出功的定义、表达符号、公式及单位。

(2)能根据功的定义，判断解释生产生活中做功的正反实例。

(3)能用功的公式进行定量计算。

(4)能通过自主实验，分析归纳出功的原理。

(5)通过对功的学习，进一步掌握学习物理量的一般策略。

2. 教学过程

教学过程和内容	教师活动	学生活动	设计意图
一、感情先行 明确目标	你能说出哪些有关"功"的词语吗？你知道在这些词语中，"功"有哪些意思吗？力学中所说的"功"又有什么特殊含义呢？这就是本课研究的课题——功。 板书课题：功 多媒体呈现教学目标。	自由发言，调动起积极的学习情绪。 学生阅读，明确学习目标。	活跃课堂气氛，开阔学生思维。 开门见山，引入课题。 明确教学目标，能充分发挥好教学目标的导学、导教和导测功能。
二、知识为例 探寻方法 学习物理量的一般策略	学习一个物理量，通常都是从哪几方面入手的？请具体说一说。(见附知识树)	对照知识树相互交流。 请一学生展示。	引导学生从已有的知识入手研究新问题。

续表

教学过程和内容	教师活动	学生活动	设计意图
（一）功的定义	1. 自学课本第 104、105 页的相关内容，请说出什么叫功？（用"关键词法"抓特征） 2. 请分析下列情况是否做功？为什么？ 例 1：物体在绳子拉力的作用下升高。 例 2：小车在拉力的作用下向前运动了一段距离。 例 3：用力搬大石块而未起。 例 4：两人提着小桶在水平路上匀速前进。	学生用好"圈、点、批注"读书法，紧扣课本，开展自学。 在本子上写下判断结果。 对组交流后选代表展示，并由学生点评。	为学生创设自主学习的环境，充分体现学生的主体地位。 当堂检测自学效果，并及时反馈、评价和矫正，从而有效提高学习效率。
（二）功的表达式	阅读课本第 105 页。 1. 写出功的表达式，并说出各符号的意义和单位。 2. 你能根据功的表达式说一说什么叫功吗？ 3. 阅读第 101 页例题，并将解答写在笔记本上。	对组学习，相互提问。 一学生上台板演，并作说明。	为学生创设自主学习的环境，并发挥小组助学功能，开展互帮互测。 在"物理语言"和"自然语言"的转换过程中，使学生更好地理解、记忆有关概念。
（三）功的原理	完成用动滑轮提升重物的分组实验，要求学生通过测量获得数据，并通过计算比较使用动滑轮前后所做功的多少。 用一动滑轮提升钩码，实验数据如下：	学生实验记录数据分析结果获得结论。	在研究"功的原理"的同时，渗透计算做功多少的感悟。

续表

教学过程和内容	教师活动	学生活动	设计意图
	<table><tr><td>钩码重 G/N</td><td>钩码提升高度 h/m</td><td>动力 F/N</td><td>绳子自由端移动的距离 s/m</td></tr><tr><td></td><td></td><td></td><td></td></tr></table> 请计算： 如果直接用手提升钩码做的功为 W_1 利用动滑轮提升钩码所做的功为 W_2 比较这两个计算结果的大小，它们有什么关系？ 通过计算，你得到什么结论呢？并请说说什么叫功的原理？	小组代表交流实验结果。 理解记忆功的原理	由学生开展实验、计算、分析等一系列自主学习活动，自行得出功的原理，更好的加深、加强对这一结论的认识和理解。
三、变式训练 感悟验证	（一）感悟：有没有做功 1. 小球在推力 F 作用下在水平面上运动。到 A 点时撤去推力 F，小球仍然向前移动了距离 s。在 A 到 C 的过程中，请分析推力 F 对小球做功的情况。 2. 起重机把重物从地面 A 点吊起，上升到 B 点，又水平移动到 C 点。在这个过程中，起重臂的拉力一	独立思考，并将解答写在笔记本上。 学生板演，并作交流 学生评价交流情况	公式是概念的简明表达。学生理解记忆物理公式并利用公式解题，是有效的学习策略。 以功的计算公式为抓手，以做功的两个必要因素为切入点，不断明确解题思路和方法，强化学生工具意识。

续表

教学过程和内容	教师活动	学生活动	设计意图
	直都在做功吗? 为什么? 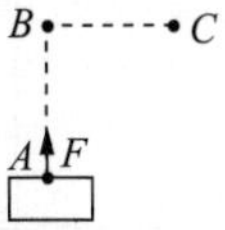 B •----• C A ↑F ▢ (二) 感悟: 计算做功的多少 1. 一个人用 50N 的水平拉力拉一辆重 200N 的车,使车沿水平方向前进 2m,求: (1)这个人对车做功多少? (2)重力对车做功多少? 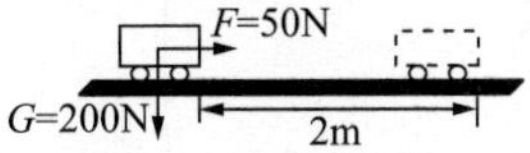 F=50N G=200N↓ ◁——2m——▷ 2. 步枪的枪筒长 0.5m,子弹重 0.1N,射击时火药爆炸产生的高温高压气体对子弹的平均推力是 2000N,子弹离开枪口后,在空中飞行 200m 击中目标,则高温高压气体对子弹做的功是多少? 3. 大伟同学用一个距离手 3m 高的定滑轮拉住重 100N 的物体,从滑轮正下方沿水平方向移动 4m,如图所示,若不计绳重和摩擦,他至少做了多少功? 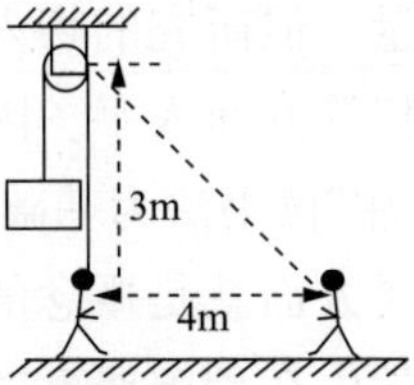 3m ◁——4m——▷	自学自检: 学生独立练习。 互帮互学: 相互交流计算结果。 展示点评: 请一学生板演,并作解题思路说明,其他同学作评价。	在反复应用的过程中,使学生对功的概念由初步感知、深刻领悟到灵活应用。

续表

教学过程和内容	教师活动	学生活动	设计意图
四、归纳小结 理解记忆	1. 请说说功的定义、表达式、符号的意义和单位。 2. 请说说什么叫功的原理。	对组交流	帮助学生整体把握本课所学内容。
五、当堂检测 独立应用	学生完成《补充习题》15.1的练习。	规定时间内完成，并当堂反馈掌握情况。	当堂检测是课堂教学重要的一个环节，尽可能用好"课本中习题"和"学辅资料"，在强化效率意识的同时，有效减轻学生课后作业负担。
六、整合提高 布置作业	课后完成《导学手册》15.1的练习。	独立完成	

附1：

"物理量"知识树

　　说明：功，对于学生来说虽然是一个新的物理量，但研究的切入点和大多数物理量是相似的，通常是从"定义、单位、公式、应用"等方面入手。因此，本课以学生已掌握的方法为抓手，以学生常用的"圈、点、批注"读书法为基础，以对组学习、相互提问为手段开展自主学习。理科学习的一个重要方面就是概念的理解，而物理公式就是概念最简明的表达。在课堂教学中，引导学生在理解概念的基础上，运用物理公式去思考解决问题，是有效的学习方法。

附 2：参考答案

一、感情先行

功劳、立功、成功、事半功倍……

贡献；成效

二、知识为例

定义、单位、公式和应用等方面。

(一)功的定义

1. 有力作用在物体上，且物体在该力的方向上移动了一段距离，称这个力做了功。

2. 例 1：做了功　例 2：做了功　例 3：没做功　例 4：没做功

(解题思路：①力的方向是怎样的？②物体是否发生了移动？③物体移动的方向与力的方向上否一致？)

(二)功的表达式

1. $W=Fs$　W：功(焦耳)，F：作用在物体上的力(牛顿)，s：物体在力的方向上通过的距离(米)

2. 力与在力的方向上移动的距离的乘积

(三)功的原理

$W_2 > W_1$

使用机械时，人们所做的功不会少于不用机械时所做的功。

功的原理：使用任何机械都不省功

三、变式训练

(一)感悟

1. 分析：从 A 到 C 的过程中，小球虽然通过了一段距离，但这个过程中推力 F 已经撤去，所以，这个过程中 F 没有对小球做功。

2. 分析：起重臂的拉力方向竖直向上，从 A 到 B 的过程中重物移动的方向向上，与力的方向一致，所以这个过程拉力做了功；从 B 到 C 的过程中重物移动的方向水平向右，与拉力的方向垂直，所以这个过程拉力没有做功。

(二)感悟

1.(1)$W = Fs = 50N \times 2m = 100J$ (2)重力的方向竖直向下，而车在该方向上没有通过距离，所以重力做功为0。

2. 本题关键在于问的是子弹离开枪口后的做功情况，在这个过程中，子弹由于惯性向前通过距离，即没有受到高温高压气体的力的作用，因此，做功为0。

3. 人的拉力大小为100N，方向与绳子的收缩方向相反，因此，关键是判定拉力的作用点通过的距离。根据勾股定律可知，s 为 $5 - 3 = 2m$，$W = Fs = 100N \times 2m = 200J$

(四)长度和时间的测量

年级：八年级(《物理》江苏科技版)　课型：新授课　主备：杜达文

1. 教学目标

(1)能说出测量的概念和测量的单位。

(2)能说出长度的单位并会进行单位换算。

(3)联系温度计的使用，学会正确使用刻度尺测量长度。

(4)尝试应用间接测量法测量物体的长度。

(5)结合长度测量能说出误差产生原因，会初步辨析错误和误差。

2. 学习新课

(1)测量的概念及测量单位的确定

①尝试完成第102页活动5.1："比较课桌的长、宽、高"。不用尺，你证实目测结果的做法是＿＿＿＿＿＿＿＿＿＿＿＿＿＿＿＿＿＿＿。

②想一想，你的方法有什么缺点？

③归纳：测量就是将事物与一个公认的标准量进行＿＿＿＿＿＿，这个公认的标准量叫作＿＿＿＿＿＿。

(2)长度的单位及换算

阅读书本第102页末段和信息快递内容，完成下题：

①国际单位制中，长度的单位是＿＿＿＿＿＿，符号是＿＿＿＿＿＿。

②概括写出大括号所标单位之间的进率。

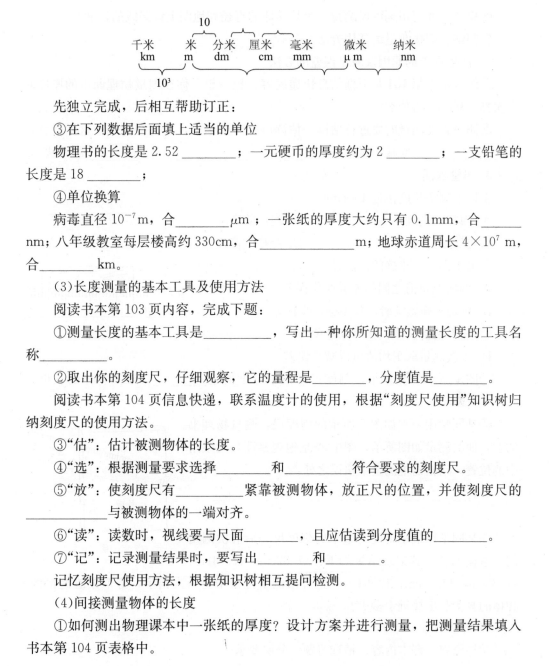

先独立完成，后相互帮助订正：

③在下列数据后面填上适当的单位

物理书的长度是 2.52 _____；一元硬币的厚度约为 2 _____；一支铅笔的长度是 18 _____；

④单位换算

病毒直径 10^{-7} m，合_____ μm；一张纸的厚度大约只有 0.1mm，合_____ nm；八年级教室每层楼高约 330cm，合_____ m；地球赤道周长 4×10^7 m，合_____ km。

（3）长度测量的基本工具及使用方法

阅读书本第 103 页内容，完成下题：

①测量长度的基本工具是_____，写出一种你所知道的测量长度的工具名称_____。

②取出你的刻度尺，仔细观察，它的量程是_____，分度值是_____。

阅读书本第 104 页信息快递，联系温度计的使用，根据"刻度尺使用"知识树归纳刻度尺的使用方法。

③"估"：估计被测物体的长度。

④"选"：根据测量要求选择_____和_____符合要求的刻度尺。

⑤"放"：使刻度尺有_____紧靠被测物体，放正尺的位置，并使刻度尺的_____与被测物体的一端对齐。

⑥"读"：读数时，视线要与尺面_____，且应估读到分度值的_____。

⑦"记"：记录测量结果时，要写出_____和_____。

记忆刻度尺使用方法，根据知识树相互提问检测。

（4）间接测量物体的长度

①如何测出物理课本中一张纸的厚度？设计方案并进行测量，把测量结果填入书本第 104 页表格中。

②思考：如何用刻度尺测量一个乒乓球的直径和地图上铁路线的长度？

③归纳：间接测量的常用方法。

（5）产生误差的原因及减小误差的方法

①结合书本第104页下框信息快递内容，想一想，你在测量物理课本的厚度时每次都一样吗？为什么？

②测量者在测量时要进行估读，估读值有时会偏大，有时会偏小，这样就会产生_____，要减小误差可采用_____的办法。

3. 当堂检测

①以下哪个长度接近 190cm（　　）

A. 旗杆的高度　　　　　　B. 刘翔的高度

C. 旗杆的直径　　　　　　D. 跨栏的高度

②关于误差，正确的说法是（　　）

A. 两次测量值之间的差异叫作误差

B. 只要正确做实验，就不会产生误差

C. 选用精密仪器，就可以避免误差

D. 多次测量取平均值可以减少误差

图 1

③图 1 所示的测量中，刻度尺的最小分度值是_____，被测物体的长度是_____ cm

④某同学用一支如图 2 所示的刻度尺，测量物理书的宽，他的测量如图所示，图中 A 是他观察读数时眼睛中的位置，请指出他测量中错误之处：

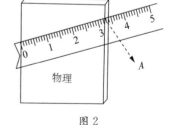

图 2

（1）_____　　（2）_____

_____

⑤某同学用最小刻度为毫米的刻度尺先后五次测出同一木板的长，其记录结果如下：17.82cm，17.81cm，17.82cm，17.28cm，17.83cm，这五次测量记录中有一次错了，哪个数值是错的？物体的真实长度接近于多少？

（4）布置作业

学辅资料、课本内容、精选习题、分层要求

（5）资料链接

①"刻度尺的使用"知识树

②间接测量的常用方法：

累计法（测多算少法）、平移法、化曲为直法、滚轮法

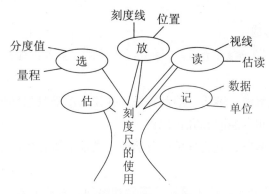

"刻度尺的使用"知识树

附：参考答案

2. 学习新课

（1）①用物理课本、笔等物体的长度作为标准，对课桌的长、宽、高进行测量，并进行比较

②不够精确；由于测量标准不同，测得物体长度的数值不同。

③比较、单位

（2）①米、m　②10、10、10^3、10^3、10^3

③dm、mm、cm　④0.1、1×10^5、3.30、4×10^4

（3）①刻度尺、卷尺　②20cm、1mm

③量程、分度值　④刻度的一边、0刻度线　⑤垂直、下一位　⑥数值、单位

（4）①测量整本课本（有页码部分）的厚度；将所测厚度除以1/2页码数。

（5）①不一样，因为有估读的原因。　②误差、多次测量求平均值

3. 当堂检测

①B　②D　③1mm、2.70　④刻度尺没有放正；视线没有与尺面垂直

⑤17.28cm 为错误数值；17.82cm

四、结构教学法化学案例

(一)溶液的形成

年级：九年级(《化学》人教版)　课型：新授课　主备：陈茵

1. 教学目标

(1)会举例说明溶液、溶质、溶剂等概念并说出溶液是怎样形成的。

(2)会说出什么叫乳浊液和乳化现象。

(3)能举例说明溶解、乳化现象以及溶液、乳浊液等在生产生活中的意义。

2. 教学重点

建立有关溶液的概念，认识溶液、溶质和溶剂三者的关系。

3. 教学过程

教学过程和内容	教师活动	学生活动	设计意图
一、感情先行明确目标	在金属的性质学习中，我们接触到了一些溶液，如稀盐酸、稀硫酸、硫酸铜、硝酸银等，而下一单元将要学习的酸碱盐之间的反应也几乎都是在溶液中进行的。现在我们就一起来系统地学习溶液的有关知识。 板书课题《溶液的形成》，多媒体呈现学习目标，展示知识树(见附1)。	学生倾听。 阅读知识树，明确本节课的学习目标和所学知识点。	明确学习目标，从整体上把握本课题的知识结构。

续表

教学过程和内容	教师活动	学生活动	设计意图
二、知识为例探寻方法 (一)溶液、溶剂、溶质的概念 (二)溶液的形成 (三)溶液与我们的关系 (四)常用的溶剂溶质的类型溶质与溶剂的关系	指导自学： 1. 阅读第 26 页第一小节内容，回答什么叫纯净物、混合物。教师用多媒体呈现"物质的组成"知识树做小结(见附2)。 2. 请观察老师的演示实验(实验9-1)，并阅读第26、27 页课文内容。 (1)完成图 9-2 蔗糖溶解实验的表格： 	现象	固体消失
形成什么	溶液 | (2)请说出什么叫溶液、溶剂和溶质。(一种或几种物质分散到另一种物质中，形成均一、稳定的混合物叫作溶液。被溶解的物质叫溶质，能溶解其他物质的物质叫溶剂。) (3)请说一说溶液是怎样形成的？ (4)请说出蔗糖溶液、氯化钠溶液是怎样形成的？其溶质和溶剂分别是什么？ (5)完成第 27 页"讨论"中的内容并将你的回答先写在笔记本上，再和同学交流。 3. 完成实验9-2、实验9-3，并将实验现象填入表中。	自学检测： 1. 说一说探究实验一的步骤、现象和结论。 2. 生活中常见的溶液有哪些？请说出它们的溶质和溶剂分别是什么？ 3. 溶质和溶剂之间有什么辩证关系？(同种物质在不同溶剂中的溶解性是不同的，不同物质在同一溶剂中的溶解性也是不同的。)汽油能除去油污的原理是什么？(汽油能溶解油污) 互帮互学： 对组、小组学习解决下列疑难： 1. 为什么物质会消失在水中？对此你有何猜想？小组讨论一下看是否能形成共识。(物质以分子或离子的形式扩散到了水分子的间隔中) 2. 溶液一般如何命名？ A. 溶质的溶剂溶液，如氯化钠的水溶液。B. 如果溶剂是水，可直接命名为溶质溶液，如氯化钠溶液。	引导学生观察演示实验，在实验过程中鼓励学生多思考，培养学生分析、观察和归纳总结能力，由点带面，由一般到特殊，从而得出溶液等概念。 基本掌握溶液的组成：溶质和溶剂的概念。 在对比实验的基础上归纳得出概念，学生更容易理解，并与生活联系起来，使学生所学知识走向生活。

续表

教学过程和内容	教师活动	学生活动	设计意图
	(1)请分析实验现象,说明你的实验结论。 (2)两种液体相互溶解,如何区别溶质和溶剂?(见课本第28页) (3)请说出溶质有哪些类型?(固、气、液) (4)请用生活中的事例说明溶质是固体、液体和气体状态的溶液各一种。(如氯化钠溶液、酒精溶液、盐酸溶液的溶质分别是固、液、气。) 反馈巡视: 方法点拨:提示学生可以采取"实验探索、现象观察、原理分析、生产生活"的步骤来学习这部分知识。 点拨评价: 教师对学生展示、点评、提问等情况做出积极的评价。 归纳小结: 1. 溶液、溶质、溶剂的概念。 2. 溶液的用途。	展示点评: 溶液的颜色是否均一?(是)溶液中是否有固体析出?(没有)小组代表分析讲解,其他同学补充。学生观察,回答观察所得。学生理解概念。 思考生活中常见的溶液。 归纳小结: 从下列习题中归纳: 1. 指出下列溶液的溶质和溶剂:食盐水、碘酒、氢氧化钠溶液、硫酸铜溶液。 2. 联系生活发言:从生活、医药、工业、农业等方面来叙述。	在方法点拨中体现教师的主导性。 让学生在自学检测、互帮互学、展示点评、归纳小结中掌握知识,体现学生的主体性。
(五)乳浊液 乳化现象	指导自学: 完成课本实验9-4并记录实验现象。 1. 请分析实验现象,说明你的实验结论。	自学检测: 1. 实验中你看到了什么现象?是否和刚才配制得到的溶液一样?它们有什么不同?	通过亲手实验,学生积累一些感性知识。再通过讨论比较,把感性认识上升到理性认识,更进一步掌握溶解和乳化

教学过程和内容	教师活动	学生活动	设计意图
	2. 请说说什么叫乳浊液和乳化现象？ 反馈巡视： 方法点拨：提示学生可以采取和"溶解"相"对比"的学习方法来学习有关"乳化"的知识。 点拨评价： 教师对学生展示、点评、提问等情况做出积极的评价。 归纳小结： 1. 乳化现象 2. 乳浊液	2. 什么叫乳浊液？ 互帮互学： 1. 什么叫乳浊液？ （小液滴分散到液体里形成的混合物） 2. 用汽油或加了洗涤剂的水都能除去衣服上的油污，它们的原理一样吗？有何不同？（汽油是溶解油污，洗涤剂是乳化油污。） 3. 举例生活中的乳化现象。（如用洗发水洗头） 展示点评： 由某一组集体轮流回答上述问题，其他同学补充。 归纳小结： 完成习题归纳所用的知识点： 1. 洗涤在生活、生产中不可缺少。下列洗涤方法中利用了乳化原理的是（B） A. 用汽油洗去手上的油污　B. 用洗洁精洗去餐具上的油污　C. 用酒精洗去试管中的碘　D. 用稀盐酸洗去铁制品表面的铁锈	的区别，并能运用知识，解决实际问题。增强学生对知识的运用能力。 通过展示点评，有效反馈学生自学自检和互帮互学的效果。 从习题中归纳所学的知识点，巩固概念之间的内在联系。

续表

教学过程和内容	教师活动	学生活动	设计意图
三、变式训练 感悟验证	1. 下列物质中，属于溶液的是(D) A. 豆浆　B. 牛奶 C. 稀饭　D. 糖水 2. 下列液体属于溶液的是(④⑥)，其中溶质分别是(氢氧化钙、氯化氢) ①牛奶　②酒精　③泥水 ④澄清石灰水　⑤钡餐 ⑥盐酸 3. 下列清洗方法中，利用乳化原理的是(B) A. 用自来水洗手　B. 用洗涤剂清洗餐具　C. 用汽油清洗油污　D. 用盐酸清除铁锈	学生独立完成，完成后相互检查，并指出错误，及时订正。	使学生进一步掌握知识概念的关键特征和解决问题的方法。
四、当堂检测 独立应用	归纳小结、强化记忆： 教师呈现"物质组成"知识树作简要小结。 方法小结： 1. 通过有关溶解现象的实验探究了解科学探究的步骤，掌握"溶解"的有关概念。 2. 通过"溶解"和"乳化"的对比学习，加深了对两个概念的理解。	1. 学生归纳小结，整体建构知识。 (1)什么是溶液、溶质和溶剂？ (2)溶质和溶剂有怎样的辩证关系？ (3)什么是乳浊液和乳化现象？ 2. 学生独立完成当堂检测(课本第33页练习)，如有困难，可举手提问。 3. 对调批阅，当堂更正。	通过小结、练习，把分散的知识脉络化，让学生有条理的掌握。 提高学生的解题和分析能力。 更进一步落实课堂教学目标，有效强化效率意识。

续表

教学过程和内容	教师活动	学生活动	设计意图
五、整合提高 布置作业	《初中化学创新导学手册》"溶液的形成第一课时"练习。预习第二课时内容：溶解时的吸热或放热现象。	独立完成。	

附：

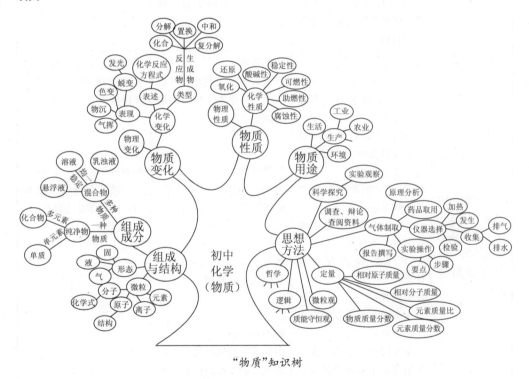

"物质"知识树

(二)二氧化碳制取的研究

年级：九年级(《化学》人教版) 课型：新授课 主备：薛海霞

1. 教学目标

(1)理解并说出实验室制二氧化碳的原理，并会设计选择相关药品和装置。

（2）初步掌握实验室制取气体的一般设计思路和方法。

2. 教学过程

教学过程和内容	教师活动	学生活动	设计意图
一、感情先行明确目标	1. 板书课题：二氧化碳制取的研究。 2. 组织教学，调动学生积极的学习情绪。 3. 多媒体呈现本课知识树，依托学科知识树呈现学习目标。	1. 认真做好上课准备，准备好教科书和学案。 2. 利用印发的学案明确教学目标。	明确教学目标，能充分发挥好教学目标的导学、导教和测试功能。
二、知识为例探寻方法： （一）实验室制取气体的一般设计思路和方法	指导自学： 复习氧气的实验室制法 1. 实验室制取氧气的原理是什么？ 2. 实验室制取氧气的装置有哪种类型？选择依据是什么？ 3. 实验室制取氧气的操作步骤是怎样的？ 4. 可以用什么方法来收集氧气，为什么？ 5. 氧气的验满方法是什么？ 反馈巡视： 二次备课并做个别辅导。 点拨评价： 对学生展示、点拨、提问等情况做出积极的评价。 归纳小结： 实验室制取气体的一般设计思路和方法。	自学检测： 尝试解答有关问题，并将答案写在学案上相关问题后面。 互帮互学： 对组、小组，互对答案，解答疑难。 展示点评： 小组代表回答问题。 归纳小结： 引导学生归纳出实验室制取气体的一般设计思路和方法。	学生在回顾复习中找出解决问题的一般方法，并建构成方法程序。 在自学自检、互帮互学、展示点评中掌握知识，体现学生主体性。

教学过程和内容	教师活动	学生活动	设计意图
(二)实验室制取二氧化碳的原理	指导自学： 1. 利用实验桌上的仪器和药品，你怎样获得二氧化碳？ 2. 列举你所知道的其他能生成二氧化碳的方法。 3. 思考、比较哪种方法适合用于实验室制取二氧化碳。 4. 写出反应的化学方程式。 点拨评价： 对学生展示、点拨、提问等情况做出积极的评价。 归纳小结： 实验室制备二氧化碳的药品及反应的化学方程式。	自学检测： 学生将思考答案写在笔记本上。 互帮互学： 组内交流讨论答案。 展示点评： 小组代表交流答案。 归纳小结： 实验室里用大理石(或石灰石)和稀盐酸反应制备二氧化碳。	通过学生对实验的观察、对比、交流，探究实验试剂的选择。
(三)实验室制取二氧化碳的装置	指导自学： 阅读第109～111页图文，交流讨论。 1. 实验室制取气体时选用发生装置和收集装置时分别需要考虑哪些因素？ 2. 根据二氧化碳的制取原理，讨论实验室制取二氧化碳该选用什么样的发生装置和收集装置？ 3. 通过讨论，利用第111页所提供的仪器，设计一套最佳的制取二氧化碳的装置，并画在草稿纸上。	自学自检： 独立阅读图文内容，将思考答案写在笔记本上。 互帮互学： 小组讨论思考答案。 展示点评： 小组代表交流答案，并相互提问、点评。	引导学生研读教材图文内容，是充分用好教材，发挥教材内容案例功能的基础。 让学生通过自学、讨论、画图初步了解实验室制取二氧化碳装置。

续表

教学过程和内容	教师活动	学生活动	设计意图
	互相交流。 反馈巡视： 巡视学生讨论情况，对有困难的学生进行辅导。 点拨评价： 对学生展示、点拨、提问等情况做出积极的评价。 归纳小结： 实验室制备二氧化碳装置、实验室制取气体的装置选择依据。	归纳小结： 1. 选择发生装置时需考虑反应物的状态与反应条件；选择收集装置时需考虑气体的密度及溶解性。 2. 实验室制取二氧化碳时，发生装置应选用固液不加热型的发生装置；收集装置应选用向上排空气的收集装置。	
(四)实验室制取二氧化碳的步骤及检验、验满方法	指导自学： 阅读第111页图6-10，交流讨论。 1. 实验室制取二氧化碳气体的步骤是什么？ 2. 如何检验？验满二氧化碳？ 反馈巡视： 二次备课并作个别辅导。 点拨评价： 对学生展示、点拨、提问等情况做出积极的评价。 归纳小结： 实验室制备二氧化碳的步骤、检验、验满方法。	自学检测： 学生阅读图文，思考答案。 互帮互学： 小组讨论实验室制取二氧化碳气体的步骤。 展示点评： 小组代表交流问题，并相互提问、点评。 归纳小结： 实验室制取二氧化碳气体的步骤。	引导学生研读教材图文内容。 在理解具体知识点的过程中重视方法的归纳指导。
(五)实验制取二氧化碳	教师巡视指导	学生分组实验制取二氧化碳 小组代表汇报交流实验方案和实验结果。	

续表

教学过程和内容	教师活动	学生活动	设计意图
三、理解记忆巩固小结	指导学生并积极点评依托实验室制取气体知识树进行归纳小结，并理解记忆二氧化碳制取的原理、装置、步骤。	依托知识树，理解记忆二氧化碳制取的原理、装置、步骤。	在学习时要充分用好知识树。在反复使用过程中，使学生对学习实验室制取气体的一般设计思路和方法由初步感知、深刻领悟到灵活应用。
四、当堂检测独立应用	当堂检测：完成投影习题 1. 氯气是一种黄绿色、有刺激性气味的有毒气体，氯气的密度比空气大，能溶于水，且易被氢氧化钠溶液吸收。实验室可以通过浓盐酸溶液和二氧化锰共热制得氯气。请你利用所学的知识设计一个正确的制取并收集氯气的装置。 2. 对学生当堂检测情况做出积极评价。	学生独立完成思考题 $4HCl（浓）+MnO_2 \stackrel{\triangle}{=\!=} MnCl_2+2H_2O+Cl_2\uparrow$ 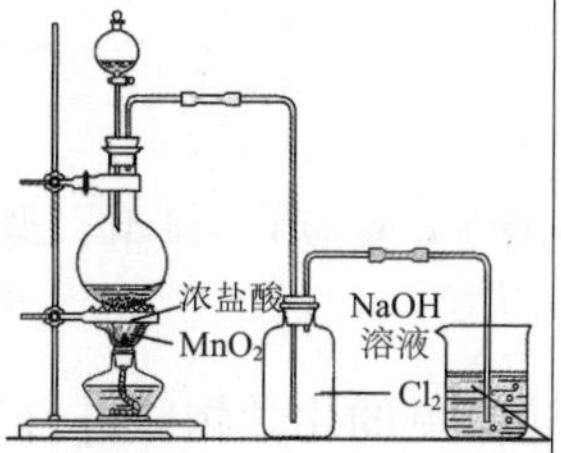 （图）浓盐酸 MnO₂ NaOH溶液 Cl₂ 对调批阅 当堂矫正	当堂检测是课堂教学的重要环节，只有坚持当堂检测，才能有效地强化效率，减少学生课后作业负担。

附：

　　"实验室制取二氧化碳"知识树对实验室制取二氧化碳的原理、装置、实验步骤及操作要点做了抽象概括和直观呈现，十分有利于学生对这一知识的理解记忆和迁移应用。

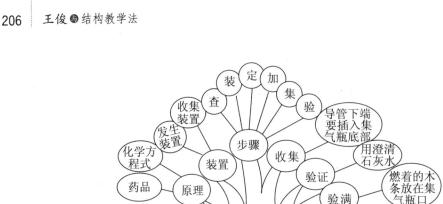

"实验室制取二氧化碳"知识树

(三)酸碱盐

年级：九年级(《化学》人教版)　课型：复习课　主备：谈文霞

1. 教学目标

(1)初步学会对身边常见的化学物质进行分类的方法。

(2)记住酸碱盐的化学性质并能灵活运用，培养学生归纳总结的能力。

(3)会用复分解反应的条件解决一些常见问题：鉴别、除杂等。

2. 教学重点、难点

利用酸碱盐的性质，解决物质共存、转化、除杂、鉴别等一系列问题。

3. 教学方法

结构尝试教学法、合作交流学习法、对比学习法。

4. 教学过程

教学过程和内容	教师活动	学生活动	设计意图
一、感情先行 明确目标	情境1：刚学完酸碱盐，感叹物质多，反应多，反应规律复杂，应用更难。	思考	情境导入，引起共鸣，激发学生学习兴趣。

续表

教学过程和内容	教师活动	学生活动	设计意图
	情境2：展示酸碱盐部分知识点，说明复习的一般方法。出示学习目标。	感悟 齐声朗读，明确本节课的学习目标。	复习时要有意识把所学知识网络化、结构化。 明确目标，发挥目标的导学、导教、导测功能
二、知识为例探寻方法 （一）物质的分类	假如这些物质的有关知识正凌乱地散落在你的大脑里，你准备怎样排列，使它们从无序变成有序？ 引导：完成知识结构的建构。完成学案1。	自学检测： 独立完成练习。 互帮互学： 对组、小组，互对答案，解答疑难。 展示点评： 小组代表回答问题 归纳小结： 物质的分类	把知识结构化，并且用变式训练加强知识的同化和异化的作用。 熟记规律是应用的前提。
（二）酸碱盐的化学性质 1. 哪些物质之间能发生反应	完成学案2	自学检测： 独立完成练习。 互帮互学： 对组、小组，互对答案，解答疑难。 展示点评： 小组代表回答问题。 归纳小结： 学生归纳知识结构	帮助学生梳理酸碱盐部分的知识点，加强知识点之间的联系。

续表

教学过程和内容	教师活动	学生活动	设计意图
	教师引导： 让学生从物质类别的角度出发总结，将知识应用在解题中。	金属氧化物　指示剂　非金属氧化物 酸 ——— 碱 金属　盐 —— 盐	从物质类别的角度考虑，将酸碱盐的化学性质结构化。 学会从个别到一般的归纳能力。
2. 不同反应类型，反应发生的条件	学以致用： 完成学案 3。 判断下列反应能否发生？	自学检测： 独立完成练习。 互帮互学： 对组、小组，互对答案，解答疑难。 展示点评： 小组代表回答问题。 归纳小结： 置换反应／复分解反应表： 置换反应：金属和酸、金属和盐 复分解反应：酸、金属氧化物、酸和碱、酸和盐、碱和盐、盐和盐 置换反应 工具：金属活动性顺序 条件：前换后，盐可溶 复分解反应 特征：双交换，价不变 条件：生成物中↓或↑或 H_2O	对比学习法：置换反应和复分解反应不同的判断条件。 培养学生运用知识解决问题的能力，学会一般到个别的演绎能力。
3. 微观本质	完成学案 4 和学案 5，从离子的角度分析复分解反应的本质。	方法结构 Ba^{2+}　CO_3^{2-}　NH_4^+ Ca^{2+}　$H^+—OH^-$　Cu^{2+} HCO_3^-　　　Mg^{2+}　Fe^{3+} $Cl^-—Ag^+$ $SO_4^{2-}—Ba^{2+}$	透过现象，分析本质。 运用方法，引起反思，感悟方法。

续表

教学过程和内容	教师活动	学生活动	设计意图
4. 除杂方法 离子共存	完成学案6~9。	自学检测： 独立完成练习。 互帮互学： 对组、小组，互对答案，解答疑难。 展示点评： 小组代表回答问题。 归纳小结： 除杂的一般方法。 应用什么物质？为什么不用另一种物质？ 离子共存的本质。	培养学生自觉应用知识点解题的意识。 通过变式训练，迁移运用把知识转化为技能。
三、理解记忆 巩固小结	学法指导： 从物质类别的角度记忆性质，运用变化规律。	物质 —组成→ 分类 —研究→ 性质 —宏观/微观→ 变化规律	归纳总结学习物质的一般方法。
四、当堂检测 独立应用	发当堂检测试卷，时间共十分钟。 包括对答案，点评试卷，统计达标情况。	独立检测 对调批阅 及时更正 学生质疑 讨论交流	及时了解学生掌握情况，为后面教学做好准备。 激励学生勇于思考，体现学生的主体性和独立性。
五、整合提高 布置作业	完成练习册评估十一。	独立完成	巩固提高

(四)酸碱盐复习学案

年级：九年级(《化学》人教版)　课型：新授课　主备：谈文霞

1. 现有 Mg、H、O、S、Cu、Cl 等元素，按要求填空。

(1)金属单质_____　(2)非金属单质_____

(3)金属氧化物_____(4)非金属氧化物_____

(5)酸_____(6)碱_____(7)盐_____

2. 现有下列七种物质，常温下两两发生反应最多可以写出_____个化学方程式。把能反应的两种物质用线连起来。

Zn、CuO、CO_2、H_2SO_4、$NaOH$、$BaCl_2$、$CuSO_4$

3. 判断下列反应能否发生，能发生反应的写出化学方程式，不能的说明理由。

$H_2SO_4 + BaCl_2$ _____ $Na_2CO_3 + Ca(OH)_2$ _____

$MgCl_2 + KNO_3$ _____ $NaOH + CuSO_4$ _____

4. 下列物质在水溶液中能共存的是（　　　）

A. $NaCl$　$AgNO_3$　　B. Na_2CO_3　HCl　　C. $CaCl_2$　Na_2CO_3　　D. KCl　$MgSO_4$

5. 经测定，某溶液的 pH＝0，向该溶液中滴加石蕊试液，石蕊呈_____色，该溶液中不可能存在 $NaOH$，Na_2CO_3，$NaHCO_3$，$NaCl$ 中的_____。

6. 下列各组物质中都含有杂质（括号内的物质为杂质），写出除掉杂质的化学方程式：

(1)$NaOH[Ca(OH)_2]$_____。　(2)HNO_3(HCl)_____。

(3)$NaOH$(Na_2CO_3)_____。　(4)$NaCl$($CuSO_4$)_____。

7. 用一种试剂鉴别下列各组物质溶液：

(1)$NaOH$　$NaCl$　HCl　(2)Na_2CO_3　$AgNO_3$　KNO_3

(3)$NaOH$　$Ca(OH)_2$　HCl　(4)NH_4NO_3　$(NH4)_2SO_4$　Na_2CO_3　$NaCl$

8. 下列各组物质的溶液，不用其他试剂就能一一鉴别的是（　　　）

A. $NaCl$　$AgNO_3$　$CaCl_2$　$NaNO_3$　　　B. Na_2SO_4　$BaCl_2$　K_2CO_3　KNO_3

C. $CuSO_4$　$MgCl_2$　$NaOH$　$NaCl$　　　D. HCl　Na_2CO_3　$BaCl_2$　H_2SO_4

9. 有一包白色粉末，可能由 $CaCl_2$、Na_2SO_4、Na_2CO_3、$CuSO_4$ 中的一种或几种组成。现做如下实验：①取少量粉末，加水溶解得无色溶液；②另取少量粉末，滴加稀盐酸，有气泡。请回答：原粉末中一定没有_____，一定有_____，可能有_____。

课堂练习：

1. 下列质量增加的变化有一种与其他三种存在本质的区别，这种变化是（　　　）

A. 久置在空气中的氢氧化钠质量增加　　B. 久置的生石灰质量增加

C. 长期敞口放置的浓硫酸质量增加　　D. 久置的铁钉生锈质量增加

2. 根据你所学过的知识，下列说法错误的是（　　）

A. "请往菜里加点盐"中的"盐"特指食盐——$NaCl$

B. 体温表中的水银不是银，是金属汞

C. 食品工业中，发酵粉的主要成分是小苏打——Na_2CO_3

D. 生活中常用的铁制品是铁的合金

3. 当土壤 pH＝4 时农作物不能生长。要改良这种土壤应使用的物质是（　　）

A. 氢氧化钠　　　B. 熟石灰　　　　C. 碳酸水　　　D. 食盐

4. 下列几组物质中，按酸、碱、盐顺序排列的是（　　）

A. HNO_3、Na_2CO_3、$BaSO_4$　　　　B. $NaHSO_4$、KOH、$NaCl$

C. H_3PO_4、$Ba(OH)_2$、$NaHCO_3$　　　D. H_2CO_3、$Ca(OH)_2$、MgO

5. 下列各组物质中不能发生复分解反应的是（　　）

A. HCl 和 $Ca(OH)_2$　　　　　　B. Na_2CO_3 和 H_2SO_4

C. $Ca(OH)_2$ 和 Na_2CO_3　　　　D. KCl 和 $CuSO_4$

6. 分别将下列各组物质同时加到水中，能大量共存的是（　　）

A. $NaCl$、$AgNO_3$、Na_2SO_4　　　　B. H_2SO_4、$NaCl$、Na_2CO_3

C. Na_2SO_4、KNO_3、$NaOH$　　　　D. $BaCl_2$、$NaCl$、K_2SO_4

7. 混有水蒸气的下列气体，能用固体氢氧化钠干燥的是（　　）

A. SO_2　　　　　B. H_2　　　　　C. CO_2　　　　D. HCl

8. 在贝壳上滴稀盐酸，能产生使澄清石灰水浑浊的气体，这说明贝壳中含有的离子是（　　）

A. Ca^{2+}　　　　B. CO_3^{2-}　　　　C. SO_4^{2-}　　　D. OH^-

9. 用一种试剂能将 $NaOH$、Na_2CO_3、$Ba(OH)_2$ 三种溶液区分开来的是（　　）

A. H_2SO_4　　　B. HCl　　　　C. $CaCl_2$　　　D. NH_4Cl

10. 有四种物质的溶液：①$Ba(OH)_2$②$Na_2SO_4$③$HNO_3$④$FeCl_3$，不用其他试剂就可将它们逐一鉴别出来，其鉴别顺序是（　　）

A. ④③②①　　　B. ④①②③　　　C. ①③④②　　　D. ①④②③

附1：学案的答案和解析

1. 根据物质的组成确定物质类别。(1)Mg　(2)H_2　O_2　S　Cl_2

(3)CuO　(4)H_2O　SO_3　(5)H_2SO_4　(6)$Cu(OH)_2$　(7)$CuSO_4$

2. 先确定七种物质的类别，再根据不同类别的物质相互之间能发生反应的关系图，确定最多可以写出 8 个反应。

3. 先判断下列反应是复分解反应，再根据复分解反应条件判断。

$BaCl_2 + H_2SO_4 =\!=\!= BaSO_4\downarrow + 2HCl$

$Ca(OH)_2 + Na_2CO_3 =\!=\!= CaCO_3\downarrow + 2NaOH$

不能反应，因为没有生成沉淀气体或水。

$CuSO_4 + 2NaOH =\!=\!= Cu(OH)_2\downarrow + Na_2SO_4$

4. D 记住离子反应关系图

$$
\begin{array}{c}
\left.\begin{array}{c} Ba^{2+} \\ Ca^{2+} \end{array}\right\rangle CO_3^{2-} \\
HCO_3^-
\end{array}
\rangle H^+ - OH^- \langle
\begin{array}{c}
NH_4^+ \\ Cu^{2+} \\ Mg^{2+} \\ Fe^{3+}
\end{array}
$$

$$
\begin{array}{c}
Cl^- - Ag^+ \\
SO_4^{2-} - Ba^{2+}
\end{array}
$$

5. 红色，NaOH，Na_2CO_3，$NaHCO_3$

pH＝0，说明原溶液中有大量 H^+，不能与 NaOH，Na_2CO_3，$NaHCO_3$ 共存。

6. (1)$Ca(OH)_2 + Na_2CO_3 =\!=\!= CaCO_3\downarrow + 2NaOH$

(2)$AgNO_3 + HCl =\!=\!= AgCl\downarrow + HNO_3$

(3)$Ca(OH)_2 + Na_2CO_3 =\!=\!= CaCO_3\downarrow + 2NaOH$

(4)$CuSO_4 + Ba(OH)_2 =\!=\!= Cu(OH)_2\downarrow + BaSO_4\downarrow$

7. (1)石蕊。NaOH、NaCl、HCl 三种溶液分别是碱性、中性、酸性

(2)盐酸。取样后分别加入盐酸，有气泡的是 Na_2CO_3，有白色沉淀的是 $AgNO_3$，没有现象的是 KNO_3。

(3)碳酸钠溶液　(4)氢氧化钡溶液

8. AB。先根据溶液颜色鉴别，再根据两两物质能否反应以及相互反应的不同现象鉴别。

9. $CaCl_2$　$CuSO_4$；Na_2CO_3；Na_2SO_4　①取少量粉末，加水溶解得无色溶液，

可推出没有 $CuSO_4$；$CaCl_2$ 和 Na_2CO_3 不能同时存在，否则会出现白色沉淀。②另取少量粉末，滴加稀盐酸，有气泡。可推出有 Na_2CO_3 才能与盐酸反应有气泡；结合 $CaCl_2$ 和 Na_2CO_3 不能同时存在，可推出没有 $CaCl_2$。

附2：课堂练习的答案和解析

1. C。C 是物理变化，其他都是化学变化。

2. C。小苏打是 $NaHCO_3$。

3. B。不选择氢氧化钠，因为有强腐蚀性。

4. C。根据物质的组成判断物质的类别。

5. D。根据复分解反应的条件判断。

6. C。记住离子间相互反应的关系图。

7. B。H_2 是中性气体，其他气体是酸性气体，能与碱反应。

8. B。酸能与碳酸盐反应生成 CO_2。

9. A。与 H_2SO_4 反应产生沉淀的是 $Ba(OH)_2$，产生气泡的是 Na_2CO_3。

10. B。先根据溶液颜色找出黄色溶液 $FeCl_3$，再把 $FeCl_3$ 与其他三种溶液两两反应，产生红褐色沉淀的是 $Ba(OH)_2$，再把 $Ba(OH)_2$ 与其他两种溶液两两反应，产生白色沉淀的是 Na_2SO_4，没有现象的是 HNO_3。

五、结构教学法生物案例

神经调节的基本方式

年级：八年级(《生物》江苏科技版)　课型：新授课　主备：朱江

1. 教学目标

(1)能说出人体神经调节的基本方式，并会举例说明反射的概念。

(2)能说出反射弧的结构，描述反射发生的一般过程。

(3)能举例说明反射的类型及人类条件反射的特征。

2. 教学重点

探究反射的神经结构，描述反射发生的一般过程。

3. 教学过程

教学过程和内容	学习活动设计	设计意图
一、感情先行 明确目标	你知道"望梅止渴"这个成语故事吗？哪位同学能给大家简单讲述一下。 当听到酸梅时，我们的口腔里会分泌出许多的唾液，这是人体对某种刺激做出的相应反应。这种反应是如何发生的呢？导出本课学习课题。 出示"生命活动的调节"知识树。 由知识树导出本课学习目标： 1. 神经调节的基本方式是什么？ 2. 神经调节是怎样进行的？ 3. 神经调节的方式有哪些类型？如何区别？	由学生熟悉的典故中的生物学现象，来创设问题情境，导出解决问题的学习过程，并激发学生的学习兴趣。 由结构图导出课时学习目标，一是直观、清晰，二是可以不断强化整体的知识结构。
二、知识为例 探寻方法 （一）神经调节的基本方式	自学自检： 自学课文第 35、36 页的开头 2 小节。 时间 3 分钟。 思考并回答： 1. 神经调节的基本方式是什么？ 2. 什么叫反射？概念中哪几个是关键词？ 自我检测： 下列属于反射活动的是？为什么是或不是？ A. 草履虫逃避光的刺激 B. 植物的根向水生长 C. 鱼游向食物 D. 刚离体的肌肉受电刺激会收缩 E. 含羞草被触会卷起来 F. 针刺手，手缩回来 互帮互学： 左右两人为组进行互问互答或讨论。	用问题来引导自学，就有了明确的自学目标，也很容易检测自学效果。 概念教学的一种有效方法是明确概念中的关键词，并进行有针对性的训练。 在自学中进行自我检测，能有效提高自学效果。 互帮互学能提优补弱，促进共进，并能培养合作精神。

教学过程和内容	学习活动设计	设计意图
	展示点评： 小组代表发言，就上述问题进行全班交流。 变式训练： 你能否再举出一些反射的实例？	变式训练可以强化学生对知识的理解。让学生来举例是变式训练的一种有效方法。
(二)探究反射活动的神经结构	合作实验： 按课文中的方法和步骤，同桌的两人合作进行膝跳反射的实验。时间 2 分钟。 探究讨论： 根据实验现象，借助图 15-8，先独立思考以下三个讨论题，后以前后四人为组开展讨论。时间 3 分钟。 1. 敲击韧带时，受测同学的小腿有什么反应？膝跳反射受大脑控制吗？如果实验现象不明显，请你分析原因。 2. 参与膝跳反射的神经结构有哪些？如果缺少某一环节，反射还能进行吗？ 3. 请你尝试叙述膝跳反射发生的完整过程。 展示点评： 小组代表发言，就上述问题进行全班交流。 变式训练： 叙述"望梅止渴"这一反射活动的全过程。 归纳小结： 归纳反射弧的结构及反射发生的一般过程。 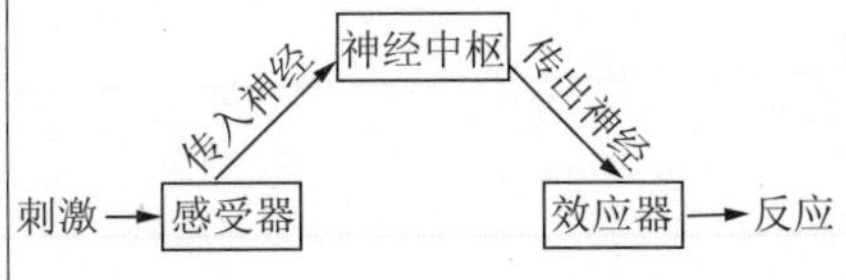 刺激 → 感受器 —传入神经→ 神经中枢 —传出神经→ 效应器 → 反应	讨论前的独立思考是保证小组讨论有效性的前提。 变式训练是"举一反三"过程，归纳小结就是"举三归一"过程。 概括概念的关键特征并揭示其内在联系，就能使学习的知识在新的问题情景中更好地迁移应用。

续表

教学过程和内容	学习活动设计	设计意图
(三)反射的类型	自学自检: 阅读课文第 38 页的内容。时间 3 分钟。 思考并回答: 1. 反射分为哪两种类型? 有哪些区别? 2. 人类条件反射有哪些与动物不同的特征? 自我检测: 请尝试对下列反射进行分类 A 吃梅止渴　B 看梅止渴　C 听梅止渴 D 膝跳反射　E 吮吸反射　F 谈虎色变 互帮互学: 左右两人为组进行互问互答或讨论。 展示点评: 小组代表回答上述问题,交流学习成果。 变式训练: 请再举一些非条件反射、条件反射、人类特有的条件反射的实例。	分类也是概念学习中的一种重要方法。在分类中需要学生能区分、理解概念,并能训练学生运用概念解决问题。 通过展示点评能有效反馈学生自学和合作学习的效果。
三、构建结构小结巩固	师生合作,共同小结,构建本课知识结构,并回归到专题知识体系中。进一步明确本课知识与专题整体知识的联系,深化对整体知识的理解。 引导学生提"两类问题",即自己懂的考别人,不懂的请教他人。	通过构建知识结构,可以深化对基本概念及其内在联系的理解和掌握。
四、当堂检测反馈修正	苏科版生物教材八年级上册配套《同步练习》第 7 课时,第 2、3、8、9、10、11、12、题(详见附 3) 独立完成,对组互批。 及时反馈和修正。	当堂测试是确保课堂效率的重要手段。

附 1：

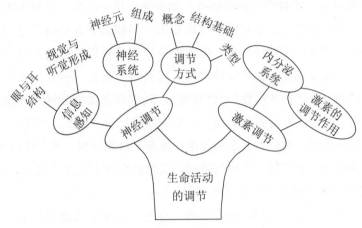

"生命活动的调节"知识树

附 2：自学自检思考题解析

1. 神经调节的基本方式是什么？

解析：当人体在受到来自外界或身体内部的各种刺激时，就会在神经系统的调节下，对这些刺激做出相应的反应。如针刺手，手会缩，这一反应就在神经系统的调节下完成的，这种反应就是反射。因此，反射是神经系统调节人体各种活动的基本方式。

2. 什么叫反射？概念中哪几个是关键词？

解析：人或动物在神经系统的调节下，对身体内部或者是外界的各种刺激做出的反应，这种反应就叫反射。在这一概念中，"神经系统的调节"是一个关键词。因为植物或一些低等动物，也能对某种刺激做出相应的反应，如植物的向光性就是对光刺激的一种反应，如单细胞的动物草履虫会逃避光的刺激等。由于植物和低等动物没有神经系统，所以它们对刺激的反应就不能称为反射，只能叫应激性。

3. 膝跳反射受大脑控制吗？如果实验现象不明显，请你分析原因。

解析：在膝跳反射的实验中可以发现，如果受测同学有意识地控制小腿，是观察不到明显的反射活动的。只有在受测同学不注意时或放松的情况下，才有明显的反射活动。这就说明，膝跳反射是不受大脑控制的。所以，如果实验中反射现象不明显，主要的原因一般是受测同学不放松，在有意识地控制着小腿；也有可能是测试同学敲击的部位不对。

4. 参与膝跳反射的神经结构有哪些？如果缺少某一环节，反射还能进行吗？

解析：从课本膝跳反射示意图中可以看出，当膝盖下方的韧带受到敲击时，感受器接受刺激，就会产生神经冲动，这种神经冲动通过传入神经传到脊髓的神经中枢，神经中枢在接收到传入的神经冲动后，就会做出反应，再发出神经冲动并通过传出神经传导到大腿中的效应器(大腿肌等)，效应器在接收到神经冲动后，相关肌肉收缩，带动小腿产生向前弹起的动作，形成膝跳反射。因此，感受器、传入神经、神经中枢、传出神经、效应器五个神经结构参与了膝跳反射。从上述过程可以看出，如果这五个神经结构中任何一个出现障碍，反射活动就不能正常进行。

5. 反射分为哪两种类型？有哪些区别？

解析：人体具有许多不同的反射活动。有些反射是生来就具有的，叫非条件反射。例如，刚出生的婴儿就有吮吸反射，还有前面所做的膝跳反射等。有些反射是在非条件反射的基础上通过后天的经历、训练和学习等形成的，这类反射叫条件反射。例如，前面提到的"望梅止渴"。这两类反射的主要区别除了先天与后天外，还有是非条件反射是一种比较低级的神经调节方式，它只需要脊髓等部位的低级中枢参与就可完成。而条件反射必须在大脑皮质上高级中枢的参与下才能完成，是一种高级的神经调节方式。

6. 人类条件反射有哪些与动物不同的特征？

解析：动物(一些低等动物除外)经过训练、学习，也会形成条件反射，但由于动物的大脑皮质上不具有人类所有的语言中枢，因此，对语言、文字发生反应，这是人类特有的条件反射。虽然有些动物(例如狗)经过训练，似乎也能听懂主人的话，其实这只是对主人特定声音的一种反应，不是对语言的理解。

附3：当堂检测题及参考答案

当堂检测题

1. 参与反射活动的神经结构叫作_____，它包括_____、_____、_____、_____和_____五部分。

2. 根据反射的形成过程，可将反射分为_____反射和_____反射。前者是生来就有的，后者是在_____的基础上通过后天学习形成的。

3. 手偶尔碰到了火，立刻缩回来，这种反应叫作(　　)

A. 运动　　　　　　　B. 兴奋　　　　　　C. 反射　　　　　　D. 冲动

4. 下列不属于反射的是(　　)

A. 狗算算术　　　　　　　　　　B. 鸟听到枪声后飞走

C. 小明躲开飞来的石头　　　　　D. 向日葵的花盘总朝向太阳转动

5. 下列现象中，属于条件反射的是(　　)

A. 望梅止渴　　　　　　　　　　B. 青杏入口，分泌唾液

C. 强光刺眼，立即闭目　　　　　D. 手触针刺，立即缩手

6. 条件反射不同于非条件反射的特点是(　　)

①先天性反射②后天性反射③可以消退④不会消退⑤低级神经活动⑥高级神经活动

A.①③⑤　　　　　　B.②③⑥　　　　　　C.①④⑤　　　　　　D.②④⑥

7. 在膝跳反射的实验中，用小槌敲打膝盖下部的韧带，会使小腿前伸。完成该反射的神经中枢位于(　　)

A. 脑干　　　　　　　B. 小脑　　　　　　C. 脊髓　　　　　　D. 大脑

参考答案

1. 反射弧　感受器　传入神经　神经中枢　传出神经　效应器

2. 条件　非条件　非条件反射

3. C　4. D　5. A　6. B　7. C

六、结构教学法思想品德案例

正确认识从众心理与好奇心

年级：八年级《思想品德》江苏人民版）　课型：新授课　主备：鲍燕萍

1. 教学目标

(1)知道从众的利与弊，知道从众心理是青少年一种正常的心理需要。

(2)了解好奇心对青少年成长的意义，能够正确对待好奇心。

(3)提高自己独立思考、自我控制以及分辨是非的能力，学会在比较复杂的社会生活中做出正确的选择。

2. 教学重点

(1)从众心理和好奇心的两重性。

(2)如何把握从众心理与好奇心。

3. 教学方法

结构尝试教学法

4. 教学过程

教学过程和内容	教师活动	学生活动	设计意图
一、感情先行 明确目标	1. 导入：一则幽默故事 2. 板书课题：正确认识从众心理与好奇心 3. 多媒体呈现本框知识树，依托学科知识树呈现学习目标。	1. 认真做好上课准备，准备好教科书。 2. 明确学习目标。	1. 通过一则幽默故事向同学揭示了两种现象——从众心理和好奇心。让学生认识到这两种现象在我们生活中比比皆是，从而引发学生的学习兴趣。 2. 明确教学目标，能充分发挥好教学目标的导学、导教和导测功能。
二、知识为例 探寻方法 （一）正确认识 从众心理	指导自学： 阅读课本第 14～16 页内容 1. 阅读课本第 14 页小字部分材料，归纳从众心理的含义及特点。 2. 多媒体展示《生活情景》。 讨论：联系上述情景，谈谈从众心理对我们学习、生活的影响。	自学自检： 独立阅读课本内容，尝试找到相关知识点答案，并在书上相应地方做好记号。 互帮互学： 对组、小组，互对答案，解答疑难。 展示点评：小组代表回答问题。 归纳小结：略	1. 教师根据学习内容"从众心理"的几个知识点设计成问题，发挥问题导学的功能。 2. 在自学自检、互帮互学、展示点评中掌握知识，体现学生的主体性和主动性，这几步也是结构尝试教学法的基本步骤。

续表

教学过程和内容	教师活动	学生活动	设计意图
	3. 多媒体展示材料:《逸飞的心态》 讨论:联系逸飞的周记,结合具体事例谈谈我们如何"成为我自己"。 反馈巡视: 二次备课,并作个别辅导 点拨评价: 引导学生从从众心理的含义和从众心理的影响两方面来理解,从而掌握正确对待从众心理的途径。		3. 在理解记忆具体知识点的过程中要重视方法的归纳指导。
(二)正确认识好奇心	指导自学(多媒体呈现或分步口述),阅读课本第16、17页内容: 1. 配乐诗朗诵《好奇的思绪》 归纳:什么是好奇心? 2. 结合课本小字部分材料,完成课本第17页对话部分的讨论。 归纳:好奇心的影响及青少年如何正确对待好奇心。 反馈巡视: 二次备课,并作个别辅导 点拨评价: 引导学生从好奇心的含义、影响两方面来理解好奇心,从而掌握正确对待好奇心的途径。	自学自检: 独立阅读课本内容,尝试找到相关知识点答案,并在书上相应地方做好记号。 互帮互学: 互对答案,解答疑难。 展示点评: 小组代表回答问题,并相互提问、检测、点评。 归纳小结:略	1. 引导学生研读课本内容,是充分用好教材,发挥教材内容案例功能的基础。 2. 思品课的教学过程是一个从"明理"到"导行"的过程。因此教师应根据不同的学习内容,运用的不同的策略,引导学生运用所学知识分析并解决问题,明确各种情况下应采取的行为对策,促使学生积极践行。

续表

教学过程和内容	教师活动	学生活动	设计意图
三、归纳小结 理解记忆	指导学生： 1. 依托本课知识树理解记忆从众心理的含义、影响及正确对待从众心理的途径。 2. 依托本课知识树理解记忆好奇心的含义、影响及正确对待好奇心的途径。（附知识树）	依托本课知识树，理解记忆从众心理的含义、影响、正确对待从众心理的途径，好奇心的含义、影响、正确对待好奇心的途径。	利用知识树的形式将本课内容归纳总结，有助于学生在较短时间内掌握本堂课内容。
四、当堂检测 独立应用	1. 完成《补充习题》相关题目。 2. 先初读练习题，自主复习2分钟后独立闭卷完成。 3. 对学生当堂检测情况做出积极评价。	1. 学生独立完成练习题。（如有困难，允许查阅资料） 2. 对调批阅，当堂矫正。	1. 当堂检测是课堂教学重要的一个环节，只有坚持当堂检测，才能有效地强化效率意识，减轻学生课后作业负担。 2. 尽可能用好"课本中习题"和"学辅资料"进行当堂检测，能有效减轻师生过重负担。 3. 检测前安排适量时间理解记忆有关内容，能更有效地提高学习效率。 4. 当堂检测可作分层要求，在检测的题量上、难度上、形式上均可提出不同要求。

附：

1. 课堂知识点答案

从众心理的含义：从众心理几乎人人都有，它是指个体在社会群体的无形压力下，不由自主地与多数人保持一致行为的心理现象。

从众心理的影响：在现实生活中，从众心理影响着我们的判断和发展。一方面，从众心理有助于学习他人的智慧和经验，扩大视野，克服固执己见、盲目自信等缺点；另一方面，从众心理又可能抑制我们的个性发展，束缚思维，扼杀创造力，使人变得缺乏主见。

正确对待从众心理的途径：我们既要慎重考虑多数人的意见和做法，不故步自封，也要有自己的思考和分析，不迷信、不盲从。

好奇心的含义：好奇心是指与惊奇情绪相联系的，由新奇刺激所引起的一种朝向、注视、接近、探索的心理状态。

好奇心的影响：好奇心既可以激发我们学习和探索的兴趣，也可能把我们引上歧路，关键是我们如何去把握和利用它。好奇心指向美好事物时，它会造福于社会，而一旦与恶结缘，它就可能诱使我们走向深渊，甚至陷入死亡的沼泽。好奇心一旦打开了潘多拉的魔盒，各种恶魔就会充斥世界。

正确对待好奇心的途径：对于好奇心，一方面，我们要在道德和法律允许的范围内积极探究，发挥其对学习、工作和生活的积极作用；另一方面，我们要克制那些超越道德和法律规范的好奇心，防止其消极影响，这是我们健康成长的重要保证。

2. 导入《一则幽默故事》

一天傍晚，一批从汽车上下来的游客，远远看见一个年轻女子正在广场上专注地抬头仰望天空。这群人感到十分好奇，也不禁都抬头搜寻起来，但什么也没看见……路人越来越多，一大帮好奇者聚集在一起，抬头看着天空。最后终于有人忍无可忍了："大家究竟在看什么？"究竟在看什么？究竟在看什么？问来问去，最后问到了那个年轻女子。她羞涩地回答："不好意思，我在流鼻血。""原来是这么回事。"大家摇摇头，一哄而散。

3.《生活情景》展示

情景1：晨读课上书声琅琅，平时不怎么喜欢读英语的舟舟受到感染，不由自主地跟着念了起来。

情景2：小强发现自己做出的数学题与其他许多同学的答案不一致，不假思索地把自己的答案改了，结果却错了。

情景3：转学到七年级(1)班的芳芳，看到同学都有整理错题的习惯，也学了起来。

情景4：班里许多同学过生日大摆宴席，似已成风，后天就是张力的生日了，他心想：别人都这样过生日，我也不能例外，但是囊中羞涩……

情景5：物理学家福尔顿因受从众心理影响，没有向科技界公布自己的测量结果，失去了原本应得的荣誉。

讨论：联系上述情景，谈谈从众心理对我们学习、生活的影响。

4. 心灵透视：《逸飞的心态》

九年级学生逸飞在周记中写道："人家在看、在谈，我不看、不谈，显得太傻帽，太老土；人家在买、在玩，我不买，不玩，显得太寒酸，太落伍了。同学们一起看，一起聊，我不关心，不加入，会跟不上时代；同学们在一起，大家说去买，说一起去玩，我不去，也显得太不合群了。"

联系逸飞的周记，结合具体事例谈谈我们如何"成为我自己"。

5. 本课知识树

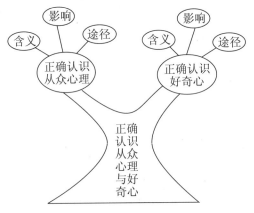

"正确认识从众心理与好奇心"知识树

七、结构教学法历史案例

(一)中国近代民族工业的发展

年级：八年级(《历史》人教版)　课型：新授课　主备：丁娟

1. 教学目标

(1)会讲述张謇兴办实业的目的与情怀，会分析大生纱厂结局说明的问题。

(2)会说出中国近代民族工业发展的阶段、特征、原因以及中国民族工业的特点。

(3)通过评价张謇其人，初步学会评价历史人物的一般方法。

2. 教学过程

教学过程和内容	教师活动	学生活动	设计意图
一、感情先行 明确目标	1. 出示五粮液酒、张裕葡萄酒、同仁堂药店等图片。 这些日常生活中常见的著名品牌其实都是我国的老字号、老名牌，它们有着悠久的历史，是我国民族工业的瑰宝。今天就让我们一同回顾中国近代民族工业发展的历程吧。 2. 板书课题《中国近代民族工业的发展》 3. 多媒体展示单元和本课的知识树，依托学科知识树呈现学习目标。	1. 认真做好上课准备，准备好教科书和相关图册。 2. 根据知识树，明确学习目标。	1. 明确教学目标，发挥教学目标的导学、导教和导测功能。 2. 利用学科知识树明确目标，初步掌握学习本课知识的基本方法。

续表

教学过程和内容	教师活动	学生活动	设计意图
二、知识为例探寻方法 (一)中国近代民族工业的曲折发展	指导自学： 1. 多媒体出示《民族工业发展曲线图》，请阅读教材第 101 页第 2～4 段，总结分析并说出近代民族工业发展的阶段、阶段特征、原因，并完成表格。 2. 阅读课文第 102 页图片，结合地图册第 31 页，说出近代民族工业发展的特点，并分析形成这一特点的主要原因是什么？ 3. 调查活动：1914 年，正值第一次世界大战时期，宋先生留学归国想创办实业，请你帮忙调查市场行情。	自学自检： 独立阅读图文内容，尝试解答有关问题，并写在题后，尝试完成表格。 互帮互学： 小组讨论，互对答案，解答疑难。 展示点评： 小组代表回答问题，并黑板演示完成表格。 归纳小结： 引导学生从阶段、阶段特征、原因三个方面来描述中国近代民族工业的发展历程。画出知识结构图。	1. 引导学生研读教材图文内容，是充分利用好教材，发挥教材内容案例功能的基础。 2. 图表是历史学科的第二语言，引导学生在读图、理解图、运用图的过程中学习历史知识，学会并提高从图表中得出结论的能力。 3. 通过合作学习，自主探究，培养学生学习历史的能力，对这一知识点有一整体认识。

续表

教学过程和内容	教师活动	学生活动	设计意图
	市场行情调查表 此时创办实业是否有利？为什么？ 哪些行业适合发展？ 你会把工厂设在哪里？为什么？ 如果第一次世界大战结束，你的企业会出现什么结局？		
(二)状元实业家张謇	指导自学： 1. 阅读第101、102页内容，完成活动："名人访谈录"。 名人访谈——走进状元实业家张謇 第一幕：从状元到实业家 主持人：张先生，您好！欢迎来到我们的节目。 张謇：主持人好。 主持人：您是光绪年间的科举状元，中国社会地位的排列顺序是"士、农、工、商"，状元是"士"中的极品，而工商业却是被士大夫们最瞧不起的"末业"，是什么促使您去兴办实业的呢？您能介绍一下创办实业的背景和口号吗？	自学自检： 独立阅读课文内容，初步了解张謇的相关史实。 互帮互学： 两人为一组完成访谈活动。 展示点评： 学生代表演示"名人访谈录"活动。 归纳小结： 引导学生根据评价人物的方法（生平、主要事迹、影响等）对重要人物和重大事件进行评价	1. 情境活动是历史课堂中发挥学生主体地位、提高学生兴趣的有效方法。 2. 引导学生阅读教材内容，根据材料和教材内容提取信息，初步学习简单地评价历史人物，引导学生实践"论从史出"的学习方法。

续表

教学过程和内容	教师活动	学生活动	设计意图
	张謇：······ 第二幕：实业救国 主持人：您创办了哪些实业？其中规模最大的是哪个？ 张謇：······ 主持人：您什么时候在事业上到达了顶峰？为什么呢？ 张謇：······ 主持人：您把赚来的钱都用来做什么了呢？ 张謇：······ 第三幕：失败的英雄 主持人：您创办实业，后来的命运如何呢？ 张謇：······ 主持人：为什么会是这样的结局？ 张謇：······ 主持人：大生纱厂的结局说明在帝国主义和封建主义双重压迫下，民族工业的最终归宿是悲惨的，大生纱厂可以说是旧中国民族工业发展的缩影。但是，张先生兴办实业的爱国精神和不惧世俗的勇气值得我们钦佩。感谢张先生接受名人访谈栏目的采访。 2. 会从生平、事迹、影响等方面综合评价张謇。		

续表

教学过程和内容	教师活动	学生活动	设计意图
三、理解记忆 小结巩固	指导学生： 1. 根据本课知识树记忆民族工业的发展阶段、阶段特征、形成原因、主要特点和重要人物。 2. 根据评价重要人物的方法会评价张謇其人。	根据本课知识树记忆民族工业的发展阶段、阶段特征、形成原因、主要特点和重要人物。	使学生能熟练掌握并运用评价历史人物的方法。
四、当堂检测 独立运用	1. 完成《历史填充图册》第25页内容。 2. 对学生当堂检测情况做出评价。 3. 布置分层作业：有能力的同学课后根据老师提供的资料或收集其他资料，做一份关于无锡地区民族工业的发展报告。（附资料） 行业：钱庄、银行、丝织、面粉等。 人物：宜兴蒲墅周福山，无锡东乡杨艺芳、杨藕芳兄弟，荣宗敬、荣德生兄弟，朱仲甫，周舜卿，杨翰西等。 企业：业勤纱厂、保兴面粉厂、振新纱厂、裕晶丝厂、润丰机器榨油厂、丰机器碾米厂、中国制镁厂等。	1. 独立完成练习题。 2. 对调批阅、当堂矫正。 3. 课后在家长和老师的帮助下完成分层作业。	1. 当堂检测是课堂教学重要的一个环节，强化效率意识，减轻学生课后作业负担。 2. 检测前安排适量时间理解记忆有关内容，能更有效地提高学习效率。 3. 分层作业能提高同学们的历史学习能力。

附1："中国近代民族工业"知识树

借助知识树引导学生掌握如何描述中国近代民族工业的相关知识要素，引导学生掌握对历史人物的学习，如何认识一个历史人物，如何评价一个历史人物，如何理解他对历史发展的影响等，有助于学生更有效地自主学习。

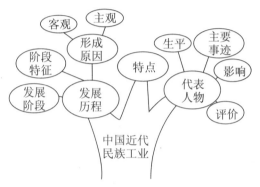

"中国近代民族工业"知识树

附2：思考题答案

1. 阅读教材第101页第2～4段，总结分析并说出近代民族工业发展的阶段、阶段特征、原因，完成表格。

阶　　段	特　　征	原　　因
第一阶段：洋务运动时期到清末	萌芽，发展受阻	洋务运动的促进，封建制度的阻碍
第二阶段：第一次世界大战期间	黄金时代	辛亥革命冲击了封建制度； 帝国主义国家忙于战争，暂时放松了对中国的经济掠夺（根本）
第三阶段：第一次世界大战后到新中国成立前	受挫、萎缩	帝国主义经济势力卷土重来，国民党发动内战和官僚资本主义的压迫

2. 阅读课文第102页，结合地图册第31页，说出近代民族工业发展的特点，并分析形成这一特点的主要原因是什么？

特点：总体水平比较落后；行业主要集中在轻工业部门；地区主要分布在上海、武汉等沿海沿江大城市。

原因：中国民族工业发展总体落后，主要是因为中国民族工业在帝国主义、封建主义和官僚资本主义三座大山的夹缝中求生存、图发展。

3. 调查活动：1914 年，正值第一次世界大战时期，宋先生留学归国想创办实业，请你帮忙调查市场行情。

市场行情调查表	
此时创办实业是否有利？为什么？	有利。因为第一次世界大战期间，帝国主义放松了对中国经济的掠夺。
哪些行业适合发展？	纱厂、面粉厂等一些轻工业部门。
你会把工厂设在哪里？为什么？	沿海沿江大城市。因为当时通商口岸都集中在沿海沿江地区，经济基础好，交通运输便利。
如果第一次世界大战结束，你的企业会出现什么结局？	第一次世界大战后，帝国主义势力卷土重来，加上日本的侵略，国民党发动内战等，民族工业再度受挫，最终面临破产。

4. 是什么促使张謇去兴办实业？介绍一下他创办实业的背景和口号。

《马关条约》签订后，外国人纷纷在中国办厂，利用中国廉价的原料和劳动力，直接剥削中国人民。张謇深感要挽回中国的利益，必须发展本国的工商业。于是他提出"实业救国"的口号，创办实业。

5. 张謇兴办了哪些实业？其中规模最大的是哪一个？

张謇兴办了纱厂、垦牧公司、轮船公司、面粉厂、油料厂和冶铁厂等产业。其中规模最大的是大生纱厂。

6. 张謇什么时候在事业上达到了顶峰？为什么？他把赚来的钱都用在哪里了？

第一次世界大战期间，由于帝国主义暂时放松了对中国民族资本的压迫，张謇的大生纱厂等企业获得了进一步的发展。他把挣来的钱用于兴办学校、图书馆、博物院、气象台、医院、公园和剧场等文化教育机构。

7. 张謇创办实业，后来命运如何？为什么会是这样的结局？

第一次世界大战结束后，帝国主义势力卷土重来，张謇的企业收不抵支，负债累累，最后被吞并。

8. 从生平、事迹、影响等方面综合评价张謇。

张謇(1853—1926 年)，我国近代著名实业家、教育家、社会活动家，是毛泽东强调的中国民族工业不能忘记的四个重要人物之一。他曾在科举仕途艰难跋涉近三十年，终于摘取了科举皇冠上的明珠——状元，并被授予翰林院修撰官职。然而，19世纪末的中国，内侮外凌，列强掀起瓜分中国的狂潮。在此国难当年，张謇毅然放弃做官，走"实业救国"和"教育救国"的道路，在家乡南通兴办实业、教育、文化、公益等各项事业，引领近代南通走向早期现代化。张謇虽然辞官，但却以自己独特的方式进行政治参与，以自己特殊的身份在辛亥革命时期的中国政治舞台上扮演着重要的角色。

(二)中考专题复习——侵略与反抗

年级：八年级(《历史》人教版) 课型：复习课 主备：夏静

1. 教学目标

(1)会说出中国近代侵略与反抗的主要史实。

(2)会说出近代不平等条约的主要内容及影响。

(3)会分析说明中国近代侵略战争的原因、经过、结果和影响。

2. 教学过程

教学任务、内容	教师活动	学生活动	设计意图
一、感情先行，明确目标	近代中国的历史是资本主义列强侵华的历史，也是中国人民英勇抗争和不断探索的历史。反对外国资本主义侵略，争取民族独立，是近代中国社会发展的基本脉络。八年级上册第一单元《侵略与反抗》是中考考查的重点内容之一。 呈现教学目标。	认真做好上课准备，准备好相关教科书和复习资料。	明确教学目标，充分发挥好教学目标导学、导教和导测功能。

教学任务、内容	教师活动	学生活动	设计意图
二、知识为例，探寻方法 (一)侵略与反抗相关史实 (二)战争知识结构	1. 阅读课本相关内容，思考：近代以来西方列强发动过哪些侵略战争，中国人民又进行过哪些抗争？完成知识树。 2. 归纳小结：进一步引导学生从"原因、导火线、过程、结果、性质、影响"等方面分析有关战争的基本知识。(见"战争"知识树)	1. 自学自检 绘知识树，梳理知识 （甲午战争、八国联军侵华战争、太平军抗击洋枪队、左宗棠收复新疆、虎门硝烟、边疆危机、列强侵略、中国人民的反抗、第二次鸦片战争、鸦片战争、侵略与反抗、邓世昌英勇杀敌、义和团运动） 2. 互帮互学 3. 展示点评	引导学生在阅读教材、梳理归纳过程中，理解记忆有关内容。 理解掌握分析某一类问题的一般方法，能更有效地提高自主学习的效率。
(三)相关不平等条约	1. 阅读课本相关内容，列表总结：列强强迫清政府签订的一系列条约。 2. 归纳小结：通过比较，总结得出不平等条约大都围绕割地、赔款、通商等内容(工具)，记忆时就可以根据这几方面入手。	1. 自学自检 完成表格内容 名称／内容／危害 南京条约 马关条约 辛丑条约 2. 互帮互学 3. 展示点评	分析条约的具体规定时，要与世界史紧密联系。列强是在第一次工业革命完成前后，需要开辟国外市场、掠夺工业原料的背景下发动对中国的侵略的。 分析影响时要指导学生分析对中国社会性质的影响。
三、变式训练，迁移应用	独立完成检测题(一)	1. 自学自检 2. 互帮互学	在变式训练中理解记忆，迁移应用。
四、当堂检测，独立应用	独立完成检测题(二)	当堂完成	通过练习，增强应试能力。

附 1：

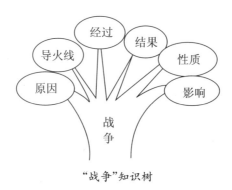

"战争"知识树

说明："战争"知识树是以树形的纲要信号对战争知识的学习策略进行了概括。教师可借助这一知识树引导学生掌握如何描述一次战争的特征，如何分析关于一次战争相关要素间的联系，在战争历史学习中需运用哪些基本的思想方法和观点等。当学生掌握了"战争"知识树时，就形成了良好的学习战争的认知结构或认知图式，即战争知识的学习策略，学生就能更有效地自主学习。

附 2：《侵略与反抗》检测题

1. 规定将中国乌苏里江以东，包括库页岛在内的约四十万平方千米领土割让给俄国的不平等条约是　　　　　　　　　　　　　　　　　　　　　　　　（C）

A. 中俄《瑷珲条约》　　　　　　B. 中俄《勘分西北界约记》

C. 中俄《北京条约》　　　　　　D. 中俄《改订条约》

（解题思路：根据条约内容回答）

2.《马关条约》中的哪一规定对中国民族资本主义发展最为不利？　　　（A）

A. 允许日本在中国开设工厂

B. 割辽东半岛、台湾岛、澎湖列岛给日本

C. 赔偿日本军费白银二亿两

D. 严禁中国人民参加反帝斗争

（解题思路：日本开设工厂在中国倾销商品，直接损害中国民族工业）

3. 2011 年 5 月 21 日，保利携昔日流失海外的圆明园兽首（猪、牛、猴、虎）踏

上了千年古城无锡的土地。承载着特殊历史意义的兽首向广大锡城市民免费展出。请问这批国宝的流失主要与下列哪场战争有关？　　　　　　　　　　　　　（B）

  A. 第一次鸦片战争　　　　　　　　B. 第二次鸦片战争

  C. 甲午中日战争　　　　　　　　　D. 八国联军侵华战争

（解题思路：根据第二次鸦片战争内容进行回答）

  4. 下面内容最能反映英国发动鸦片战争的意图是　　　　　　　　　　（D）

A. 割香港岛　　　　B. 赔款 2100 万元

C. 开放通商口岸　　D. 英商进出口货物缴纳的税款，中国必须同英国商定

（解题思路：围绕"英国发动战争目的是打开中国市场"来回答）

  5. 判断：我国当代一位著名的文化学者说："废墟是昨天派往今天的使者，废墟让我们把地理变成了历史。"看到闻名于世的皇家园林——圆明园的废墟遗址，就让我们想到了当年八国联军火烧圆明园的罪行。（八国改为英法）

（解题思路：根据第二次鸦片战争史实回答）

  6. 中国近代史是一部遭受西方列强侵略的屈辱史，又是一部抗争和探索史。在中国近代前期（1840—1919 年），西方列强对中国发动了哪些侵略战争？（鸦片战争、第二次鸦片战争、中日甲午战争、八国联军侵华战争）

（解题思路：根据本课归纳的知识树进行回答）

  7. 阅读下列两首诗

春愁

春愁难遣强看山，往事惊心泪欲潸；

四万万人同一哭，去年今日割台湾。

乡愁（节选）

而现在

乡愁是一湾浅浅的海湾

我在这头

大陆在那头

回答：

(1)《春愁》提到的"割台湾"是近代什么不平等条约的内容？（《马关条约》）

(2)中国人民在 1945 年 10 月收复台湾是哪一战争的胜利果实？（抗日战争）

(3)结合《乡愁》表达的愿望和相关历史知识，指出必将实现祖国统一的主要原因有哪些？（回答出两条即可）

（从历史角度来看，海峡两岸同根同源，台湾自古以来就属于中国，中华民族的统一是全体炎黄子孙的共同心愿；从现实角度来看，海峡两岸的经济、文化交流日益频繁。中华民族的统一符合两岸人民的共同利益；从法律的角度来看，《反分裂国家法》的颁布为实现统一提供了法律依据；从统一的可行性开看，一国两制方针在香港、澳门的成功运用，为实现统一提供了成功的范例。）

（解题思路：从材料里提炼有效信息，并联系本单元史实进行回答）

8. 中国近代史上，资本主义列强频频入侵，势令中华民族"亡国灭种"。请列举近代史上使中国逐步沦为半殖民地半封建社会的三个条约。（《南京条约》《马关条约》《辛丑条约》）

（解题思路：根据本课归纳的表格来回答）

八、结构教学法地理案例

（一）"结构教学"法在区域地理教学中的运用[①]

区域地理是中学地理学习的重点，在教材中各区域地理又特征不一，差异明显，知识点繁多，是学生学习的难点。以往老师备课时虽辛辛苦苦编写了各个区域的知识提纲，但因提纲内容和形式也不统一，学生感觉知识复杂、零乱，分析问题时仍不清楚从哪几方面去思考。

我校开展了"结构教学"模式的教学改革实验，将地理学科以基本概念为核心组建知识结构和方法结构，给学生提供了解决问题的方法（工具），即掌握解决某类问题的思维方式或方法步骤。具体在区域地理教学中，我们对教材区域地理知识进行了概括与归纳，绘制了"认识区域"知识树，教给学生结构型知识，使学生能尽快从

---

① 本部分内容由王苏蓉编写。

整体上把握认知结构和学习的策略方法，明白知识之间的内在逻辑联系，取得学习的主动权，从而有效地进行自主尝试学习。

1."认识区域"知识树的内涵

"认识区域"知识树主要由区域地理学习的基本内容(包括区域的范围、位置、自然环境、人文环境及其内在的联系)和基本地理思维方式(包括学习方法和基本观念)两大部分组成。如图所示：

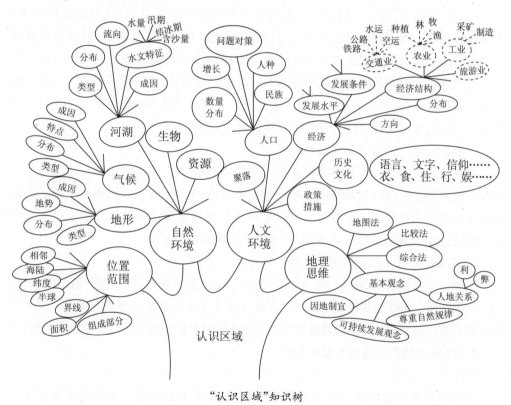

"认识区域"知识树

(1)区域地理学习的基本内容

①寻找位置——这个区域在哪里

弄清区域的地理位置和范围，是学习区域地理知识的第一步。一般来说，分析某地的地理位置，可以从区域所在的半球位置、纬度位置、海陆位置和相邻位置等方面去进行思考。例如，描述美国的地理位置：美国位于西半球，大部分国土纬度位置为北纬 30°~北纬 50°，主体部分位于北美洲，西临太平洋，东临大西洋，北与加拿大相邻，南与墨西哥接壤。

②了解特征——这个区域有什么样的环境

一个地区的区域地理特征是该地区自然要素和人文要素综合作用的体现，包括自然环境特征和人文环境特征。自然地理环境主要由地形、气候、河湖、生物、资源等要素组成，人文地理环境主要包括人口、城市、文化、经济(农业、工业、交通、商业、旅游)等要素。例如，亚洲的自然地理特征，就从地形(地面起伏很大，中部地势高耸，四周地势较为低下)、河流(发源于中部山地、高原，呈放射状流向周边的海洋，形成众多的长河)、气候(复杂多样、季风气候显著，大陆性气候分布广，亚洲东部和南部常受夏季风的影响而易发生旱涝灾害)等方面来描述。人文地理特征，就从人口(亚洲人口众多，增长速度快，对资源供给和环境保护产生了沉重的压力)、文化(地域文化多样)、经济(发展差异大)等方面来介绍。

③分析原因——为什么有这种环境

因各地理要素之间不是各自孤立的，而是相互联系、相互影响和制约的，关系复杂，内容繁多，所以这也是区域地理学习中较难的一部分。知识树则反映了各地理要素之间的内在联系，学生可运用它来理清各地理要素之间的内在联系，从而掌握解决某一类问题的思维方式或方法(详见后面的案例分析)。

④研究对策——怎么利用或改变这种环境

了解一个区域的地理特征后，学生可以自主探究该区域的开发利用问题和发展问题，例如，研究怎样的开发利用自然资源既有利于促进当地社会经济的发展，又不以牺牲环境为代价，开辟一条经济持续发展与生态环境保护相协调的可持续发展之路。

(2)区域地理学习的基本思维方式

①学习方法

在地理教学中最常用的方法就是地图法、比较法和综合法，其中地图法是地理学科学习的重要特色。在课堂教学中引导学生开展"读图""说图""绘图""默图"活动，是提高学生地理学科素养的重要途径。运用比较法突出地理特征，运用综合法揭示各地理要素之间的联系，培养学生综合性思维方式。

②基本观念

进行地理区域教学，一个重要的目的就是要给学生装上"地理的头脑"，会用"尊重自然规律""因地制宜""综合分析问题"和"可持续发展观念"等地理的思想和方法看待身边的一些事情,更科学地选择、安排生活和生产。

当学生掌握了"认识区域"知识树,就能形成良好的学习区域地理的认知结构(即学习策略),可有效地进行自主学习:描述一个区域的地理特征、分析一个区域的地理要素间的联系、运用基本的思想方法和观点等,大大提高了课堂教学的效率。

2."认识区域"知识树的使用方法

识记阶段:在学习区域地理的第一节课《亚洲》时就教给学生,让学生识记,引导他们从整体上了解区域地理学习的基本内容、学习方法和基本观念。

理解阶段:在后面的《日本》《东南亚》等地理区域学习中,都呈现这棵"认识区域"知识树,使学生逐步加深理解区域地理学习的内容和方法。

运用阶段:学习了四五个区域(视学生具体掌握情况灵活处理)后,则要求学生能较熟练地运用"认识区域"知识树(即学习区域地理的方法)去自学各个区域的地理特征。

从整个初中阶段的学习来说,第一节课《亚洲》就是学习的案例,帮助学生找到学习区域地理的方法。后面学习的区域则是区域学习的变式训练,帮助学生理解、运用方法,只是每个区域的侧重点不同而已,但都可利用"认识区域"知识树来帮助学生理清解题思路。例如,通过《亚洲》和《日本》的学习,引导学生发现:区域地理总是从区域范围、位置、自然、人文环境等方面去学习,位置总是从半球、纬度、海陆、相邻等方面去学习。再如气候,内容虽然繁多,但一归纳,发现气候总是从类型、分布、特点、成因等方面来介绍的。这样学生头脑中有一个学习区域地理、区域位置和气候这方面知识的认知结构,就可运用概括化的知识自主学习,运用整体、联系的思维解决实际问题。

[案例1]《亚洲》位置和地形的学习

师:亚洲的位置有什么特点?

学生自学课文后指图回答(略),相互补充修改。

师:请同学们归纳一下,教材是从哪几个方面来描述亚洲的位置的?

生:是从区域所在的半球位置、纬度位置、海陆位置和相邻位置等方面进行分析的。

师：（指着"认识区域"知识树"范围位置"部分）由此我们可以归纳出分析说明某一地区位置特点的方法。一般来说，分析某地的地理位置，可以从区域所在的半球位置、纬度位置、海陆位置和相邻位置等方面去进行思考。

（设计说明：以亚洲位置为例，寻找掌握说明某一地区位置特点的方法）

师：（展示世界地形图或政区图）你能分析欧洲的位置特点吗？

生：（以小组为单位讨论交流，代表回答。）从东西半球看，欧洲主要位于东半球；从南北半球看，欧洲位于北半球；从纬度位置来分析，欧洲位于中高纬度；从海陆位置来分析，欧洲位于亚欧大陆的西北部，北临北冰洋，西临大西洋，南临地中海。从相邻位置来分析，东接亚洲，南与非洲隔海相望。

（设计说明：创设知识感悟场，让学生感悟分析某一区域位置的方法）

这样，学生不仅掌握了亚洲的位置特点，还掌握了分析其他大洲位置的方法，学生也就能自主学习其他大洲的位置特点了。

[案例2]分析西双版纳旅游业迅速崛起的原因

先由学生自学课文，画出书中的重点，完成活动题；然后由学生尝试出题目相互检测，教师关注学生表现，及时评价矫正，适当进行补充。重点引导学生利用"认识区域"知识树梳理知识，掌握学习方法。

生：西双版纳旅游业迅速崛起的原因有政策的鼓励；位置优势（位于我国西南边陲，横断山脉最南端，与老挝、缅甸接壤等）；资源优势（热带雨林、热带动物、别具特色的民族文化等）

师：请你归纳一下，刚才你是从哪些角度来分析解答这题的？

生：是从区域位置、气候、旅游资源（动植物、民俗风情）、政策等方面来分析的。

师：我们将答案落实到"认识西双版纳"知识树上（见下图），气候、动植物属自然环境，民俗风情、政策等属人文环境。可见，西双版纳旅游业发展的原因可以从位置、自然、人文条件三大方面来分析的。

从知识树中还可分析出位置、热带季风气候、独特的热带动植物景观和独特的民俗风情等区域内各地理要素之间的联系是非常密切的。例如，受纬度位置和海陆位置的影响形成了热带季风气候；在热带季风气候的影响下形成了热带动植物景观；独特的民俗风情与自然环境有着密切的联系；与老挝、缅甸相

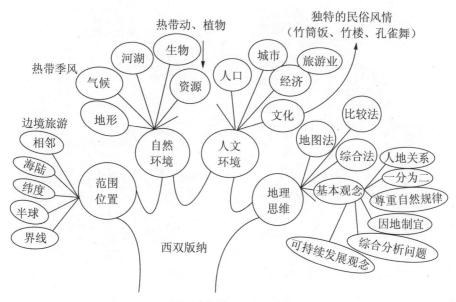

"认识西双版纳"知识树

邻的位置有利于发展边境旅游等。这样，学生头脑中就形成了学习旅游业的认知结构。

接着让学生尝试分析：宜兴发展旅游业有什么优势？同学就知道从什么角度去思考回答了。宜兴的旅游资源有（从自然环境分析）地形溶洞、植物竹海、茶的绿洲、太湖风景区和（从人文环境分析）陶的故都、东坡文化、梁祝文化等）。

紧接着让学生解答 2010 年上海地理高考中的一题：举例说明西藏自治区旅游资源的区域性特点。学生掌握方法后，也就懂得，此题还是从自然、人文环境方面去思考：（从自然环境分析）雄伟壮丽的雪域高原、高原湖泊、雅鲁藏布江大峡谷、（从人文环境分析）世界文化遗产布达拉宫等是西藏地区独特的旅游资源。学生运用这棵知识树就可对这道高考题进行解答了。

可见，运用结构教学法不但使学生掌握了西双版纳有关旅游业发展的知识，还使学生学会运用概括化的知识自主学习，运用整体、联系的思维解决了宜兴西藏等地区的实际旅游问题，思维能力也得到了培养。

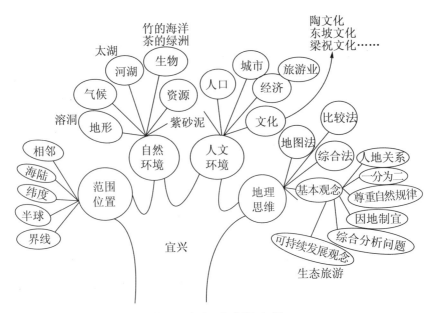

"宜兴旅游业优势"知识树

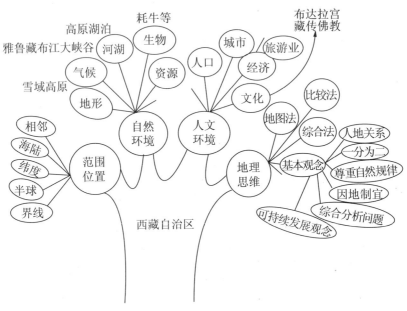

"西藏自治区旅游资源特点"知识树

[案例3]《黄土高原》的学习

黄土高原的地理特征与西双版纳完全不同，内容多且零碎，但同样可利用"认识区域"知识树来帮助学生理清解题思路。

片断1：

师：黄土高原水土流失的原因是什么？

生：地面破碎，沟谷密度大；平地少，斜坡多，沟谷两侧常出现直立的陡崖；降水集中在7、8月份，多暴雨；地表光秃裸露，缺少植被的保护；黄土结构疏松，多孔隙和垂直方向的裂隙；许多物质易溶于水；人们开垦、采矿、修路等活动，使地表疏松。

师：请你归纳一下，刚才你是从哪些角度来分析解答这题的？

生：从自然环境（地形、气候、植被、土质特性）和人文环境（人类活动）方面来分析。

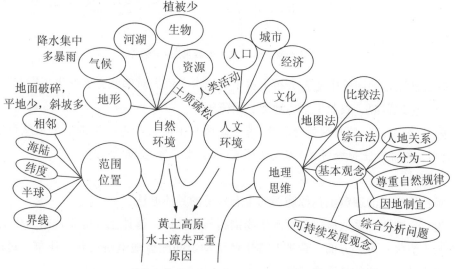

"黄土高原水土流失严重原因"知识树

师：很好。

片断2：

师：黄土高原水土流失严重会带来什么后果？

生：水土流失带走了地表肥沃的土壤，使农作物产量下降；使沟谷增多、扩大、加深，从而导致耕地面积减少；还向黄河下游输送大量泥沙，给河道整治和防洪造成巨大困难。

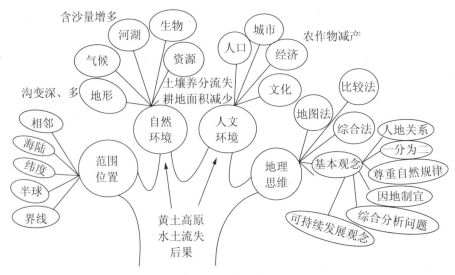

"黄土高原水土流失的后果"知识树

师：从刚才的回答中能否分析出黄土高原水土流失对哪些方面产生了影响？

生：土地资源、农业生产、地形、河流等。

师：（指"知识树"归纳答题思路）黄土高原水土流失严重产生的后果可从自然环境（地形、河流、土地资源等）和人文环境（农业生产等）方面来分析。

片断3：

师：请说说治理黄土高原脆弱的生态环境的具体办法。

生：一方面，采取植树种草等生物措施与建梯田、修挡土坝等工程措施相结合，治理水土流失；另一方面，合理安排生产活动，如陡坡地退耕还林、还草，过度放牧的地方减少放牧的牲畜数量等。

师：请同学归纳一下，刚才你们是从哪些方面来考虑办法的？

生：从自然环境（地形、生物等）和人文环境（生产活动、人口等）方面来分析。

师：（指"知识树"归纳答题思路）本着"尊重自然规律""因地制宜""可持续发展"等观念，还是从自然环境（地形、生物等）和人文环境（生产活动、人口等）方面来分析。

[小结]关于黄土高原，不论是分析水土流失的原因及后果，还是研究治理生态

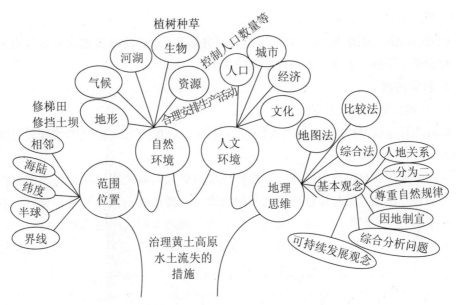

"治理黄土高原水土流失的措施"知识树

环境的措施，都是从自然环境及人文环境两大方面去考虑。我们掌握方法后，也就具备了较强的知识迁移能力，无须花大量的时间去死记硬背。

运用结构教学法鼓励学生大胆地尝试自主学习。但尝试，不是盲目地去尝试，而是在教师引导下的尝试，特别是教师要给予学习方法的指导。当学生掌握了"认识区域"知识树时，就形成了良好的学习区域地理的认知结构或认知图式，也就掌握了最具迁移价值的基础知识。

这些基础知识有利于学生在今后的学习中迁移应用，从而将知识转化为能力，将知识升华为智慧。

实践证明，学生掌握了学习方法后，自主尝试学习的积极性和能力都有了很大的提高，而且在一节课可以学习两节甚至更多的内容，大大提高了课堂教学的效率。

(二)《农业概述》教案

年级：高二年级(《高中地理》人教版)　课型：新授课　主备：王俊

1. 教学目标

(1)理解并说出农业概念、农业生产的基本性质、农业生产的特点及影响农业生产的主要因素。

(2)能运用《中国地形图》《世界气候类型分布图》分析说明农作物分布与自然条件、社会经济条件、农业技术条件之间的关系。

2. 教学过程

(1)反馈检测，导入新课

幻灯片显示《教材知识结构纲要信号》(见图1)，揭示农业在高中地理教材体系中的地位，并导入新课。

在高中地理教材结构中可看出，地理环境的有关内容是正确认识人地关系的基础，资源和能源是人类与地理环境之间的纽带。人类活动的内容和范围很广，农业是最基本的社会生产部门，是国民经济的基础，而当今粮食问题已成为世界各国关注的严重问题之一。今天，学习第八章《农业生产和粮食问题》，第一节《农业概述》。

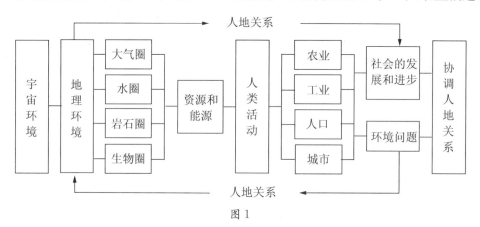

图1

(2)自学课文，全面感知

幻灯片显示自学思考题，要求学生利用思考题自学课文，并划出知识重点、难点，允许小声讨论。

自学思考题：

①什么叫农业？农业生产有哪些基本性质和特点？

②影响农业生产的主要因素有哪些？

③农业现代化有哪些表现？有何优越性？

(学生自学时，教师书写课题及板书提纲)

（3）突出重点，引导探索

①农业概念及农业生产的基本性质

教师设问：同学们见过哪些农产品？在此基础上，引导学生理解农业的概念，并简要说明小农业、大农业的概念。由农业的概念，引导学生认识农业生产是一个自然再生产的过程。

教师提问：为什么说它和经济再生产过程交错在一起呢？以小麦的生产为例，加以说明。

同时，引导学生比较"农作物"与"野生植物"生长繁殖过程的异同点，进一步加深对农业生产基本性质的理解。

教师小结：由上可知，安排农业生产必须既要遵循自然规律，又要遵循社会经济规律。

②农业生产的特点

教师设问：农业生产与其他部门比较有哪些特点呢？导入农业生产的特点。

利用《中国地形图》《世界气候分布图》，引导学生复习回忆中国和世界农业生产、分布的实例，说出农业生产的特点：地域性、季节性和周期性。教师出示并利用《农业概述》纲要信号，进一步分析说明农业生产地域性、季节性和周期性的形成原因（见图2）。

借助《农业概述》纲要信号简要说明影响农业生产的主要因素，并由此导入下段内容。

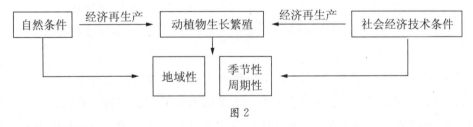

图2

③影响农业生产的因素

自然条件：利用《世界气候类型分布图》《中国地形图》举实例，引导学生分析说明自然条件各因素对农业生产的影响。

社会经济条件：举出由于社会经济条件的变化，引起农业生产和分布变化的实例，分别说明社会经济诸条件对农业生产的影响。

[**例1**]以家庭联产承包责任制为主的农村经济体制改革对农业的影响，并用表加以说明。

[**例2**]河南一女青年种植的西瓜达80％成熟时，她贴上吉祥字样：如幸福、快乐、健康、长寿等。成熟后，西瓜上会留下清晰可见的字体，西瓜销量特别好。此例可说明在社会主义市场经济体制下，发展农业要不断更新观念，增强市场意识，方能取得良好的经济效益。

提问练习。指出影响下列地区农业生产的主要自然条件或社会经济条件：

河西走廊的棉粮；黑龙江省的大豆；珠江三角洲的鱼塘；上海郊区的乳牛场；古巴的甘蔗；加纳的可可。

农业技术改革对农业生产的影响：以《农业现代化》纲要信号和《美国农业区带示意图》幻灯片为辅助工具，分别说明农业技术改革对农业生产的影响(见图3)，重点是农业现代化的表现和优点。并举例3，从一个侧面说明农业技术改革对农业生产的影响。同时，此例可激发同学们的爱国热情。

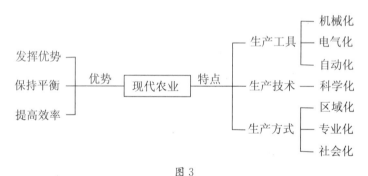

图3

[**例3**]据某年《人民画报》报道：当今世界玉米高产栽培史上有个人档案记录的两人，一是美国先锋种子公司总裁，另一个是山东掖县(今莱州市)农民科学家李登海。一个创造春玉米高产纪录，一个创造夏玉米高产纪录。李登海培育的玉米产量每公顷3562.5千克，生物产量每公顷高出7039.25千克。

(4)归纳小结，指导方法

教师利用《农业概述》纲要信号作课堂小结，重点是进一步揭示出各知识概念间的内在联系，以便学生加深对知识概念的理解记忆，同时指导记忆方法。

（5）灵活运用，融会贯通

教师归纳小结后，要求学生借助纲要信号能复述学习的主要内容，并完成教师编制的形成性测试题。

附：板书设计

第八章　农业生产和粮食问题		
第一节　农业概述		
一、农业概念	绘《农业概述》	绘《农业现代化》
二、农业生产的基本性质	纲要信号	纲要信号
三、农业生产的特点		
四、影响农业生产的因素		

（三）《农业概述》说课

年级：高二年级（《高中地理》人教版）　课型：新授课　主备：王俊

高中地理《农业概述》这节内容，由农业概念、农业生产的基本性质、农业生产的特点和影响农业生产的因素四个教学因子组成。农业概述"纲要信号"用简要的文字和线条直观反映了以上内容及内在联系。由图可直观看出农业是利用动植物的生长繁殖来获得产品的一个物质生产部门（农业概念）。因此，在农业生产的过程中，必然要受到自然条件和社会经济技术条件的影响（影响农业生产的因素）。因而，它的生产过程是一个自然再生产和经济再生产密切结合的一个物质生产过程（农业生产的基本性质）。又由于世界各地自然条件，社会经济条件有明显的地域差异，不同的生物生长发育规律不同，各自要求适应不同的自然环境，因而导致农业生产有极为明显的地域性（农业生产特点之一）。由于生物本身生长繁殖有一定的周期，而影响生物生长繁殖的自然条件，特别是气候因素具有明显的季节变化且有一定的周期，从而形成了农业生产的季节性和周期性（农业生产特点之二）。

这段内容理论性强，难度较大。假如教师借助"纲要信号"进行教学，引导学生分析探索农业概念、农业生产性质、特点、影响农业生产的因素及几者的内在联系，则问题就会迎刃而解。

根据教学大纲、教材内容、会考纲要及教学对象，从以上四方面基本概念的理解和运用确定了如教案所述的教学目标。

在教学过程设计中，注意到学生地理空间概念不够清楚、空间思维能力较弱和初中学过的区域地理知识遗忘较多等实际情况，按照"纲要信号"教学模式程序设计教学过程，抓好每个教学环节，其中特别重要的是：

1. 利用纲要信号、反馈检测，复习旧知、引出新课

幻灯片显示教材知识结构纲要信号，揭示新旧知识内在联系，指出粮食问题是当今世界关注的严重问题，引出新课。

2. 自学课文，全面感知教材内容

利用课内时间，安排学生对照思考题自学课文，划出知识重点和难点，以便听课时把握重点，提高听课效率。同时，长期训练可培养学生的自学兴趣，提高学生的自学能力。在学生自学的同时，教师书写课题及板书提纲，以提高课堂时间利用率。

3. 突出重点、设疑置难，启发诱导、讲授新课

(1)农业概念及农业生产的基本性质

农业概念对高中学生来说不是难点，可设问：同学们见过哪些农作物？在此基础上，导出农业的概念。当学生明白农业生产是利用动植物的生长、繁殖来获得产品的物质生产部门后，就很容易懂得农业生产是一个自然再生产的过程。

为便于学生深刻理解农业生产的基本性质，可引导学生比较小麦和野生植物生长过程的异同点，得出农业生产是一个自然再生产和经济再生产密切结合的物质生产过程这样一个基本性质。

最后，通过设问：农业生产与其他部门比较有何特点？自然导入下节——农业生产的特点。

(2)农业生产的特点

本节内容和学生已学的知识有密切联系，因此教师可利用《世界气候类型分布图》挂图，引导学生回忆中国和世界农业生产和分布的实例，在此基础上归纳出农业生产的特点，即地域性、季节性和周期性。

农业生产特点的形成原因与农业概念及影响农业生产的因素密切相关，教师在讲授时可充分利用《农业概述》纲要信号，揭示出各知识概念的内在联系，使学生在听教师讲解的同时，看着《农业概述》纲要信号，视听结合，发挥多种感官的功能，提高听课效率，加深对知识概念的理解记忆。

(3)影响农业生产的主要因素

学生对自然条件、社会经济条件和农业技术对农业生产的影响不难理解，教师讲授时，可借助《中国地形图》《世界气候类型分布图》举出典型实例，进行分析说明，使学生在原有的基础上加深对有关概念的理解。

4. 利用"纲要信号"作课堂小结

利用《农业概述》纲要信号作课堂小结。一方面，要求学生借助纲要信号回答自学思考题的几个问题，以便教师及时掌握反馈信息；另一方面，教师指导学生揭示出各知识概念间的内在联系，同时指导记忆方法，以便加深对概念的理解记忆。

5. 作业练习、灵活应用

一方面，指导学生课内完成形成性测试题；另一方面，要求学生课后默绘《农业概述》纲要信号。主要通过作业练习，检查学生对知识概念理解掌握的程度，同时提高学生灵活应用知识的能力。

在教学方法设计方面，则强调学生在自学课文基础上，以纲要信号为辅助工具，突出重点，引导探索，进行启发式讲授。

6. 具体的组织方法

(1)指导自学法：学生自学课文，全面感知教材内容。

(2)谈话法：农业概念、农业生产的特点及影响农业生产的主要因素。

(3)讲授法：农业生产的基本性质。

(4)练习法：回答影响下列地区农业生产的主要因素：古巴的甘蔗、黑龙江省的大豆、珠江三角洲的鱼塘等。完成形成性测试题。

7. 学法设计

(1)学生自学课文，要求对照自学思考题，画出重点、难点。

(2)学生利用《农业概述》纲要信号分析说明农业概念、农业生产的基本性质及特点、影响农业生产的主要因素。

(3)完成课内练习。

(四)如何认识区域——以南非为例(教案)

年级：七年级(《历史与社会》人教版)　课型：新授课　主备：王俊

1. 教学目标：

(1)学会利用地图，说出南非地理位置特点。

(2)学会利用图文资料，评析南非自然条件特点。

(3)学会利用图文资料，说明南非人文特色和区域发展特点。

(4)学会运用认识区域法，学习区域地理。

2. 教学过程和方法

教学过程和内容	教师活动	学生活动	设计意图
一、感情先行　明确目标	多媒体呈现教学目标，课前将教学目标板书在黑板右上角。	学生快速阅读学习目标，明确学习目标。	营造民主的课堂氛围。明确目标，充分发挥目标的导教、导学和导测功能。利用知识树呈现目标，能使学生更明确、具体把握目标。
二、知识为例　探寻方法　(一)位置与范围	指导自学： 1. 阅读第88页南非位置图和图册第52页图文资料，并完成下列相关填空题。 描述南非的位置特征： 经纬度位置(半球位置) ＿＿＿＿＿＿＿＿ 大洲、大洋位置 ＿＿＿＿＿＿＿＿ 相邻位置 ＿＿＿＿＿＿＿＿ 2. 概括说出怎样描述南非的位置特征。	自学自检： 独立自学，尝试解答有关问题，并将答案写在题后。 描述南非的位置特征：大致位于17°E～33°E，22°S～35°S。 位于非洲大陆南端，三面环洋，南非南端的好望角邻近大西洋与印度洋的交汇点，是海洋交通要道。与纳米比亚、博茨瓦纳、津巴布韦、莫桑比克、斯威士兰相邻，莱索托在其境内。	自学是学会学习的根本道路。 在自学中尝试解答问题，进行自我检测，能有效提高自学效果。 教育均衡化的内涵就是促进全班同学的共同发展，而小组内的互帮互学是实现这一目标的最基本途径。

教学过程和内容	教师活动	学生活动	设计意图
	反馈巡视： 巡视，并作个别辅导。 点拨评价： 1. 尽可能引导学生参与讨论，自解疑难。 2. 进行有效学习策略的指导。 3. 对学生展示、点评、提问等情况做出积极的评价。 归纳小结： 利用"认识区域"知识树，归纳描述区域位置的方法。通常描述一个国家的地理位置可从该国所处的半球位置、纬度位置、海陆位置和相邻位置等方面去分析。	互帮互学： 对组、小组，互对答案，解答疑难。师徒结对，兵教兵，尽可能将疑难问题在小组中解决。 展示点评： 小组代表交流学习效果，即回答有关问题，并提"两类问题"，即自己已懂考别人，不懂的请教他人。 归纳小结： 利用"认识区域"知识树，归纳描述区域位置的方法。利用南非位置图理解记忆位置特点。	长期的互帮互学能有效促进群体成员之间团结协作，从而形成良好的班级集体。 长期的互帮互学能真正实现提优补弱，促进生生共进。 通过展示点评能有效反馈学生自学自检和互帮互学的效果。 在展示点评中引导学生提"两类问题"能有效促进学生积极思维，营造良好的课堂氛围。 只有概括关键特征，揭示内在联系，才能使学习的知识在新的问题情景中更好地迁移应用。 知识学习只有上升到概括化、结构化水平时，才能有效实现迁移应用。 利用"地图"理解记忆地理知识，是有效的学习方式。
（二）自然条件	指导自学： 1. 阅读第89页南非地形图、气候图和图册52页图文内容，并完成相关填空题。	学生独立完成，组内交流，全班展示，师生共同小结。	同上

续表

教学过程和内容	教师活动	学生活动	设计意图
	南非的地形特征： 地表起伏_____ 地形种类_____ 平原和高原的主要分布地区_____ 南非主要河流的流向_____ 南非的气候特征： 最主要的气候类型及其特征 _____ 西南沿海地带的气候类型及其特征： _____ 西北地区的气候及其特征： _____ 南非自然资源特征： 生物资源 _____ 矿产资源 _____ 2. 概括说出怎样评析南非的自然条件特点。	南非的地形特征： 地表起伏：起伏小，东高西低 地形种类：高原为主，部分山地和平原。 平原和高原的主要分布地区：平原分布在沿海和东北部，高原分布在中部地区。 南非主要河流的流向：奥兰治河自东向西流入大西洋，林波波河自西向东流入印度洋。 南非的气候特征： 最主要的气候类型及其特征：热带草原气候，全年高温，干湿季分明。 西南沿海地带的气候类型及其特征：地中海气候，夏季高温少雨，冬季温和多雨。 西北地区的气候及其特征：热带沙漠气候，终年炎热干燥。 南非自然资源特征： 生物资源：丰富多样，以热带草原和热带动物为主。 矿产资源：丰富多样，黄金储量居世界首位。	

教学过程和内容	教师活动	学生活动	设计意图
	通常从地形、气候、河流、生物、矿产等方面去分析。 反馈巡视 点拨评价 归纳小结		
(三)人文特色	指导自学： 1. 阅读第 90 页图文内容，并完成相关填空题。 南非是一个多民族聚居的国家 _____ _____ _____ 2. 概括说出怎样说明南非的人文特色。 通常从人口、民族、城市和乡村、风俗习惯等方面研究。 反馈巡视 点拨评价 归纳小结	学生独立完成，组内交流，全班展示，师生共同小结。 南非是一个多民族聚居的国家 曾经实施种族主席制度 不同种族和文化，逐渐融会 开普敦集欧洲和非洲人文特色于一体。	同上
(四)区域发展	指导自学： 阅读第 91 页和图册 53 页图文内容，说明南非的经济发展有何特点。 _____ _____ 反馈巡视 点拨评价 归纳小结	学生独立完成，组内交流，全班展示，师生共同小结。 南非依靠自然条件，因地制宜地发展经济。例如，利用矿产资源优势，大力发展采矿业和制造业；利用丰富的野生动植物资源，发展旅游等。	同上

续表

教学过程和内容	教师活动	学生活动	设计意图
三、归纳小结 理解记忆	指导学生理解记忆"认识区域"知识树，并能默绘。	学生理解记忆"认识区域"知识树，并相互检测。	知识只有在理解记忆的基础上才能实现有效的迁移应用。
四、当堂检测 独立应用	默绘"认识区域"知识树 当堂检测 当堂批阅 当堂反馈 当堂矫正	独立检测 对调批阅 及时更正	只有坚持当堂检测，才能有效强化效率意识。检测前安排适量时间理解记忆有关内容，努力帮助学生获得成功。
五、整合提高 布置作业	实施"最小作业量""非被动作业"。	独立完成	

附：

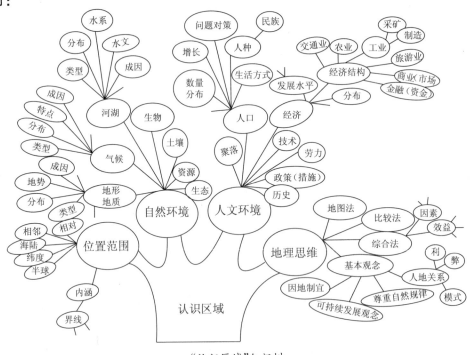

"认识区域"知识树

"认识区域"知识树是以树形的纲要信号对区域地理学习内容进行概括化、结构化的直观描述。在区域地理教学过程中，如果教师引导学生掌握这一概括化、结构化的知识内容，学生就掌握了认识区域的一般方法和策略，就能在今后的学习中迁移应用，从而有利于学生将知识转化为能力。

(五)如何认识区域——以南非为例(学案)

年级：七年级《历史与社会》人教版）　课型：新授课　主备：王俊

1. 学习目标：

(1)学会利用地图，说出南非地理位置特点。

(2)学会利用图文资料，评析南非自然条件特点。

(3)学会利用图文资料，说明南非人文特色和区域发展特点。

(4)学会运用认识区域法学习区域地理。

2. 指导自学：

(1)位置与范围

①阅读第 88 页和图册第 52 页图文资料，并完成相关填空题。

②概括说出怎样描述南非的位置特征。

(2)自然条件

①阅读第 89 页和图册第 52 页图文内容，并完成相关填空题。

②概括说出怎样评析南非的自然条件特点。

(3)人文特色

①阅读第 90 页图文内容，并完成相关填空题。

②概括说出怎样说明南非的人文特色。

(4)区域发展

阅读第 91 页和图册第 53 页图文内容，说明南非的经济发展有何特点。

附：

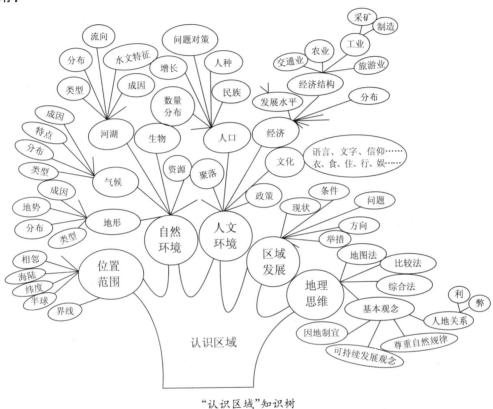

"认识区域"知识树

(六)《俄罗斯》《中东》教案

年级：七年级(《地理》人教版)　课型：复习课　主备：王苏蓉

1. 教学目标

(1)会运用地图描述俄罗斯和中东的地理位置；能在地图上找到主要的国家及城市、重要的临海、海峡、运河、主要的地形区及河湖等。

(2)会运用"认识区域地理"知识结构说出俄罗斯和中东地区突出的区域特征。

2. 课前准备

印发《俄罗斯》《中东》复习学案，几位学生分工在黑板上画好"认识区域"知识树

和世界轮廓图。

3. 教学方法：结构教学法

4. 教学过程

(1)感情调节

指图说出所学过的区域名称，并指导学生利用"认识区域"知识树复习区域地理学习的基本方法，帮助学生理清复习思路。

(2)明确目标

本课复习《俄罗斯》《中东》(见黑板右上角板书的学习目标)

(3)自学自检(18分钟)

①自学内容：课本第41～57页

②自检题目：完成学案中的思考题

③自学要求：先不看书，用"筛选法"将会的与不会的题分离开来，在不会的题号上做出相应的记号。翻书查资料，解决疑难问题；都已会的同学进行备课，说出解题的思路与方法。

④教师巡视，关注差异，点拨方法。

(4)互帮互测(8分钟)

①互学内容：针对自学过程中存在的疑问进行互相讨论。组内同学互相提问检测或提出探究性的问题。可向组内同学补充介绍课外知识。

②互学要求：组内每位同学都能解答思考题；基本上都能自信大方地上讲台指图(或知识树)回答问题。

③老师巡视互帮互测情况，再次进行即时备课。

(5)展示点评(8分钟)

①学生提出活动题中不会的题目，其他组的同学帮助解答。

②不同组的同学互相提问，检测自学效果。

③教师关注学生出的题目是否能抓住重点，题意是否明确；关注学生的回答是否正确，是否掌握了学习方法；关注学生参与活动是否积极。教师根据反馈信息及时评价矫正，再针对教材的重点和难点适当进行补充。重点引导学生利用"认识区域"知识树梳理知识，掌握学习方法。

④同学们，还有什么问题吗？(鼓励学生提两类问题，即一类自己不懂请教同

学，一类自己已懂考考同学。）

附：

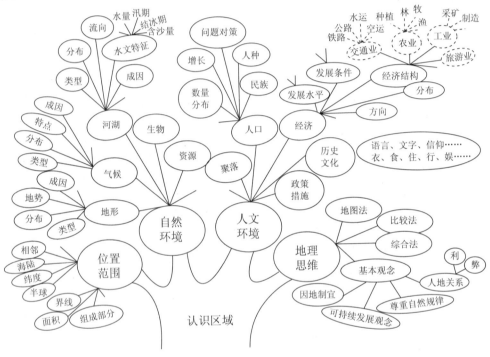

"认识区域"知识树

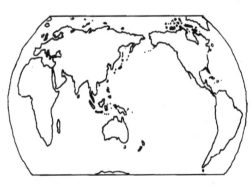

世界轮廓图

（6）归纳小结（3分钟）

学案中的思考题基本上是围绕"认识区域"知识树中的内容（即区域的位置、自然环境、人文环境和地理思维等方面）来设计提问的，都可以从"知识树"上去寻找解题的思路（从区域的位置、自然环境、人文环境和地理思维等方面去分析）。通过分析，我们可了解到区域内各地理要素之间都有相互的联系。我们要学会用一些基本的思想方法和观点分析问题。我们掌握了"认识区域"知识树，可以解决许多问题，易理解，易记忆，不必死记硬背。复习其他区域也可以用这种方法，将知识点落实到图上去记忆，落实到"知识树"上去理解，可起到事半功倍的效果。

（7）当堂测试（8分钟）

①独立完成学案中思考题：第3题和第9题，将答题写在当堂检测本上。

②当堂批阅、反馈和矫正。

（8）布置作业

课后借助"认识区域"知识树和世界轮廓图，进一步理解熟记课堂思考题答案及解答思路。

附思考题：

一、《俄罗斯》思考题（阅读课本第41～47页）

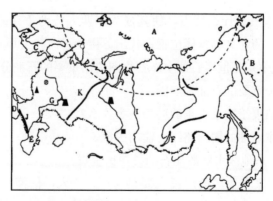

1. 运用地图描述俄罗斯的地理位置特点。

2. 读图找出黑海、里海、贝加尔湖、伏尔加河、叶尼塞河以及主要的地形区。

3. 俄罗斯分布的主要气候类型是什么？有什么特点？形成这种气候特点的主要

原因是什么？

4. 读图找出库尔斯克铁矿、第二巴库油田、秋明油田、库兹巴斯煤矿。

5. 俄罗斯的工业分布有什么特点？

6. 俄罗斯的工业特点是什么？其特点的形成与什么条件有密切关系？

7. 俄罗斯的铁路线在分布上有什么特点？为什么？

8. 读图找出莫斯科、圣彼得堡、伏尔加格勒、摩尔曼斯克、符拉迪沃斯托克。

二、《中东》思考题（阅读课本第 50～57 页）：

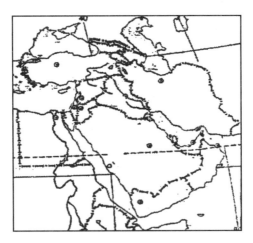

9. 中东地理位置具有什么特点，使其成为东西方势力争夺的热点？（要求指图说出"三洲五海之地"的含义和具体位置；找出苏伊士运河和土耳其海峡。）

10. ①为什么说中东是世界石油宝库？指图说出重要的石油分布区。

②指图说出几个重要的石油生产国。

③哪些国家最热衷于插手中东的局势？为什么？

④指图说出中东石油的输出路线、输出国家。

11. 为什么在中东地区水资源比石油资源更宝贵？

12. 中东多数国家和地区的居民主要是＿＿＿＿人，信仰＿＿＿＿教。以色列是＿＿＿＿人集中的国家，信仰＿＿＿＿教；伊朗是＿＿＿＿人集中的国家，信仰＿＿＿＿＿＿教。

13. 你认为世界各国发生矛盾时，应以什么样的态度来解决才是最明智的？

14. 归纳中东成为长期的热点地区的主要因素。

附：部分思考题答题思路及利用"认识区域"知识树分析的基本思路

1. 运用地图描述俄罗斯的地理位置特点。

（分析：地理位置一般从区域所在的半球、纬度、海陆和相邻位置等方面进行思考。）

3. 俄罗斯分布的主要气候类型是什么？有什么特点？形成这种气候特点的主要原因是什么？

（分析：影响气候特点的主要因素有：纬度、海陆、地形因素。俄罗斯的气候特点与位置关系密切。）

7. 俄罗斯的铁路运输线在分布上有什么特点？为什么？

（分析：分布不均匀。与地形、气候、人口、经济等因素有关。）

14. 归纳中东成为长期的热点地区的主要因素。

（分析：引导学生从认识区域知识树上的有关要素去思考理解，即与中东重要的地理位置、丰富的石油资源、匮乏的水资源、文化差异大等因素有关。）

（七）《我们生活的大洲——亚洲》（第 1 课时）教学设计

年级：七年级（《地理》人教版）　课型：新授课　主备：王苏蓉

1. 教材分析

本章在初中地理知识结构中具有承上启下的作用，将上册所学的地形、河流、气候、居民、经济等知识运用于具体的区域，同时也为继续学习下面的地区和国家地理提供了基本的方法和策略。在本套教材中只安排了亚洲这一个大洲的学习，其寓意是通过对这一个大洲的学习，教会学生可以从哪些方面描述一个大洲，如何通过对地图和相关资料的分析，归纳一个大洲的区域特征，如何分析一个大洲各地理要素间的联系。所以本章既是在对亚洲的学习，更是对区域研究方法的学习。

第一节是对亚洲自然环境的教学，教材的整体结构是先从位置和范围入手，进一步研究地形和河流，接下来是气候的特点以及对农业的影响。

本课时主要包括两部分知识：亚洲的位置和地形特点，它们是一个区域自然环境的重要组成部分。教材以文字叙述、地理图表、活动练习等多种形式呈现了以上内容，有利于学生识图用图能力以及从各种资料中提取相关地理信息能力的培养。

2. 教学目标

(1)运用地图和相关资料，能说明亚洲的地理位置，归纳亚洲的地形和河流特点。

(2)通过本节的学习，初步学会运用"认识区域"法(知识树)学习区域地理，初步掌握运用地图和相关资料说明某一地区位置特点的方法、归纳大洲地形特点的方法。

(3)通过对亚洲地形、河流等知识的学习，初步学会分析各自然地理要素间的相互关系。

3. 教学重点难点

初步会运用"认识区域"法(知识树)学习区域地理。掌握运用地图和相关资料说明某一地区位置特点的方法，归纳大洲地形特点的方法。

4. 设计思路

"我们生活的大洲——亚洲"是学生学习的第一个区域。根据结构教学思想，在课堂教学设计时，首先帮助学生从整体上了解学习区域地理的一般方法(即大工具)——"认识区域"法(见附图)。区域地理主要就是研究"3W1H"，即Where(寻找位置)——这个区域在哪里？What(了解特征)——这个区域有什么的环境？Why(分析原因)——为什么有这种环境？How(研究对策)——怎么利用或改变这种环境？

然后使用"三环二线一核心"的新型课堂程序，采用读图、小组讨论、独立思考、教师点拨等多种途径帮助学生发现、感悟，用"学习位置"和"学习地形"这两个小工具，促使学生掌握运用地图、相关资料说明某一地区位置特点的方法和归纳大洲地形特点的方法。其流程如下图所示：

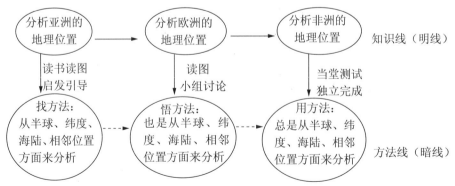

这样，在整个教学过程中，就有两条线贯穿始终，即"知识线"和"方法线"。通过老师的引导，"知识线"让学生掌握了亚洲的地理位置、地形等知识，"方法线"帮助学生找到了一种分析某一地区的地理位置和地形的方法，建立起了知识的整体概念，形成了能力，而不是孤立地学习一个亚洲的地理位置、地形知识。

5. 教学过程

教学过程	教师活动	学生活动	设计说明
一、导入新课 明确目标	1. 提问：课本是从哪几方面来介绍亚洲的？自然环境和人文环境又分别从哪几方面来分析的？ 2. 呈现"认识区域"知识树（见附图），师生归纳学习"区域地理"的一般方法。 3. 展示本课时学习目标（见上学习目标）	1. 快速翻阅课本第1、2节的标题和每框的标题，逐一回答问题。 2. 结合知识树进而明确本章的学习内容并归纳出学习"区域地理"的一般方法："认识区域"法（详见设计思路中的介绍）。	学生翻阅课本，可以整体把握本节内容，同时可找到学习区域地理的方法（大工具）。
二、自学指导 整体感知	提出自学要求： 认真阅读课文第2~5页的图文，完成相关活动内容。在亚洲轮廓图上分别绘出赤道、北回归线、北极圈；填注亚洲周围的大洋、主要地形区、河湖分布（视学生基础而定）。	1. 用好"圈、点、批、注"读书法，个别学习，尝试复述。 2. 默绘。 3. 一组同学互相指图提问，看谁掌握得又多又快。	在课堂一开始就把主要任务交给学生，充分发挥学生的潜能。 独立读图、同桌对答等形式都能有效地体现学生的主体地位。
三、小组讨论 解决疑难	教师巡视 关注差异 点拨方法	小组针对学习目标进行讨论，解决疑难问题。	小组讨论也能有效地体现学生的主体地位。
四、检查反馈 评价矫正	[亚洲的位置] 提问： 1. 一般从哪几个方面描述大洲的位置？	[亚洲的位置] 1. 可以从区域所在的半球位置、纬度位置、海陆位置和相邻位置等方面进	以亚洲位置为例，寻找掌握说明某一地区位置特点的方法（见知识树中"位置范围"部分）。

教学过程	教师活动	学生活动	设计说明
	2. 亚洲的位置有什么特点?(分别从半球位置、纬度位置、海陆位置及相邻位置方面分析) 3. 从哪几方面可反映出亚洲是世界上最大的洲? 4.(展示世界地形图或政区图)你能分析欧洲的位置吗? 5. 请分析非洲的位置。	行思考。(此为学习区域位置的一般方法) 2~3,学生指图逐一回答,相互补充修改。 4. 以小组为单位讨论交流。 5. 学生独立完成。	创设知识感悟场,让学生感悟分析某一区域位置的方法。 培养学生读图能力。
	[亚洲的地形] 展示亚洲地形图,提问: 1. 你能在图上指出亚洲的主要地形区吗?能说出它们大致的海拔吗? 2. 亚洲的地形有什么特点? 3. 一般怎样描述某一地区的地形特点? 4.(展示亚洲大陆沿 30°N 的地形剖面图和"北美洲沿 40°N 的地形剖面图)提问:哪一幅图反映了亚洲地形高低起伏的状况?请说明判断理由。	[亚洲的地形] 1. 学生指图说出亚洲的主要地形区(青藏高原、帕米尔高原等)及其大致的海拔。 2. 分析亚洲的地形特点:地面起伏很大,中部地势高耸,四周地势较为低下。 3. 归纳方法:①在地形图找到不同的地形区。②确定这个地形区的位置和海拔。③总结出该区的地形特点。 4. 学生思考回答并归纳出阅读地形剖面图的基本方法:①仔细阅读比例尺(包括垂直比例尺和水平比例尺)、剖面线的方向和经纬度位置、注记及图示说明。②根据剖面图上的地面起伏线,对应垂直	以亚洲地形为例,学会归纳大洲地形特点的方法(见知识树中的"地形"部分)。 掌握地形剖面图的阅读方法。 通过地形剖面图的阅读分析,加强学生对亚洲地势特点的认识。

续表

教学过程	教师活动	学生活动	设计说明
	5.（展示亚洲地形图），要求学生在图上找到长江、黄河、鄂毕河、湄公河等主要河流，并分析河流分布与地形的密切关系。 6. 提供一些资料，让学生运用上述方法和这些资料，自己认识欧洲和非洲的地形特点。	比例尺读出沿剖面线各点的海拔。③分析海陆分布和地形分布特征。 5. 学生在图上逐一分析这些河流的位置和流向，并归纳总结出：由于受亚洲中部高四周低的地势影响，亚洲的河流呈放射状分布的特点。 6. 以小组为单位讨论交流。	使学生明确区域各地理要素间存在着内在的联系。 创设知识感悟场，使学生掌握归纳大洲地形特点的方法。
五、课后小结回归系统	展示"认识区域"知识树提问： 通过今天的学习，你有哪些收获？同学们还有什么疑问吗？	小结：一是学习了亚洲的位置和地形特征，二是学习了运用"认识区域"法学习区域地理。有疑问的学生质疑。	利用知识树帮助学生找到说明某一地区位置特点的方法及归纳大洲地形特点的方法，整合提高。 适当安排一些时间给学生提问质疑，激励学生勇于思考，大胆设想，体现学生的主体性和独立性。

附："认识区域"知识树

　　说明：每位学生手中都有这么一棵"树"（讲义），教师上课时的板书，就是在这棵"树"上"添枝加叶"。

　　教学反思：

　　本教学设计运用结构教学思想，将课堂教学的三维目标进行了整合，突出了"过程与方法"。在整个教学过程设计中，有两条线贯穿始终，即"知识线"和"方法线"。通过老师的引导，"知识线"让学生掌握了知识（即亚洲地理位置和地形特点等）；"方法线"使教师的教法转化成了学生的学法，也就帮助学生找到了分析某一地区的地理

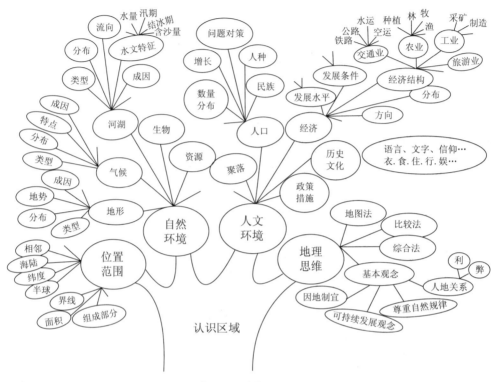

"认识区域"知识树

位置和地形的方法，建立起了知识的整体概念，让学生形成了能力，而不是孤立地学习一个亚洲的地理位置和地形。同时本案设计了学生自学、独立思考、小组讨论交流、学生互评、相互质疑等多种活动环节，为学生自主学习提供了较为充足的时间和空间，使学生的主体地位得到较好的体现。

(八)《天气与气候》教案

年级：七年级(《地理》人教版)　课型：复习课　主备：葛琴

1. 教学目标

(1)会举例说明什么是天气，什么是气候。

(2)会阅读气温曲线图和降水量柱状图，并描述气候特点。

(3)会利用"气候"知识树说出气候的结构化知识，并解释气候分布规律及成因。

2. 教学过程

教学过程和内容	教师活动	学生活动	设计意图
一、感情先行 明确目标	1. 板书课题：第三章天气与气候(第1课时) 2. 多媒体呈现"气候"知识树，明确学习目标。	1. 认真做好上课准备，准备好教科书和相关图册。 2. 利用印发的学案，齐声朗读学习目标，明确学习任务。	在课堂一开始就把主要任务交给学生，充分发挥学生的潜能。 将复习学案印发给学生便于课堂学习和课后复习。同进充分发挥学案的导学、导教功能。
二、知识为例 探寻方法 (一)理解天气与气候两概念	指导自学： 阅读课本第42、43、57页图文内容，完成学案中的第1题，并举例说明天气与气候的异同。 反馈巡视： 关注后进小组或学生，进行个别点拨指导。 点拨评价： 教师对学生展示、点评、提问等情况做出积极的评价。 归纳小结： 概括天气与气候概念的关键特征，比较两者异同点。	自学自检： 独立阅读课本，并尝试回答思考题。 互帮互学： 对组或小组进行交流，互相点评、质疑、释疑，形成共识。 展示点评： 小组代表回答问题，并提"两类问题"，并相互点评。 归纳小结： 引导学生从描述要素、特征、时间等方面去理解相关概念。	自学是学会学习的根本道路。 大班额教学条件下，教师巡视关注弱生，互帮互学帮助弱生能有效促进班内学生的均衡发展。 小组讨论能较好地体现学生的主体地位，有效地发挥学生自身的巨大潜能。 小组展示、点评、质疑、释疑能有效反馈学习效果，及时反馈学习效果并做出客观评价，是实现有效教学的重要环节。 只有概括关键特征，揭示内在联系，才能使学习的知识在新的问题情景中更好地迁移运用。

续表

教学过程和内容	教师活动	学生活动	设计意图
（二）学会阅读气温曲线图和降水量柱状图，会分析气候特点成因，识记气候类型及分布规律	指导自学： 阅读课文第57～60页图文内容，并完成学案上第2、3、4、5题。 反馈巡视 点拨评价： 及时进行第二次备课，对小组展示、交流、点评及时客观评价，针对有关问题作相应的点拨与指导。 归纳小结： 1. 如何描述气候特点？（引导学生学会阅读气温曲线图和降水量柱状图） 2. 影响气候的主要因素有哪些？ 3. 绘制"世界气候的分布"模式图，引导学生在读图的基础上填图、默图。 4. 气候对人类的影响主要表现在哪些方面？	自学自检： 独立阅读图文内容，并交答案写在学案上。 互帮互学： 对组、小组互对答案，讨论疑难。 展示点评： 小组代表抢答问题，并相互提问、检测、点评。 归纳小结： 1. 引导学生从气温、降水两方面来描述气候特点。 2. 引导学生从纬度位置、海陆分布、地形等方面去分析。 3. 引导学生运用地图法，即在"读图、填图、绘图、默图"的过程中理解记忆世界气候的分布。 4. 引导学生从生活（衣、食、住、行等）和生产（工业、农业、商业等）两大方面去思考。	引导学生研读教材，充分发挥教材内容的案例功能。 通过游戏、抢答等，营造竞赛氛围，激发学习兴趣，同时也可面向全体，照顾差异，通过抢答及时反馈了解学生自主尝试的情况。 引导学生在"读图、填图、绘图、默图"过程中学习地理知识，是一种有效的地理学习方法。
三、理解记忆小结巩固	1. 依托"气候"知识树和"气候类型分布模型图"，说出气候概念、要素、成因、分布规律及与人类关系。 2. 复习地理的主要方法	1. 学生独立依托"气候"知识树，绘制相关模式图，理解记忆天气与气候相关知识点。 2. 小组内相互提问检查掌握情况	知识只有在理解记忆的基础上才能实现有效地迁移运用。

教学过程和内容	教师活动	学生活动	设计意图
	有：充分利用好教材，梳理出各知识点的相互关系，概括出结构化知识（知识树）。同时要利用好书中的图表帮助记忆。		
四、当堂检测　独立应用	1. 完成《地理填充图册》七（下）第19页第1题和第21页第4题。 2. 自主复习2分钟后独立闭卷完成。 3. 对学生当堂检测情况做出积极的评价。	1. 学生独立完成练习题。 2. 对调批阅，当堂矫正。	当堂检测是课堂教学重要的一个环节，能及时反馈课堂效率。 充分利用好现有教材和教辅资料进行当堂检测，有效减轻师生负担。

(九)《天气与气候》学案

年级：七年级（《地理》人教版）　课型：复习课　主备：葛琴

1. 复习检测

(1)阅读课文第42、43、57页，看看下面几句话，哪些是说天气的？哪些是说气候的？

昆明四季如春　明天大风降温　风和日丽　全年皆夏

(2)阅读第57页图3.22，说出两地气候的特点。

(3)阅读课文第59页，指出影响下列各地气候的主要因素。

①青藏高原纬度较低，但是气候寒冷。

②海南岛终年如夏，降水较多；黑龙江省北部冬季漫长，多冰雪。

③新疆塔里木盆地气候干燥，同纬度的北京气候比较湿润。

(4)阅读第58页图3.23及第59页活动题3，完成下列模式图。

大陆西岸   大陆东岸

寒　带　气　候		
（　　　）气候	（　　　）气候	（　　　）气候
地中海气候	亚热带季风和季风性湿润气候	
（　　　　）气候	热带季风气候	
（　　　　　）气候		赤道
（　　　　　）气候		

(5)阅读课文第 60 页，举例说明气候对人类活动的影响。

2. 当堂检测

独立完成《地理填充图册》七(下)第 19 页第 1 题和第 21 页第 4 题。

附：

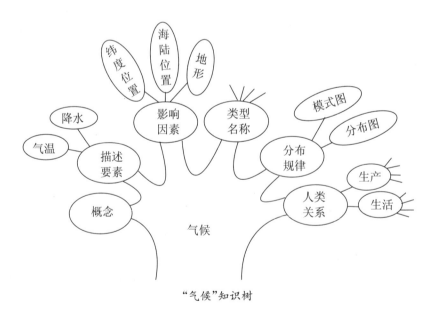

"气候"知识树

九、宜兴市实验中学教案(详案)

课题：　　　　　　　课型：　　　　　　　日期：

主备：　　　　　　　审核：

1. 教学目标(确定教学目标的一般思路)

(1)符号、事实性知识的识记和记忆方法。

(2)概念性知识(定义、原理、性质、法则等)的识记、理解和运用。

(3)整体性知识的识记、理解和运用。

(4)专门领域解题策略的识记、理解和运用(以学科基本概念为基础的渗透学科思想方法的解决某一类问题的操作步骤)。

(5)学科思想观念和方法的识记、理解和运用。

2. 教学重点

3. 教学方法：结构教学法

4. 教学过程

教学过程和内容	教师活动	学生活动	设计意图
一、感情先行　明确目标	1. 采取多种有效方法，调动学生积极的学习情绪。 2.(通常)依托学科、专题或概念知识树，有效陈述学习目标。	学生快速阅读学习目标，明确学习目标。	1. 营造民主的课堂氛围。 2. 明确目标，充分发挥目标的导教、导学和导测功能。 3. 利用知识树呈现目标，能使学生更明确、具体地把握目标。
二、知识为例　探寻方法 (一)知识点① 或教学过程① (见说明)	指导自学： 1. 明确自学的内容、方法、时间及思考的问题和反馈的形式。	自学自检： 独立自学，尝试解答有关问题，并将答案写在题后或笔记本上。	自学是学会学习的根本道路。 在自学中尝试解答问题，进行自我检测，能有效提高自学效果。

续表

教学过程和内容	教师活动	学生活动	设计意图
	2. 尽量用好教材序言、正文、活动题等图文内容。 3. 紧紧围绕知识概念的关键特征或解决某一类问题的方法程序设计思考题，体现问题导学特征。 反馈巡视： 二次备课，并作个别辅导。 组织展评： 1. 引导学生独立思考，积极参与讨论交流。 2. 进行有效学习策略的指导。 3. 教师对学生展示、点评、提问等情况做出积极的评价。 归纳小结： 1. 概括知识概念的关键特征。 2. 揭示关键特征的内在联系或各概念的内在联系。 3. 概括解决某类问题的思想方法和操作步骤。 4. 揭示解决不同类问题的思想方法和操作步骤的内在联系。	互帮互学： 对组、小组，互对答案，解答疑难。 师徒结对，兵教兵，尽可能将疑难问题在小组中解决。 展示点评： 小组代表交流学习效果，即回答有关问题，并提"两类问题"，即自己已懂考别人，不懂的请教他人。 归纳小结： 1. 概括知识概念的关键特征。 2. 揭示关键特征的内在联系或各概念的内在联系。 3. 概括解决某类问题的思想方法和操作步骤。 4. 揭示解决不同类问题的思想方法和操作步骤的内在联系。	教育均衡化的内涵就是促进全班同学的共同发展，而小组内的互帮互学是实现这一目标的最基本途径。 长期的互帮互学能有效促进群体成员之间团结协作，从而形成良好的班级集体。 长期的互帮互学能真正实现提优补弱，促进学生共进。 通过展示点评能有效反馈学生自学自检和互帮互学的效果。 在展示点评中引导学生提"两类问题"能有效促进学生积极思维，且能营造良好的课堂氛围。 只有概括关键特征，揭示内在联系，才能使学习的知识在新的问题情景中更好地迁移应用。 使学习的知识内容和方法程序上升到概括化、结构化的水平。
(二)知识点②或教学过程② …… (见说明)	同上	同上	同上

续表

教学过程和内容	教师活动	学生活动	设计意图
三、变式训练感悟验证（或归纳小结理解记忆）	组织学生独立练习，指导学生： 1. 理解记忆具体知识内容①②…… 2. 进行记忆方法的具体指导。	自主解题 对调批阅 及时更正 归纳小结	通过变式训练实现量变到质变的飞跃，使学生进一步理解掌握知识概念的关键特征或解决问题的思想方法和操作步骤。 （知识只有在理解记忆的基础上才能实现有效的迁移应用）
四、当堂检测独立应用	组织学生独立练习	独立检测 对调批阅 及时更正 归纳小结	1. 只有坚持当堂检测，才能有效强化效率意识。 2. 尽可能用好课本练习题和教辅资料进行当堂检测。 3. 检测前安排适量时间理解记忆有关内容，努力帮助学生获得成功。 4. 当堂检测可作分层要求。
五、整合提高布置作业	实施"最小作业量""非被动作业"。	独立完成	

说明："知识为例，探寻方法"这一环节，从教学内容来看，可将本节课学习的多个知识点分步安排，即知识点①②③……从教学过程来看，可将实现教学目标的多个步骤分步实施。

如语文现代文阅读，教学过程通常可安排为以下几个教学环节：①查读课文，积累字词；②概括内容，把握主旨；③品读写法，赏析特色。

理化概念课学习通常可安排为：①实验探索；②观察现象；③分析原理；④联

系实际。

专题复习课"知识为例，探寻方法"，通常变式为："试题为例，探寻方法"。

即以一组试题进行训练，在此基础上引导学生归纳梳理知识概念。"试题"也可利用好已做教辅资料和原有试卷。

总之，这一环节设计需努力体现不同学科性质、不同知识类型、不同学习阶段（新授、复习）的特征。

十、宜兴市实验中学教案（简案）

（一）教学目标

1. 符号、事实性知识的识记和记忆方法。

2. 概念性知识的识记、理解和运用。

3. 整体性知识的识记、理解和运用。

4. 专门领域解题策略的识记、理解和运用。

5. 学科思想观念和方法的识记、理解和运用。

（二）教学时间

（三）教具准备

（四）教学过程

1. 感情调节（贯穿教学全过程，并适时板书课题）

2. 明确目标（通常可借助学科、专题或概念知识树明确学习目标）

3. 自学自检

（1）多媒体呈现自学要求，或教师陈述自学要求：①自学内容；②自学方法；③思考的问题；④反馈形式；⑤自学时间。（备注：要充分用好教材和教辅资料）

（2）教师巡视自学自检情况，即时进行二次备课。

4. 互帮互学

(1)在自学自检的基础上，针对上述自学中的疑难，组织学生对组学习或小组讨论，相互提出疑问或解答疑难。(备注：加强学习小组建设，确保讨论的时间。)

(2)教师巡视互帮互学情况，再次进行即时备课。

(3)根据具体情况，安排学生板演，为展示点评作准备。

(4)采取多种激励策略，鼓励学生积极参与讨论。

5. 展示点评

(1)展示交流：在互帮互学的基础上，选派小组代表，利用投影或板演汇报解题思路和答案，展示交流自学自检和互帮互学的效果。

(2)学生点评：学生更正答案并说明理由(可直接上黑板订正)。

(3)教师适时适量点拨，并对学生点评情况及时评价。

(4)鼓励学生提"两类问题"(自己懂的考别人，不懂的请教他人)。

6. 归纳小结

教师引导学生对学习的"某一类知识的本质属性或关键特征"或对学习的"解决某一类问题的思想方法或操作步骤"进行归纳小结，努力上升到概括化水平和结构化水平。

7. 变式训练

教师提供新的概念例证或规则例证，供学生练习。通过练习，使学生进一步理解感悟"某一类知识的本质属性或关键特征"或"解决某一类问题的思想方法或操作步骤"，并及时进行互帮互学，进一步展示点评和归纳小结。

8. 当堂检测

针对学习的内容，以适量习题为试题，当堂检测学习效果。检测形式可多种多样，尽可能以书面练习为主，努力实现"四个当堂"，即当堂检测、当堂批阅、当堂反馈和当堂矫正。

9. 布置作业

布置适量、分层、多样化的课后作业，充分用好教科书和教辅资料。

说明：

在教学的实施过程中，上述1～9点为结构教学法课堂教学的一般过程，3～7点为完成某一教学内容或某一教学过程的基本步骤，如有多项教学内容或教学过程，可多次运用。

在教学的实施过程中，根据不同学科性质、不同知识类型以及不同学习阶段，对一般过程或基本步骤可进行调整。

要努力优化学习策略，用好"出声思维、重讲基题、一题多变、多题归一、一题多解、一课多文、一文多课、语言转换、编解一体、概念模型"等概念学习的有效策略。

十一、宜兴市实验中学"结构教学"课堂教学评价

姓名_____　　　年级_____　　　学科_____　　　课题_____

一级指标	二级指标		满分	得分
教学目标	明确教学目标。从知识的广度(三维目标)和深度(识记、理解与运用)两个维度合理确定教学目标。		10	
教学内容	优化教学内容。联系生活和学生经验，开发课程资源。整合教材，将教学内容(知识内容和方法程序)上升到概括化水平和结构化水平。内容正确，容量适中，难度适宜。		15	
教学过程与方法	感情先行明确目标	1. 感情调节，调动学生积极的学习情绪。 2. 依托学科知识树，有效陈述目标。	5	
	知识为例探寻方法	1. 自学自检(明确时间、内容、方法，利用教材或教辅资料，设计好自学思考、检测题) 2. 互帮互学(订正、讨论) 3. 展示点评(利用板演、投影等，充分展示自学效果，并提"两类问题"，已懂的考别人，不懂的请教别人，学生相互点评，教师适时适量点拨) 4. 归纳小结(概括概念内涵、解题方法和学习策略)	15	
	变式训练感悟验证	1. 自学自检(独立练习) 2. 互帮互学(订正、讨论) 3. 展示点评(板演、汇报、提问、点评) 4. 归纳小结(概括概念内涵、解题方法和学习策略)	15	

续表

一级指标	二级指标		满分	得分
教学过程与方法	当堂检测独立应用	1. 当堂检测、当堂批阅、当堂反馈和当堂矫正。 2. 独立完成，以适量的书面练习为主。 3. 当堂检测教学效果，教学目标达成度高。	20	
	回归系统深化理解	1. 回归学科知识树，促进新旧知识的联系。 2. 师生合作，共同小结，深化对整体知识的理解。	5	
	优化策略提高效果	1. 教学环节的适用性：根据不同的学科性质、学习阶段，灵活使用"找—悟—用"的基本环节和师生活动的基本步骤。 2. 学习策略的多样性：用好"出声思维、重讲基题、一题多变、多题归一、语言转换、编解一体、概念模型"等策略；用好现代教育技术。 3. 教学氛围的民主性：语言亲切自然，氛围民主和谐，凸显学生主体。	10	
作业布置	布置适量、分层、多样性的课后作业。（分科收集，复习备用，作业反思）		5	
总得分				
评价建议				

社会反响

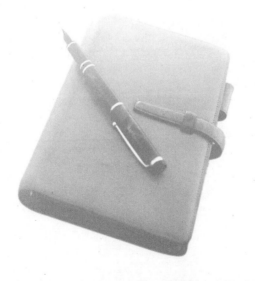

一、专家评述

　　"结构教学"在省内外产生了广泛深远的影响，得到了较大范围的推广，被江苏省、无锡市列为新课程理念指导下的优秀课堂教学模式之一。2010年4月，宜兴市实验中学的"结构教学法"，获得了江苏省首届基础教育教学成果评比一等奖，2014年9月获国务院首届基础教育国家级教学成果二等奖。近年来，前来学校参观考察者络绎不绝，累计一万多人次，宜兴市实验中学的课改成为了江苏省基础教育课程改革的一个新的亮点。

友好学校签约仪式

(一)为"宜兴经验"喝彩

"尝试教学"创立者、江苏省特级教师　邱学华

说起宜兴，大家立即想到那是中国的陶都，闻名中外。

宜兴是一座历史文化名城,这里山清水秀,是江南鱼米之乡。宜兴自古以来崇尚读书,尊师重教,人文荟萃,历史上出了 4 位状元、385 位进士、10 位宰相;现代出了 100 多位大学校长,教授无数,有"教授之乡""大学校长的摇篮"之美誉,所以有"无宜不成校"之说。宜兴有一个小镇叫高塍镇,出了两位大学校长,一位是清华大学校长蒋南翔,一位是台湾大学校长虞兆中,被两岸教育界传为佳话。美术界的徐悲鸿、吴冠中大师都是宜兴人。

　　在这样一个有着厚重的文化积淀,有着浓郁读书氛围的地方,今天在教育上出现"宜兴经验",的确不是偶然的。

　　再说"经验"。在教育上能称得上"经验"的有:20 世纪 80 年代的"青浦经验"、90 年代的"洋思经验"、21 世纪的"杜朗口经验"等,现在又出现了"宜兴经验"。这些经验各具特色,在教育界都有着深远的影响。

　　"宜兴经验"的发源地是江苏省宜兴市实验中学。为了适应教育事业的发展,宜兴市政府投资 1.2 亿元在宜兴城郊森林公园附近,建造了一所占地 8.7 公顷、相当现代化的实验中学(初中),设备好、师资好、生源好,是当地老百姓心目中的重点中学。这所中学的王俊校长,是一位善于学习、不断进取、敢想敢干的科研型校长。从 2001 年开始,他带领教师走上了一条艰辛的改革之路,到现在整整十年,由此产生了"宜兴经验"。

1. 先学百家

　　中国教育界并不缺少教育理论和经验,可是对有些重点中学来说,他们自以为条件好、生源好,教学质量总是最好的,没有危机感,对教改也没有急迫感,反而产生莫名的优越感,对外地教改经验不屑一顾。

　　王俊校长却认为,学校条件好仅是为教改提供了好的基础,更应该走改革之路,使学生学得更好,向更高层次发展,为国家培养优秀创新人才。他首先带头学习,他的办公室就像一个书斋,他是我见过的最爱学习的一位校长。他组织教师一起学习,每个学期都给教师发放教育理论和教改方面的书籍,他说:"送书是给教师最好的福利。"现在每个教师手上都有 30 多本书。

　　王俊校长开始先学洋思,虚心到江苏省泰兴市洋思中学求教,探求洋思经验的奥秘,带领教师到洋思中学先后不下十多次。从分析"先学后教,当堂训练"的洋思模式中,王俊发现其根本是尝试教育思想,因此千方百计寻找我,邀请我为教师作讲座，在全校推广尝试教学法。从 2003 年开始，我每年都要去几次。宜兴市实验中学的教改发展之路，我是见证者。

后来，王俊又学东庐中学的讲学稿，经过消化改造，简化成一种备课"学案"，在全校推广。近几年他又学杜郎口经验，并在教学实践中试用，融合到宜兴市实验中学的课堂教学中，学习百家，把许多先进的教育思想整合起来，使课堂教学面貌焕然一新。因此在宜兴市实验中学的课堂教学中能找到目标教育、尝试教育、合作教育、成功教育、和谐教育的影子。

2. 自成一家

到此，宜兴市实验中学的课改已取得骄人的成绩，可是王俊校长并不满足。他认为前一阶段改革，主要在教学方法层面上，解决"怎样教"的问题，由以前教师注入式教学转变为学生自己学习，让学生尝试探究，注重学生课堂练习，当堂解决问题。在此基础上，应该继续研究"教什么"的问题，要在整合教学内容上下功夫。由此，他从 2005 年开始新的探索，进入了"两类结构教学法"的教学实验，把课改推向更高层次的发展。

王俊校长以前是一位优秀的地理教师，曾把苏联沙塔洛夫的"纲要信号教学法"运用到地理教学中，并获得成功。他从这段经历中得到启示，可以从这方面着手研究。在国内研究"纲要信号教学法"的专家，首推现任天津市教科院基教研究所所长的王敏勤教授。王俊校长通过我的介绍，找到王敏勤教授，邀请他到学校做学术报告，并指导教学实验工作。王俊校长带领教师三次到王教授在浙江瑞安的实验学校考察学习。王俊校长没有照搬外国的"纲要信号教学法"和外校的经验，而是根据教学实验中的实际情况，加以消化改造，创造性地提出"两类结构教学法"的教学思想。

所谓两类结构：一是"知识内容结构"，二是"方法程序结构"。知识内容结构指的是学科基本概念及其内在联系。现在语文教材是一篇一篇课文，数学教材是一道一道例题，好比散落的一颗颗珠子，现在要求把一篇课文或一道例题放在"知识结构"中来学习，也就是要把散落的珠子变成一串串珠子。这种知识结构不是教师交给学生，而是要求学生通过"画知识树"自己来构建。一类知识结构总有一个基本概念，由基本概念再生成许多下位概念，好比树干上生长出许多树枝，大树枝又会长出许多小树枝，画"知识树"能够非常形象地表述和掌握一种知识结构。

"方法程序结构"是指以知识结构为基础的渗透学科思想方法的解决某类问题的

操作步骤。学生习得了这种方法程序结构，就能有效地解决某一类问题，也就有了举一反三的能力。

"两类结构"教学思想是当前教育上的重大创新。国内外许多教育家曾提出结构教学思想，如美国的布鲁纳、中国的叶澜。现在宜兴市实验中学的"结构教学法"，在课堂教学中得到具体运用，并取得令人信服的教学效果。它不但使学生学会知识，而且能使学生掌握学习能力，更重要的是能够促进学生提高概括能力、归纳推理能力，有效提升智慧的发展。而这些思维能力和智慧正是开展科学研究和创造性工作不可缺少的。从培养新时代优秀创新人才和创建学习型社会的发展方面来看，"宜兴经验"所发挥的作用将是不可估量的。

因此，宜兴市实验中学的课改经验在学习百家的基础上已经自成一家。

3."宜兴经验"的启示

现在的宜兴市实验中学的课堂教学具有鲜明的特色，使学生自主尝试学习再插上一对翅膀（两类结构），让学生在思维的王国里自由翱翔。它已达到"考试想不拿高分也难"的绝妙境地。在宜兴市实验中学，看不到许多重点中学的紧张沉闷气氛，而能感受到生动活泼、健康向上的氛围。学生体质增强了，近视率下降了。学生学得轻松，教育质量又高，这不是我们苦苦追求的推进素质教育的典型吗？

蓬勃向上的校园主题活动

从"宜兴经验"产生与发展中我们可以清楚地看到一所城市优秀中学向更高层次发展的教改之路，一条推进素质教育的成功之路，一条从学习百家到自成一家的发展之路。

（二）王俊："教学领导"的初中校长样本

江苏省教师培训中心副主任、全国著名特级教师　严华银

《中国教师报》要在宜兴实验中学做一个名校长论坛，会前，该校王俊校长来我办公室，想听听我对本次会议主题等方面的意见。我与他不是第一次见面，却是第一次如此深的交流。主要是听他热情洋溢、滔滔不绝地谈他的学校，他的管理，他对课堂教学的理解、理想和实践。而课堂，又不仅仅是谈某一学科，而是几乎初中的所有学科。我很震撼。因为我是语文老师出身，自认对语文课堂有些研究，但跟他讨论阅读教学，讨论文本解读，讨论语文教师的素养，似乎并不占多少"上风"。我很激动，这是我近年来接触到的最有内涵、最懂教学的初中校长了。

做教学的领导者，这是我近几年中在各种校长培训类活动中，说得最多的一个话题，我认为这是现代校长的基本职能。有人总跟我说，这一观点已经十分落伍，大家都在喊"课程领导"了。课程领导诚然正确，但在当下的教育背景、管理现状、学校现实乃至课程改革的窘境下，实行它未免有点超前和奢侈。当应试、升学、抢生源还在折磨着多数校长的身心，当很多校长还沉浸在抓稳定、管人头、看门房的状态难以自拔，当课程改革还没有真正走进课堂、给学生带来真正的实惠的时候，一个真正意义上的教学领导者对学校的发展实在是太重要了。

我以为，从一般意义而言，能够领导教学的校长应该是这样的：

首先应是学科教学的能手。他对某一学科的教学有精深的研究并有成功的实践，教学方法和教学效果一流，甚至在不长的教学实践过程中，形成了自己的个性风格。对课堂的把握和课堂教学的理解超越一般人，独特、深刻，击中要害，是该校或所在区域当然的带头人。

其次应是教学管理的内行。因为对本学科教学把握精通，进而对整个学校教学工作，从运作的流程到流程中的环节乃至细节异常熟悉，对教师教学工作和教师工作的整体状况十分清晰，由此对教学管理的认识和把握的精准便有别于一般。

最后应是教学研究特别是课堂教学研究的专家。由自己本学科的教学进而关注其他学科的教学，充分调动并发挥团队的力量和智慧，分别从个性和共性的方面进行由表及里、由浅入深的研究，从而逐步获得有教育教学理论支撑、有相当强的操作性和实效性的各学科的课堂教学模式。

　　王俊校长就具备了这些能力。从他成长和发展的轨迹，我还观察到，领导教学的校长一般有着如下特质：

　　一是基于扎实实践的反思力。20余年重点高中地理教学和学校教学管理的实践，为他今天的成就奠定了十分厚重的基础。如今对课堂的很多认识都是从过去经历的回顾反思和对现实课堂的观察分析中获得的。他的观察、分析和思考又总是不断地吸收和借鉴诸多关于课堂的理论和成功的实践者的经验，因而他的思想和观点便总是显现出不同一般的力度、深度。

　　二是学、思并举的习惯。在各种层次初中管理和教学的观摩研讨会现场，总不难找到他和他学校的管理或者教学的骨干。他常常会因为某一个问题而谢绝打扰，闭门独自苦读苦思，他的很多特别的思想和点子就是在这样的"折磨"中顿悟的。

　　三是经营和突破的智慧。在初中教育相对于高中和小学教育整体比较薄弱的背景下，怎样把这样一所基础相对较好的学校领向一片教育的高地，使之鹤立鸡群？王俊选择了从课堂切入，这一者是因为很多脱颖而出的初中往往是从课堂的"革命"起家的，而他学校的师资和生源又与这些学校有很大的区别，他完全可以从比他们更高的平台和起点上动身，做得比他人更有品位；二者，课程改革推进中最大的问题出在课堂上，从这里突破恰恰是抓住了课改的牛鼻子，如果做好了，将有相当重要的样本意义；三者，从课堂模式进行探索和实践，改革的成本和代价最低，风险最小，因为优化课堂结构，改变教学方法，调整教学关系，目标指向教学质量和效益的提升。这恰恰是一切改革的关键。不仅如此，王俊的管理智慧还体现在善于借助外力来宣传自己的主张，激励全校的教师。这几年来，学术团体、教育媒体和专家学者已经是该校的常客。省内外的课堂评优比赛活动中，王校长总会亲自带领着本校的优秀教师积极争取机会，而大凡参与比赛，几乎无一例外地均能获得一等奖。这样一类成功在证明自己研究价值的同时，在校内所产生的强有力的影响反过来又促进了研究的共识、合力的进一步形成。

王俊校长的研究和实践已经取得了不错的成绩，以此证明了教学领导在当前教育教学改革中的价值意义。但实践、研究无止境，学校发展、学校管理无尽头，即使是教学领导也当然应该努力致力于走向真正意义上的"课程领导"。

我期待王校长和他的学校发展得更好，更期待初中学校涌现出更多这样的校长。

河北省广泰中学来校考察交流

（三）校长要"以行为本"

——兼评江苏省宜兴市实验中学王俊校长的办学思想

天津教科院基础教育研究所所长、教授　王敏勤

多年来我有一个感受：一个好校长就是一个教育家，因为他们不仅有自己独特的办学思想，还有创新的实施办法和骄人的教育业绩。他们与一些教育理论家的不同就在于他们植根于教育教学的第一线，他们的教育思想是在实践中产生的，而不是在书斋里通过逻辑推理推出来的，他们既是思想者又是行动者。正因为如此，我特别赞赏王俊校长"以行为本"的办学思想。

校长要"以行为本"，就要比教师先行一步，做教师的引路人。校长是学校发展的设计师和指挥者，校长只有高瞻远瞩，先行一步，才能引领教师发展和前进。王校长作为一个优秀的地理教师，始终没有放弃教学业务，多年来一直坚持搞教学改革，他系统的研究过苏联教育家沙塔洛夫的"纲要信号图示教学法"，并在中学地理教学中认真实验，取得了很好的效果。每个学期的开始，他都要为全校教师上一节公开课，向大家汇报他的研究成果，启发教师的教改思路。说实在的，现在能上公开课的校长越来越少了，而王俊校长不仅有这个勇气，也有这个能力。对于各种先进的教学思想，他都认真研究；对于各种先进的办学经验，他都虚心学习。校长不仅是学校的行政管理者，也应该是教师科研的引路人。

校长要"以行为本"，就要与教师同行，做教师的战友、同志和伙伴。教学是学校的中心工作，这是学校工作的一条规律。而许多校长整天忙于迎来送往，很少涉足教学问题。为了搞好学校的教学工作，王俊校长对老师们说："让我们一起趟过课堂教学这条河"。他与老师们一起听课评课，一起研究教法、指导学法，一起参加教学论坛，交流经验，带头上公开课。他说：以课堂为中心，以教学为中心，这是学校管理的"本事"所在。特别是当前的基础教育课程改革，更需要校长的引领和支持。如果校长本身不懂教学、不懂课改，就很难引领教师们前进。

校长要"以行为本"，就要"大行贱始"，工作从细微处抓起。有人说：中国绝不缺少雄韬伟略的战略家，缺少的是精益求精的执行者。想做大事的人很多，但能做好小事的人很少。学校与学校之间的差别，往往不在于是否提出了先进的办学理念，而在于是否认真落实了自己提出的口号。比如，现在好多学校都在墙上写了这样的校训："一切为了学生，为了一切学生，为了学生的一切"，像绕口令一样，理念很好。但如何才能做到"一切为了学生"，往往没有具体的措施，理念也就成了一纸空文。而王俊校长主张"大行贱始"，每个人都要从"本人"做起，从"本事"做起，力争使学校的每项工作都做精、做细、做好。正所谓细节决定成败。

校长只有"以行为本"，才能在行动中发现问题，解决问题。学校是基层单位，是教育教学的第一线，校长不能高高在上，发号施令。校长只有深入教育教学的第一线，亲身实践和体验教育教学活动，才能及时发现问题，解决问题。王俊校长在上公开课的过程中发现，由于每组之间座位都是分开的，学生在进行小组讨论时引颈伸脖，很吃力。为了便于学生课堂讨论，他马上建议班主任统一课桌摆放，相邻的两小组靠拢，但不并拢，中间留10厘米间隙，便于同桌两人伸展肘部，也便于教师课间巡视和学生上黑板板演。就是这样一个细节问题，如果校长不亲临课堂或亲自上课，是很难体验和观察到的。

　　校长只有"以行为本"，才能在行动中想出办法，进行创新。对于宜兴市实验中学"体育超市"的做法，我是很赞赏的。大中小学每年都组织田径运动会，有的甚至一年组织两次，但学生参与率一般不超过45％，其他大部分同学只能当观众。学校花费很多的人力、物力和时间，举办运动会的目的是什么？是为了选优淘劣？是为了竞技运动？学校的一切活动都要从全体学生的利益出发，都要有利于全体学生的发展。能不能让所有的学生都得到锻炼，都有展示自己才能的机会，都能享受到参加体育运动的乐趣和成功？宜兴市实验中学做到了，他们通过体育超市，让学生自选项目，全员参加运动会，人人都体验到了成功的乐趣，人人都积极参加体育锻炼。在运动会期间，大家既是服务者又是被服务者，每个人既是运动员又是观众。运动场上少了竞技的硝烟，多了自主参与、体验成功、和谐身心的快乐。这是多好的体育运动会！这样的高招只有在行动的过程中才能想出。又如组织学生到军营远足，既满足了学生春游的愿望，又规避了集体乘车外出的风险，还锻炼了学生的体魄和意志。这样的创新之举也只有在实践的过程中才能想出。所以校长需要行动，要以行为本。

（《江苏教育》2006年第5期）

王俊在全国首届初中名校"减负增效"论坛会发言

（四）王俊：学校变革要以"课堂"为本

《中国教育报》记者　徐启健

江苏省宜兴市实验中学校长王俊今年最重要的一封来信是在 9 月 25 日那天收到的，他对此记忆犹新。

信件来自内蒙古包头铁路二中，他小心翼翼地拆开信封，里面是一张报纸的复印件和一张简短的留言条，报纸是 9 月 7 日的《人民日报》，题目是《"永远是学生"——温总理在北京市第三十五中学听课侧记》，更让人意外的是报纸上还登了许多阅读心得，除了对总理熟谙教学的高度评价以外，还提到了他们的结构教学法。

比如，在温总理听了数学和语文课之后，强调"老师讲清了概念，这非常重要，基础课必须给学生以清楚的概念。"阅读心得就点评道："这些评述非常精当，抓住了问题的本质，强调基本概念及概念结构对学生能力发展的奠基作用，和宜兴市实验中学的'结构'教学何其相似啊！"

竟然把自己的课堂教学探索和总理的听课评价联系了起来，并给予了极大的肯定。看完这封来自内蒙古包头铁路二中校长李国立的来信，王俊深为感动："课堂教学改革是新课程改革中最重要的部分，也是最难的部分，我们学校的新课改没有避重就轻，自己摸索'两类结构'课堂教学模式，虽然像铁棒磨针，但经过多年的努力，终于有所成就了。"

1. 课堂是校长领导学校变革的主阵地

"当应试、升学、抢生源还在折磨着多数校长的身心，当很多校长还沉浸在抓稳定、管人头、看门房的状态难以自拔，当不少学校的课程改革还没有真正走进课堂给学生带来真正的实惠时，一个真正意义上的教学领导者对一个学校的发展实在是太重要了。"

江苏省教师培训中心副主任严华银是语文教师出身，谈吐泼辣，看似激愤，但常常因为真实深刻而直击要害。近几年在各种校长培训和论坛等活动中，他一直倡导校长要首先做一个教学领导者，他认为这是在当前形势下，大多数校长迫切需要做的。

严华银认为一个教学领导要努力具备三个方面要求：一是学科教学的能手，二是教学管理的内行，三是教学研究特别是课堂教学研究的专家。而身为全国优秀地理教育工作者，一直以教学管理立身，痴迷于课堂教学研究的王俊完全具备这三个特点。

而王俊自身对于现代校长职责和身份的认识似乎也高度浓缩于"课堂教学"之中。他认为现代校长的教学素养、管理理念和创新能力在当前新课程改革的背景中，主要体现在以下两个方面：一是对学校长远发展的规划领导能力，二是引领课程改革的能力。在对学校发展的长远规划这一方面则主要体现在如何提升学校的核心竞争力。实践证明，学校发展的核心竞争力在于课堂教学的变革，洋思中学、东庐中学等名校就是这样的成功范例。另一方面，课程改革的主阵地自然是课堂教学改革。因此，着力思考和持续关注课堂教学改革，必然成为校长成长的主要课题，校长应该在研究课堂中提升自己的修养，成为一名专家型、学者型校长，引领学校的健康发展。

2."两类结构"课堂教学模式的探索之旅

为了寻找课堂教学改革的真谛，王俊一直用的手段是不断地请专家到学校指导，经常性地带教师出去参观学习，并建立了一套自己的校本教研文化。这似乎是些平常招，但王俊每一招都使出了与别人不一样的味道。比如请专家，他非常注重"原创"专家，学校先后邀请了尝试教学创始人邱学华教授、成功教育专家刘京海先生等一批原创学派专家到学校讲学，从而让教师尝到了原汁原味的教育鲜果。又比如外出参观学习，他们不是"蜻蜓点水"，而是刨根问底，一住就是几天，跟踪听课、学习观摩，细心领会其教育教学精髓，那股"专业间谍"的劲儿让人赞叹不已。

在寻找课堂教学改革路径的过程中，王俊一直在努力探索和实践的最重要思考点就是怎样提高课堂教学的有效性。有效性是课堂教学的生命，也一直是新课改的一个重点和难点。他带领学校教师对课堂教学的有效性进行了持续追问，在"建构—结构"思想的指导下，探索出了"两类结构"的新模式。

王俊"两类结构"的思想演变，可以简单勾勒为"纲要信号—整体建构—结构—两类结构"这样一个路径图。这个过程见证了王俊对课堂教学的执着探索和深入思考。

王俊早在20年前就在地理教学中，运用苏联沙塔洛夫的"纲要信号"教学法，引导学生将课本上的地理知识结构化，形成特定的纲要结构，从而改进地理教学，取得了丰硕的成果。

2000年，王俊成了实验中学的"当家人"，他引进了邱学华"尝试教学"和王敏勤"和谐教学"的思想与模式，在原来"纲要信号"教学法的基础上，渗透了尝试建构、和谐教学的思想，开始引导教师在课堂教学中关注知识与知识之间的内在联系，创设有利于学生主动参与学习过程的情境氛围，初步形成了学校的课堂教学特色。

2005年，王俊结合自己对系统科学的认识以及对现代认知心理学的深入学习，认识到结构性、整体性的知识在教学中非常重要，学生掌握了结构性、整体性的知识，就掌握了解决一类问题的思维方式，掌握了主动学习的工具。在发动全校教师深入研究、认真实践的基础上，学校明确提出了"知识内容结构化"的教学主张。

在实际教学过程中，王俊还发现，学生仅仅掌握"知识内容结构"还不行。就像要让汽车能够行驶，必须满足两个条件：首先要有许多零件及零件的组合，这就相当于"知识内容结构"。但仅有组合，汽车还不能行驶，还需要掌握操作汽车的方法，也就是"方法程序结构"。只有这"两类结构"相互结合，知识才能转化为能力，才能升华为智慧，才能落实"三维"课程目标，从而解决实际问题。于是，2007年学校就明确提出了"两类结构"思想，真正开始了"知识"与"能力"两翼齐飞的教育之旅。

3. 和教师们一起趟过课堂教学改革这条河

找到了有效的课堂教学模式，怎么在全校让教师消除传统的惯性和惰性，积极参与到这一模式中来也是一个难题。

到过王俊办公室的人都会注意到，在进门后的右边，有一块白色的写字板、一盒水笔。这块白色写字板不是用来记事的，而是王俊用来向教师们和来访者讲解"两类结构"教学思想的。至今，白色写字板已经写坏好几块了。

王俊办公室的窗台架起白色写字板，是从2007年的冬天开始的，当时夜色笼罩下的宜兴市实验中学宁静、恢宏，校长室的灯火总是如约亮起，围坐在大沙发上的是学校的各科骨干教师，对课堂的挚爱和对教育的热望，驱散了冬夜的寒冷。后来，各个办公室都有了这样的白色写字板。王俊每到一个办公室，跟教师谈得最多的仍然是课堂教学，白色写字板就成了他和教师们交流时用得最多的工具。王俊用这种平和、坚韧的方式，感召着教师，转变着大家的思维方式，这也是学校里最独特的教研风景。

白色写字板上的思考方式，其实也渗透着王俊的管理理念，用他自己的话来说，搞课堂教学改革最难的是观念的转变，而观念的转变只有靠长期的熏陶，除此之外没有什么秘诀和捷径可言。

王俊认为，在这种熏陶的过程中，校长最重要的是要帮助教师研究课堂。学校每周一次教研组活动，让教师轮流围绕一节课上，王俊经常参加进来，让教师说清楚自己这节课的问题，让他们尽可能归纳概括，逼他们思考。教师在刚开始感觉很生硬，后来逐渐接受了，并把它变成了学生的认知策略。

渐渐地，教师们会在自己上课前请教王俊，"课堂这样设计好不好""要讲的是不是太多了"，甚至在去参加各种比赛前，他们也都会主动跟王俊商量怎么设计教案，怎么备课，怎么做才能达到最初的教学目的。

学地理出身的王俊对各科知识都很熟悉，在给教师们讲解时，各科的例子往往信手拈来。

"教学是一门艺术，更是一门科学。"王俊如是说。讲课是有方法有规律可言的，只要掌握了规律和方法，学科间的界限其实并没有想象中的那么大。比起传统的教师把知识"掰碎了，嚼烂了，教给学生"，王俊希望的是，教师先找出其中的规律和联系，然后告诉学生最简单的方法和道理。

慢慢地，越来越多的骨干教师成为王俊的拥趸。在帮助教师研究课堂的过程中，教师们得到了实实在在的帮助和进步，久而久之，他们也都慢慢地接受了王俊的教学理念，"两类结构"教学的思想越来越深入人心。

4. 课堂变化带来的是师生生命状态的根本改变

"没有'课堂教学改革'的课程改革，是一棵'只开花不结果的树'，课堂是师生生命成长的摇篮。"王俊说。宜兴市实验中学的课堂教学探索不仅仅是在课堂教学上取得了成功，它更重要的是使师生们在校园里的生命状态发生了根本变化。

首先是通过"两类结构"课堂教学改革，宜兴市实验中学教师的教学能力有了显著提升，教育教学观念发生了很大变化。他们的课堂里始终渗透着强烈的方法意识，他们能够灵活自如地处理教材知识，为使学生掌握方法而服务。他们首先思考的问题不是我今天讲什么知识，而是我今天要教给学生什么工具，要帮助学生掌握什么样的结构。这样的教学思想，催生了一大批真正意义上的名教师、好教师，使他们更加逼近"教师"这一角色的本原意义。学校现有教师 162 名，其中高级教师 40 多名，宜兴市市级以上学科、学术带头人 20 多人，无锡市、宜兴市教学能手 30 多人。学校承担了国家级课题 2 个、江苏省省级课题 5 个，教师在市级以上评比中获奖论文 165 篇，在省级以上刊物发表论文 50 多篇。

课堂从低效到高效的转变，最大的受益者当然是学生。"在这里我体会到了学习的快乐。我很喜欢这里的教学方式，轻松的学习，轻松的作业，轻松的记忆，让我们有更多的时间了解课外的知识。"一位名叫吴菡的学生的说法很有代表性。

"以前，我们学习课文是跟着感觉走。现在，我们懂得了从'写了什么''为什么写''怎么写'三个方面去看一篇文章，我们知道了'整体感知'课文，可以运用'段意串联法''要素归纳法''文体导读法'等方法，来梳理文章大意。"还有一位学生写下了这样的学习感言。

"学生的学习从迷蒙走向觉醒，从低效走向高效，从负担走向快乐。学生的学习方式也随之改变了，课堂上学生的思维训练增加了，学生的课后作业负担减轻了。"王俊说，"我们实现了好学生更好，差学生变好，出现了'水涨船高'的现象。"

学校女子篮球队获得江苏省冠军

"这里最重要的是我们通过课堂的变革实现了课堂教学的高效，从而把学生从作业堆里解放出来，为实施素质教育提供了必要的时空保障。"王俊强调。

(《中国教育报》2009年12月1日)

(五)在《中国教师报》"课堂教学实践与研究"全国名校长沙龙上的发言(1)

原江苏省教育科学研究所所长、国家督学　成向荣

宜兴市实验中学课改非常强调整体，第一个整体叫作"整体把握教学目标，建构学科基本素养"，第二个叫"整体把握教学内容，建构学科基本结构"，第三个叫"整体把握教学过程，促进学生自主建构知识的意义"，第四个叫"整体把握教学方法，建构最优化的学习方式"。非常重视整体，我认为很好。在一个过程当中，实验中学有两个概念，一个是知识树，一个是两类结构，我提出第三个概念叫作学习意图。所谓学习意图就是学生学习的路径，他们按什么顺序有序地去学习，寻找这个路径。知识树和学习意图的结合形成了实验中学课堂教学的一个基本思想、基本经验。在整体概念的关照下，学生和老师共同去建构，形成新的知识结构。但是建这个结构不是目的，是为了解构。解构是为了下一步更好地去建构。所以从引导学生学习当中，我觉得宜兴市实验中学课改是做得好的，这个经验是好的，和后六中学、南京东庐中学、杜郎口中学、洋思中学有共同的思想，共同的方向，但是有不同的做法。这是可以总结的。

(六)在《中国教师报》"课堂教学实践与研究"全国名校长沙龙上的发言(2)

江苏教育学院教授　王铁军

王俊校长对课堂教学的研究已经多了一种实践，他在进行深入探索研究，从国外一些优秀的教学、纲要信号等教学基础理论上面，结合学校的课改形成了自己的一套理论。教学过程、课程和教学都是系统的工程。他们非常好的把内容改革和方法改革有机地结合起来，把教学内容和教学方法从两个体系上加以整合，充分体现了系统的观点。我觉得从方法论角度考虑，他们较好地借鉴了国内外先进的教学理念，比如布鲁姆的知识结构、发现教学、建构理论、学习理论等。把这些国内外先进的教学理论加以借鉴，而且融会贯通为我所用，对国外先进的教学理念不是照搬照抄而是结合学校实践融会贯通地加以运用。

我觉得应该充分肯定王俊校长作为课堂教学的领导者，在课程改革方面扮演的课程教改领导者的角色。王校长的精彩报告充分反映了这一点，校长深入课堂、潜心研究、探索课堂教学规律。校长是探索者、引领者，真正成为课程教学的领导者，这点我觉得我们应该向王校长学习。在课程改革、教学改革中，我们校长究竟扮演怎样的角色、肩负怎样的使命，我们怎样使学校更好地发展，王校长作了非常好的回答。

隆重热烈的体育节开幕式

二、媒体报道

（一）王俊：做教学的领导者

孔　陶

很少有一位校长像他这样痴迷于课堂教学和课堂教学的研究，很少有一位校长像他这样对自己专业之外的学科教学同样满腔热情且钻研的深度一点也不逊色，很少有一位校长像他这样对课堂教学有如此深刻独到的见解并率领教师团队矢志不渝追求理想教学的境界。特级教师、学者严华银曾经这样描述王俊带给他的激动："这是我近年来接触到的最有内涵、最懂教学的初中校长了。"是的，在接触过王俊的人心目中，他就是这样一位教学的热爱者、研究者和领导者。

他对课堂教学和课堂教学研究的热爱，源于大学毕业后一个非常质朴的想法。1983 年 7 月，他从南京师范学院（今南京师范大学）地理系本科毕业之后回到家乡，在江苏宜兴南部山区的一所高中当上了一名地理教师。当时，他的想法非常实在：好好教，争取教出好成绩，调到县中去做老师。为了有效提高课堂教学效率，他开始如饥似渴地在各种教育教学理论中寻找道路。他受沙塔洛夫"纲要信号"理论的启发，自觉地在自己的地理教学中进行应用研究。结果，他的学生不仅学得明白、学得轻松，而且考得轻松、考得优秀。他也因此如愿以偿，不仅成功地成为县中教师的一员，而且还被评为无锡市首批学科带头人。王俊非常振奋。也正是从那个时候起，他终于找到了自己职业和人生的"兴奋点"。但是，那还只是一个人的努力，一门学科的研究，一个人的成功。

他对课堂教学和课堂教学研究的热爱，源于他对校长角色、责任和使命的理解。2000 年 8 月，他出任宜兴市实验中学校长。角色变了，担子重了，责任大了。学校的生命线是质量，质量的生长点在课堂。校长要不要进课堂，这不是一个问题；校长怎样进课堂，这才是更应该深入思考的问题。他坚持认为，课堂教学是学校管理的原点。校长最重要的责任与使命，就是躬身其中，用静心、耐心、恒心，引领教师发现问题，研究问题，解决问题。有什么样的思想，就会有什么样的行动。他先从主要学科的骨干教师抓起，坚持在自己的办公室架起一块白板，利用晚上的时间开展教学沙龙，和老师们一起学习，一起讨论，然后带着研究的成果走进课堂，尝试教学。行胜于言。在他的引领和带动下，宜兴市实验中学的老师从优化课堂目标，改变教学方法，调整教学关系入手，将课堂教学研究的方向直指教学质量和教学效益的提升，直指师生素养的全面提高。正是在引领和带领教师关注课堂、研究教学的过程中，他成功地将一个人的努力变成了一个团队的努力，将一门学科的研究变成了所有学科的研究，将一个人的成功变成了一群人的成功。与此同时。他也自然地完成了一所学校教学领导者的形象塑造。

他非常喜欢陶行知先生的一首诗："人生天地间，各自有禀赋。为一大事来，做一大事去。"他说他职业和人生的这"一大事"，就是引领和带领教师进行课堂教学改革。改革没有尽头，只有不断攀升的阶梯；改革没有坦途，只有锲而不舍的精神。王俊非常清醒：要成就这"一大事"，作为一校之长，除了需要教育良知的觉醒，还需要教育智慧和勇气的涵养。捧着一颗心来，不带半根草去。倘能如此，也就够了。我们相信，有这样一种情怀和心态作为精神的底子，王俊在做"一大事"的路上定会迈步格外高远。

（《江苏教育》2010 年第 2 期）

（二）江苏省宜兴实验中学的"两类结构教学法"

翟晋玉等

近些年来，在我国中小学教学改革中有一个奇特的现象：原来各方面都落后于城市的农村学校突然后来居上，比如洋思中学、杜郎口中学、东庐中学、后六中学等。相对于这些农村学校的勇于变革，一些城市学校显得过于保守。但江苏省宜兴市实验中学却异军突起，提出"两类结构"教学法，实现了"教师少教，学生多学"，静悄悄的改革吸引了越来越多的同行。

亚里士多德曾说，求知是人的本性。然而，人生有尽知识无穷，在有限的人生中我们应该学习哪些知识呢？19 世纪英国哲学家、教育家斯宾塞提出了一个著名的问题：什么知识是最有价值的知识？他自己的回答是"科学知识"。此后的世界教育史大体遵循了这个方向。但对于这个答案，后世一直存有争议。

如今，宜兴市实验中学校长王俊试图回答这个问题。王俊认为，对于中小学生来说，最有价值的知识就是"两类结构"，即"概括化、结构化的知识内容"和"概括化、结构化的方法程序"。通过"两类结构教学法"，宜兴市实验中学的教师教给学生"解决某一类问题的方法"，用"方法"来统帅"知识"，真正实现了举一反三，大大提高了课堂效率。

中国传统教学重视"体味涵泳"，而忽视理性的分析；重视知识灌输，而轻视方法训练和能力培养。所谓"书读百遍，其义自见"。教师让学生通过大量的"读"达到自悟。这种做法固然有一定的合理性，然而对于大多数学生来说，这样做效率太低了。

当没有章法，效率低下时，人们就开始拼时间，拼体力。古时有"三更眠五更起"，甚至"头悬梁锥刺股"，今天则有千千万万师生争先恐后地投入"题海战术"。教师教了一遍又一遍，学生学了一遍又一遍，却收效甚微。因为他们忽略了学习最本质的核心：思考。没有思考，知识就是孤零零的，僵死的，缺乏在相互联系中产生的活力。在这种教学方式下，师生的压力和负担永远也不会减轻，只会越来越重，师生就会成为这种教学模式的奴隶，本应成为师生智力发展舞台的课堂反过来变成了扼杀师生智力的牢笼。

宜兴市实验中学课改的意义正在于它彻底打破了这种教学传统。教师通过引导学生分析归纳，总结出学科知识之间的内在联系，帮助学生建立认知结构，发展自学能力。有了自学能力，学习效率就轻而易举地实现了质的飞跃。

宜兴市实验中学的经验表明，要解放学生和教师就必须改革课堂教学模式。当然，这需要遵循教育自身的规律，减除师生不合理的负担。在当前应试教育愈演愈烈的背景下，这样做需要智慧和勇气。

有人说，现在课改的名校基本都是农村学校，它们是在濒临绝境时不得已而破釜沉舟，进行大胆改革，从而置之死地而后生。相比之下，要让各方面条件都不错的城市学校主动进行改革很难。然而，只要真正愿意改，城市学校也是完全可以做到的。在同样的环境下，依然有一些怀有勇气的校长进行了卓有成效的改革。

宜兴市实验中学的课改是最新的例证之一，它的经验为我们的城市学校进行课改提供了一个样本。期待越来越多的城市学校加入课改的洪流中，在课改中实现教育的价值和理想。

(《中国教师报》2009 年 7 月 9 日)

(三)寻求"教师少教学生多学"的方法
——江苏省宜兴市实验中学"整体建构和谐教学"探索纪实

马伟平

2007 年 7 月 26 日，河南焦作沁阳市，"全国和谐教学第 16 届年会暨新课程课堂教学观摩活动"在此隆重举行。27 日上午，来自江苏省宜兴市实验中学的两位青年教师，运用"整体建构和谐教学"思想，将课堂教学的三维目标进行了整合，突出"过程与方法"，引导学生在学会知识的同时掌握方法、学会学习。学生参与积极，课堂气氛活跃，充满生命活力，目标达成度高。对此，和谐教学创始人王敏勤教授赞赏道："这是和谐教学的成功典型!"《中国教育报》资深编辑王增昌也激动地说：

"很少听到这样的课，课的理念比较新，教学效果显著，我们要进行研究、推广！"

（《中国教育报》2007 年 10 月 26 日）

（四）"两类结构"，缔造课堂教学的神话

——江苏省宜兴市实验中学提高课堂教学有效性的实践与探索

有效性是教学的生命，也一直是新课改的一个重点和难点。如何实现有效，让学生既增知识又长能力，从而为其终身发展奠定基础，这是宜兴实验中学王俊校长一直在努力探索与实践的一个课题。近年来，他带领实验中学教师对课堂教学的有效性进行了持续追问，在"建构—结构"思想指导下，探索出了"两类结构"的新模式，使宜兴市实验中学的课堂在"有效"的宗旨之下呈现出别样的风貌，为我们带来了一个又一个惊喜……

（《教育文摘周报》2009 年 7 月 8 日）

（五）"两类结构"尝试教学模式的建构

江苏省宜兴市实验中学建校 10 年来，一直集中精力搞课改，静下心来研究课堂，构建了"两类结构"尝试教学模式，并坚持开展实验研究，闯出了一条具有自己风格的课改之路。

……

"两类结构"尝试教学法的实施，给课堂带来了巨大的变革，使课堂充满了智慧的张力和生命的活力，在提升课堂教学价值和效率的同时，发展了教师和学生，提升了学校的教育品位。

（《人民教育》2011 年第 13 期）

（六）教育的变革，从课堂开始

——宜兴市实验中学"结构—建构"教学改革的行与思

马伟平

2009 年 4 月 21 日，《中国教育报》在《初中教育：挺起你的"腰杆"》一文中，写到"宜兴市实验中学以课堂教学为原点，在变革'课堂'的同时，变革管理理念和管理模式，促进师生协同发展。走出了一条'低负高效'的内涵发展之路"。

2009年7月8日，《教育文摘周报》以"两类结构：缔造课堂教学的神话"为题，2009年7月16日，《中国教师报》在头版以"宜兴实验中学的'结构教学法'"为题，几乎同时以长篇专题报道的形式，对宜兴市实验中学的课堂教学改革进行了深度解读和高度评价。

2010年4月，江苏省首届基础教育课程改革教学研究成果评选揭晓，宜兴市实验中学"结构—建构教学研究"获一等奖，并被推荐至教育部参加全国基础教育课程改革教学研究成果评比。

宜兴市实验中学的教育改革，沿着"创新"的路径，从课堂出发，走出了一条优质学校寻求自我突破、初中教育实现内涵发展的道路。

（《江苏教育研究》2010年第9期）

著名教育媒体人房涛先生应邀来校做报告

（七）文化浸润心灵 特色奠基幸福

—江苏省宜兴市实验中学"精进文化"侧记

"校园文化是一所学校综合实力的反映，优秀的校园文化能赋予教师独立的人格、独立的精神，激励教师不断反思、不断超越。"王俊校长表示，校园文化建设就是要构建一个让老师们都能实现生命价值的平台。

实验中学教师队伍数量庞大、专业知识水平参差不齐、对课程和课堂的理解并非同步。如何扬长避短，发挥群体智慧，营造良好的教师文化和课程文化，是大规模学校文化建设的重要内涵。实验中学人认为教师的学识素养是教师文化和课程文化的基石，没有专业支撑的文化构架是脆弱的。夯实专业底座、推进课程文化的实施渠道，一是扎扎实实开展校本教研和校本培训，整体提高教师的专业素养和学识水平，让教师熟谙学科知识和深入理解课堂是解决问题的关键，提高教师的课程理解力。二是构建科学高效的课堂教学模式，培养学生良好的学习态度和学习习惯。宜兴市实验中学近年来致力于开展课堂教学模式的研究，构建了"结构尝试"教学法，以"结构"为载体，以"尝试"为主线，帮助学生掌握主动学习的工具，把课堂还给学生，形成了鲜明的课堂教学风格，实现了教学的低负、高效、优质，获得了江苏省首届基础教育教育教学成果一等奖，在省内外产生了广泛影响，每年来校参观考察者近万人次，提高了教师的课程执行力。三是构建"立体式、多元化"的课程结构，开发课程资源，大力推进校本课程的实施，提高教师的课程创新力。作为一所大规模学校，实验中学人深感以"课堂"为原点，以"提升教师的专业素养"为主线，构建鲜明的教学模式，在模式引领下鼓励教师的个性发展，建立"自由而又有序"的教师发展氛围，对集聚大规模学校教师的群体智慧，涵养学校的课程文化，有着极为重要的作用。

《语言文字报》2013 年 3 月 15 日

实验中学班主任技能大赛

三、师生感言

（一）"概括化、结构化"才能举一反三

马伟平

掌握阅读文章的两类结构（知识内容结构、方法程序结构），有利于学生形成阅读的认知图式，通过大量的阅读实践，一定能够快速地提高学生的自主阅读能力。

例如，苏教版语文九年级上册《百合花》和《绿》的阅读，两篇文章文体不同，前者是小说，后者是散文，我们都可以从"内容、主旨、表达"三个方面来整体把握文章，通过研究"写什么""为什么写""怎么写"三个问题进行阅读探究。从内容上看，以"人、事、景、物"为基本内容，《百合花》侧重写人记事；《绿》侧重写景抒情。从主旨上看，以"知、情、趣、理"为基本内容，《百合花》侧重抒发情感；《绿》侧重寄托情趣。从表达上看，《百合花》以记叙为主要表达方式，以细节描写打动人心，言浅意长；《绿》以描写为主要表达方式，以借景抒情感染读者，情景交融。从中我们可以感受到构建阅读的知识结构，对于培养学生的整体阅读能力、养成良好的阅读思维方式是很有帮助的。

同时，我们概括出阅读文章的基本方法步骤，即阅读文章的方法程序结构："查—读—品—悟"四个基本环节。"查"作者生平、创作背景；"读"是能用纲要图示的形式，概括文章大意和主旨；"品"是通过语言实践活动，将语言训练和思维训练结合起来，探究文本在语言、选材、结构、表现形式上的特点，即探究文本最有特色的"表达"，深化对文本的理解；"悟"指向感悟方法、升华情感。通过渗透方法程序意识的长时间的阅读实践，学生能自动化地熟练运用这样一套操作步骤去阅读文章，就形成了阅读文章的认知策略。

通过对学科知识的概括化、结构化，渗透学科思想方法，容易使知识上升为智慧，使知识转化为技能，是对教材知识的整合提高，有效地发挥教材的示范和凭借功能，从而将"教材无非是个例子"的理念落到实处。

（二）让学生学一生有用的语文

郑发健

语文教学中，我们做老师的常常埋怨学生："你怎么学的？我已经教你多少遍了，你怎么还是不能理解？"究其原因，我们在"正思"学生的学习态度、学习习惯、学习能力的同时，是不是也该认真"反思"一下我们老师的教学设计：我们课堂教学策略是否合乎科学？教学方法是否合乎逻辑？课堂流程是否合乎规律？课堂效率是否"高开高走"？

于是我常想两个问题：第一，我们做老师应该教什么？第二，我们做老师应该怎么教？

认真思考一下，其实答案很简单。

第一，我们应该教给学生语文学科的基本思维方法。譬如当我们阅读一篇现代散文时，首先要有四种阅读思维方法：一是查、读、品以悟其情、趣、理；二是圈、点、划关键词关键句；三是用知识线等信号理清文脉；四是解题要记住词不离句，句不离段，段不离篇。

第二，我们应该运用纲要信号、知识树，帮助学生掌握阅读不同文体的知识结构图式，使学生在阅读时有"章"可循，有"法"可依。同时创设问题情境，找一些文体相同而形式有差异的文章加以感悟、验证，帮助学生找出文章的写作特点，捕捉到写作的亮点，突破阅读的难点。

第三，学生在初步掌握不同文体阅读方法的阶段，要加以强化训练。一方面，能起到温故而知新的作用；另一方面，学生积累一定的阅读量，能增加文学底蕴，提升人文品位，因为一个人的发展史就是读书史。

综上所述，教师是学生学习的促进者，是帮助学生确定和协调达到学习目标最佳途径的引路人，也是帮助学生掌握学习策略和发展认知能力的导航员。只有这样，我们的教学才能唤醒学生沉睡的潜能，激活尘封的记忆，开启幽闭的心智，放飞囚禁的情愫。

纷繁复杂的世界现象，其实本质很简单，语文教学也是如此。我们做老师的切忌把明白的事说糊涂了，把简单的事说复杂了。

一句话，语文教师的教学任务就是：让学生学一生有用的语文。

钱文忠教授来校做报告

(三)谈谈建构数学知识的重要性

在长期的教学中，我们发现，部分学生对数学知识的遗忘速度相当快，做了很多题目，还是常常出错，一到考试连复习什么都不知道，更不要说数学能力。我们认为，这和他们对数学知识认识的零散有关，不知道数学知识之间的内在联系，影响了学习。所以，在数学教学中，我们应该认识到数学是一个整体，内部各个部分是互相联系的。因此，我们学校在数学教学中，利用画知识树的途径，引导学生构建数学知识结构图，帮助学生从一个知识点，到一节一章，从小到大地构建出整个初中数学的知识体系，从而有效减少遗忘，提高课堂效率，培养分析综合能力。学生逐层次、逐类别地征服数学学习目标，就不会感觉数学知识混乱，无从下手了。

例如，我们在学习"整式乘法"这一部分内容时，引导学生运用"整体思想"和"转化思想"揭示出单项式乘单项式、单项式乘多项式和多项式乘多项式的内在逻辑联系，使学生对这一部分的知识学习上升到结构化水平，这样，就能有效地提高学习效率，如果学生学会了用联系的、结构化的思想去思考数学问题时，学生学习数学

就不是难事了。（宜兴实验中学　张捷）

"宜兴实验中学毕业的学生绝大部分学习效率都比较高，而且他们很阳光，特别有智慧。"（江苏省宜兴中学　徐正彬）

"宜兴实验中学的学生学习能力特别强，转变快，组织、表达等各方面的能力比较强。""这是初中的积累在起作用。本来是我们高中应该做的工作，他们初中已经做好了。"（江苏省宜兴中学　吴俊峰）

（四）学生心声

以前，我们上语文课，都是老师讲、学生记，课后背背老师教给我们的文章中心思想、文章内容填空、文句意思，学习总是跟着老师走。现在可大不相同，老师教会了我们预习的方法和步骤，我们通过预习尝试，按照"查、读、品、悟"方法，知道如何去了解作者及背景、领悟文章的思想感情、品味文章的语言、分析文章的写法，而非死记硬背，其他学科也是如此，真正学会了自主学习。马蹄形座位的学习环境，又让我们真正成了课堂的主角，生动的"课堂展示"、丰富的"知识线"、形象的"知识树"、真情的"心灵放飞"，我们的学习积极性得到极大的提高，也为我们同学之间的"合作交流"提供了广阔舞台。（胡雨婷）

"在这里，我体会到了学校的快乐，很喜欢这里轻松的教学方式。这让我有更多的时间了解课外的知识。"一位名叫吴菡的学生说。

"我刚进初中时，功课多了，感觉无从下手。考试前，我靠强记；考完了，不久又忘记了。"一位名叫潘玥澜的学生说，"自从我们课堂上运用了画知识树的方法，从每一课，到每一单元，到整本书，学习用树干、树枝、树叶、果实揭示各个知识点在整体中处于什么位置，与邻近的知识点有何区别和联系。这样，我经常学着'画树'来完成单元复习小结了。画知识树，让我感觉到了事半功倍的效果，提高了学习效率，学习劲头也足了。有了这棵树，我犹如在一堆乱麻中找出了起头，在繁杂的信息中找出了重点。"

"以前，我们学习课文是跟着感觉走。现在，我们懂得了从'写了什么''为什么写''怎么写'三个方面去看一篇文章，我们知道了'整体感知'课文，可以运用'段意串联法''要素归纳法''文体导读法'等方法，来梳理文章大意。"

朝气蓬勃的"结构"教学课堂

四、同行者语

（一）从教科研实践中走向自己的幸福人生

——行进在"结构教学"探索中的思考

宜兴市实验中学　周水平

有人说："教育是一棵树摇动另一棵树，一朵云推动另一朵云，一个心灵唤醒另一个心灵。"摇动、推动、唤醒……其间，有热量在扩散，有情愫在弥漫，有种子在生根，有芬芳在吐蕊。一切都是那么自然，一切都是那么自在，恰如清风，恰如细雨。今天的我，当我作为特邀嘉宾参加"五四杯"的主题沙龙讨论活动时，当我赴北京等地开设公开课时，当我面对领导同事朋友的称赞和鼓励时，当我感受着学生的喜爱和信赖时，当我感动着家长的感谢和愉悦时，我是满心的自豪幸福，这真的是今天的我吗？我真如"士别三日当刮目相待"的吴下阿蒙吗？从 2005 年 8 月我进入实验中学以来，我真的变化了那么多吗？十多年的求索经历，实验中学的人，实验中学的氛围摇动、推动、唤醒了我的内心。在全心课改的王俊校长的榜样示范下，在学校推进的"结构尝试教学"的改革和实践中，我身心俱入，从懵懂无知到一知半解再到初窥门径，过程艰辛而又快乐。学校的课改像无声的挑战使我的精神紧张、兴奋，我迎面走过去，义无反顾，不断获得克服困难障碍后的幸福和喜悦，不断地在理论学习和实践反思中感受着内心的充盈和丰富，清晰感受到自己的点滴进步，在自身成长的同时越来越热爱自己的职业。我很自豪幸福，因为我是宜兴市实验中学的一名优秀的语文教师。我的内心真切地告诉我，我的幸福感来自于实验中学引领着我从教科研实践中走向了自己的幸福人生，实现着我人生的最大价值。难忘有人这样评价我：人群中最快乐的那个就是我。很多人就用这样的方法认识了我。

我在学校课改中享受成长的幸福感已有十多年，感想和收获很多，择要表达心中最清晰的四点感受：

1. 榜样与环境，让我深爱教师这份独特的职业

至今为止，对我职业人生影响最大的一个地方是实验中学。我相信，人的成长即是一个不断获得新生和不断觉醒的过程。我相信，教育的本质在于引导，引导的本意就在于不断唤起与促进人内心智慧与价值的觉醒与发展。实验中学，教学理念先进，教研气氛浓厚，环境和谐，给人以安全感，它以特有的方式惊醒我所有的感觉，引领我走进理想的教育状态与境界，使我品味到了教师与学生的生命在相互关爱中共同成长，使我感受到教学的高峰体验，使我感受到我能使更多的人有幸福感，给了我自信和成就感。这样的气氛，使我的身心得到全方位的安顿。来到实验中学，面对孜孜不倦，潜心研究，全心课改的王俊校长，难忘他一次次激情智慧的理论引导，难忘他一次次行云流水的示范展示，难忘他一次次风起云涌的研讨质疑，难忘他一次次的语重心长："如果你想让你的劳动能够给你带来乐趣，使天天上课不至于变成一种单调乏味的义务，那你就应当走上从事研究的这条幸福的道路上来。""教师与教师的差别，不在于学历，不在于教龄，不在于水平，不在于环境，而是在于一个教师有没有研究的精神，研究是实现自身发展的一种方式。"王俊校长用他先进的教育理念，改革的魄力和决心，对教育理想不懈追求为我诠释了校长的榜样示范作用。面对榜样示范，才使我真正感受到教师这份职业的挑战性、魅力性，使我确信我是当教师的料。我相信自己能从适应课堂，走进驾驭课堂，走向享受课堂，我要坚守在教师的岗位上，做教育的守望人。

2. 书本与师长，让我充满对学习探索的激情

我校课改有三大特点：一是推动学生自学，帮助学生掌握两类结构；二是推动学生完整生活，深化课程改革，打通学生学习与生活的隔阂，努力让学生在学校生活中学会认知，学会做事，学会共同生活，学会生存；三是推动海量经典阅读，构建学生、教师和家长"经典阅读共同体"。三大特点的真正落实对每个教师提出了严峻的考验，它要求你永远以学习者的姿态工作生活。学习研究是一个教师生命力、创造力的源泉，也是一个教师提高能力、增强素质的基本功。每一个人，重视不重视学习，其品味、修养、素质、能力是完全不一样的。多年来，在王俊校长"读书，读书，再读书"氛围引领下，我在不断地阅读学习中体验着幸福。我读语文专业期刊，它们以最快的速度传递着语文教育教学的最新动态、最新研究成果和最鲜活的教学案例；我读叶圣陶、吕叔湘等语文教育理论，从中汲取语文教学传统经验的精华；我读苏霍姆林斯基、魏书生、钱梦龙、李镇西、余映潮、严华银等，他们的教学理念让我的心淡定，让我的情为语文所系；我读教育学和心理学理论书刊《教与学的心理学》《基础心理学》《社会心理学》《发展心理学》、《健康心理学》等书刊，使我初步走进教育与心理的科学领域，并获得国家级心理咨询师证书。我读林语堂、钱钟书、徐志摩、林徽因、张爱玲、季羡林、余秋雨、周国平、路遥、毕淑敏、林清玄、余光中、席慕蓉、龙应台等当代一流作家学者，使我内心宽广和谐充盈。一个教师的读书史大抵折射出其职业生存的质量和形态。对于整日忙于第一线的我来说，读书并不能算作一件轻而易举的事情，时间不那么丰裕，有时可能还会产生现实与理想之间撕裂的痛苦。但反过来看，可能恰恰是读书抚慰着我的痛苦，丰盈着我的灵魂。读书给我带来快乐，带来底气。读书给我灵感，使我在教学研究之路上能渐行渐宽。

3. 实践与反思，让我永远追求诗意幸福的课堂

王俊校长经常说："自古成功在尝试，尝试是一切成功的前提。教育智慧是一种尝试实践智慧，这种实践智慧你要掌握它，仅仅靠先知前贤们的告知是不够的。我们今天讲的许多教育理念，比如因材施教、启发式教学等，孔子两千五百多年前说过，苏霍姆林斯基说过，陶行知说过，我们老师人人都耳熟能详，但为什么依然不

会做或者做不好？因为它是一种实践智慧，你不在课堂上去尝试，你就悟不到它的真谛。教学实践研究就是把这些先知前贤已经得出的教育真谛通过实践，内化为你自己的智慧。你不实践研究，就悟不到真谛，就不会有那种豁然开朗、醍醐灌顶的幸福感觉。"在课改实践中，我坚持把"结构尝试教学"的科学理念与课堂实践紧密结合，用我的阅读带动学生的阅读，用我的热爱、乐观、热情、真诚之心，和我的学生们在一起体验着、追求着诗意幸福的语文之旅。大量经典诗文的共赏互荐、体验着语文之旅的规范和浪漫，共同构成一个个心动的教学情境，一同欢笑一同泪流，激发了学生对身心健康、和谐人格充盈状态的追求。每一个生命都在热爱阅读的体验中成长。经营诗意的课堂、幸福的教学，使我和我的学生都成为精神大餐的设计师，师生情感交流，共同创造生命的精彩。课堂上精彩瞬间的鲜活形象常在不经意中显现，学生得意，教师欣慰，师生沉浸在求知氛围中的醉态可掬，变成了一道道美丽的风景线。我们既在校内课堂积极实践，也赴北京、扬州、江阴、洋溪、杨巷等上公开课或说课评课活动，获得了较高评价，在不断的历练中越来越清晰地体验到结构尝试的科学本质，教学业务能力得到长足进步。我们积极参加学校教研活动、积极参加学校举办的"全国名校课改论坛"等大型研讨活动，开阔了视野，增长了见识，在学习与反思中取得不断进步。

4. 规划与研究，让我在教育研究中寻找快乐

"每个教师，如想获得不断前进的动力之源，就应好好规划自己的职业生涯。禅宗里有一句话，'借来的火，点不亮自己的心灵'，心里若没有火种，外围的温度再高，内里却依旧是漆黑一片。如果没有内在的价值认同，就没有持久的动力。"王俊校长经常用他的理念引导我们梳理自己内心的需要，确立自己的职业定位与人生目标，主动地工作、学习，而不是被动地应付。老师应学会管理自己的工作和生活，成为一个能够将个人追求与组织目标结合在一起，能够为组织（学校）做出贡献同时也成就自己的优秀教师。我的职业规划是做个"永远生活在学生心中"的优秀语文老师。怀着这样的梦想行走在教育研究的路上，就会感觉其乐无穷。其一，教育研究是一种发现。在研究过程中我们不断发现问题，发现矛盾，发现盲点，发现教育教学的规律，发现知识特征和知识的美，发现教师自身的优势和劣势，发现学生的个性。这种发现不断为我们打开一个又一个新的天地，吸引我们前行。其二，教育研究是一种带着发现的重新出发。从形式上看每一次都是回到原点重新上相似内容，其实每一次都是带着前一次的发现重新出发，每一次出发都是在不断地接近教学的真理。其三，从事研究可以让我们享受到职业的高峰体验。天天没有变化的备课上课会让人对教学产生一种厌倦，而实践反思研究让你的智慧和才华汇聚到自己热爱的事业中，让你产生一种成就感、价值感。其四，教育研究不可能一蹴而就，它永远是一个过程。它应该是伴随职业生涯始终的长久过程，它的不可预测性吸引着我们永远向前。

教育过程是艰辛的，也是永远没有尽头的，可能它的魅力就在于此。从事教育，并不仅仅为谋生，并不仅仅因为力所能及，也未必为了生活的富足，重要的是，我们能从这项工作中获得身心的愉快，能从这份工作中，发现生命的价值。我们的愉快常常在于发现自己能够做成原本想不到的事，我们能够从一个人的成长中发现自己的价值。愿我们一起努力，以教育为信仰，共同创造和见证中国教育的转变和辉煌。

最后我想用苏霍姆林斯基的话结束我的感受和体会：如果你想让教师的劳动能够给教师带来乐趣，使天天上课不至于变成一种单调乏味的义务，那你就应当引导每一位教师走上从事研究的这条幸福的道路上来。

愿每个教师都能从教科研实践中走向自己的幸福人生！

（二）贤才"俊"彦　"知识树"繁
——赞，宜兴实验中学校长王俊

微巍心语（博客名称）

（释题："俊"又是校长的名字，"俊"与贤才、彦都指"才智出众的人"。题目的意思是：有了王俊校长这样才智出众的人钻研学问，校园的"知识树"才会枝繁叶茂。）

北辛中学为了进一步推进高效课堂，继续提升学校办学品味，2011 年 3 月 21 至 25 日，校长赵联普、副校长吴洪玉、付猛，教研室主任宋志文，教导处主任孙卓强、王伟带领我校名师、骨干教师 18 人，首批前往由"中国教育服务中心教育发展事业部北京中教服务发展中心"主办的江苏省典型特色名校办学经验研讨会，其余 25 人将在 4 月再去取经。这次主要考察四所中学，他们的办学理念成功经验都值得我们去研讨、学习。它们是溧水东庐中学的"讲学稿"（提前备课，轮流主备，集体研讨，优化学案，师生共用）；宜兴实验中学的"知识树"（"两类结构"，即概括化、结构化的知识内容和方法程序）；泰兴洋思中学的"先学后教，当堂训练"（"没有教不好的学生"办学理念）和海门东洲中学的"点金术"（当名校长、铸名教师、创名学校，创造自然教育生态环境，把每一个学生培养成高素质人才）。

今天主要把宜兴市实验中学王俊校长的精彩报告内容《帮助学生掌握主动学习的工具——结构尝试教学法的实践研究》展示给同行和同学们。我被王俊校长渊博的知识、钻研的态度、出众的人品所折服，对他研制的"知识树"非常感兴趣，"知识树"秘诀——所有的课程都可以画一棵"知识树"，让学生直观地了解知识结构的内在联系，帮助学生独立学习。

王俊校长说，这种有用的"知识树"其实就是"两类结构"，即概括化、结构化的知识内容和概括化、结构化的方法程序。学生掌握了"两类结构"，就掌握了主动学习的工具，从而能够自主地学习、独立地学习、高效地学习。

王俊校长认为"知识树"首先是可以促进学生思维的发展。学生在教师启发式的引导下，在探索"两类结构"的过程中，对促进学生分析、综合、归纳、演绎等能力的发展有积极意义。其次是可以提高课堂教学效率，在课堂教学的过程中，学生如果掌握了"两类结构"，就能够做到举一反三，触类旁通，就可以实现教师少教，学生多学，甚至教师不教，学生也能学的目标。

通过现场听课和听王俊校长的报告，本人真正体会到了"知识树"的作用：当我们把现象的、零碎的知识梳理、整合之后，形成概括化、结构化的知识内容和方法程序。当学生掌握了概括化、结构化的知识内容和方法程序后，就有利于学生在新的问题情景中迁移运用，这样的知识就容易转化为能力，这样的知识就容易升华为智慧。

（三）宜兴实验学校结构教学法的启示

扬州市地理教研员、地理特级教师、教授级高级教师　朱雪梅

今天清晨，我带着 31 个地理教师踏上了去宜兴、上海学习考察的行程。从大家的脸上，我能看出这个活动多么令人期盼。其实，我是不嫌麻烦，愿意给大家提供外出学习交流的机会的，只是经费实在难筹啊。

在宜兴听了葛琴老师的课，小组合作式教学，学校的常态课。年轻的教师，没有神采飞扬的表演，没有精雕细刻的设计，但却有着先进的教学理念，有着对学生生命的尊重与关爱。课堂上学生创新的火花不断闪现，学生自主学习能力很强，表达能力强，乐于发表见解。我想这就是创新式人才培养的教育思想。

有这样的教育思想，源于王俊校长对纲要信号教学的长期思考、研究与实践，并提出了"知识树"概念，最终提炼出了结构教学法，《中国教师报》曾用几个版面介绍其基本理论与应用情况。今天我是慕名而来，并且迫切希望我们的教师自己深入课堂去感受。所以才想方设法安排这次学习活动。

王俊校长是我南京师范大学的师兄，几次相见，我印象特别深刻。在我的记忆中，似乎所有的校长都很忙碌，但他说："我一点儿也不忙的，我只是思考。""学校管理无大事，其实就是抓好教学。"去年，一起参与省厅组织的泗洪送教活动，他侃侃而谈，对教育、对课堂的见解，让我感受到他是一个研究型、学者型的校长，而不是事务型的校长。敬意从此而生。

听课后，王校长给我们介绍结构教学法的主要思想。他充满激情地讲解、板画，让我们受到了一次精神的洗礼。我觉得王校长首先对哲学有较深的理解，所以才比较睿智，在此基础上对教育进行了潜心研究，才能系统地提出结构教学法的原理。他对学校的管理就是培育其教育思想，手下教师的教学理念怎么可能没有根本性的转变？

听完讲座后，我的评价是：结构教学法的逻辑思维缜密、理论结构完整、实践经验丰富、充分体现新课程思想（我认为新课程的哲学思想，就是培养学生的思维能力，最基本的要求就是归纳形成一般知识，然后演绎、应用）。总之，结构教学法教学原理是可借鉴可操作的真经验。

我对咱们的老师也提出三个要求：开阔视野，反思差距，努力创新。希望大家能够有所触动，能够有所觉悟。

（四）读宜兴实验中学"知识树"如坐春风

溧阳市汤桥初级中学教导处

2011年5月16日，我们一行7人来到了宜兴实验中学参观学习。这是一所享誉全国的初中名校，整洁漂亮的校园、气势恢宏的校舍、文明活泼的学子、高效生动的课堂无一不给我们留下深刻而美好的印象。尤其是他们先进的办学理念经过他们的课程改革领军人物王俊校长一番侃侃而谈之后，我们的脑海里逐渐清晰起来了：以"精进"为核心理念的校园文化建设体系——"精心一致，精进不止"和"精深精诚、进学进能"的校训，以及"滴水穿石、百川归海"的学校精神。王校长说，教学改革只要紧紧抓住教师、学生、教材三要素就足够了，教师要从宏观上把握课程体系，构建知识树，充分发挥学生的主体作用。接着他又结合语文、数学、物理、地理等学科一一道来，如数家珍，既有具体的教学案例，又有丰富的理论素养。

王校长一番睿智话语使我们大开眼界如坐春风，听他们教师一堂堂精彩的展示课使我们领略了课程改革的诗情画意，看他们学子在课堂上的生动演绎使我们获得了精神愉悦，顿生赞许之情。但愿我们不虚此行，引得一缕春风驻我校，把知识树移栽到我们的校园中来。

（五）余姚梨洲中学教师赴宜兴实验中学考察

梨洲中学　　朱延芳

梨洲中学教师于近日分两批到宜兴实验中学教学考察。实验中学的校园建筑气势恢宏、教学设施堪称一流、公寓楼温馨舒适、运动场功能齐全，学校"精进"文化催人奋进。不愧为高质量、现代化、有特色的全国知名的示范性初级中学。

老师们虽是分学科进行听课，但有个同样的感受：该校教师的课堂朴实、淡定、从容，语言优美；教学目标明确，教学思路清晰，尝试让学生用多种方法解决实际问题，充分发挥课本的作用；注重学习方法的渗透，以知识树的形式展示新旧知识之间的联系，更好地体现"两类教学法"的教学思想，是一堂成功高效的课。在听了王俊校长的报告后，大伙明白了，原来该校的教学改革目标就是"以整体建构和谐教学为主线，以结构（知识和方法结构）为核心，以建构为主线，培养学生的方法意识和学科素养"。

宜兴实验中学的经验表明，要解放学生和教师，就必须改革课堂教学模式，在课改中实现教育的价值和理想。通过考察学习，领导老师们纷纷表示，确实提高了对于改革课堂教学模式的认识。

（六）江都浦头中学近日远赴江苏宜兴实验中学学习课堂模式

浦头中学　邦　益

近日，浦头中学组织部分骨干教师远赴江苏宜兴实验中学，学习荣获 2010 年江苏省首届基础教育教学成果评比一等奖的"两类结构"尝试教学课堂模式，收获颇丰。

学习组一行 6 人，由童安春校长带队，当天上午 9 点赶到江苏宜兴实验中学，受到校方的热情接待。在该校校方的一番简短介绍后，学习组就按既定计划开展了活动，先听课，感性认识"两类结构"尝试教学课堂模式，后"上课"，听实验中学校长、特级教师王俊的讲座，理性认识该课堂模式的基本原理和主要策略。尽管像平时上课一样备了课，对该课堂模式有所了解，可一听课一"上课"之后，学习组成员还是产生了强烈的震撼，才开始真正理解该模式解决"教什么"和"怎么教"这两个课堂教学的根本问题的主张实质，那就是以学科"知识内容结构"和"方法程序结构"这两类结构为载体，优化教学内容，使"教什么"落到实处，提升教学价值，以"尝试学习"为主线，优化教学过程，使"怎么教"更为合理，提高教学效果。大家一致认为，该模式是科学的，有效的，要认真学习，积极贯彻。

（七）陶都随笔：校长要做教师的教师

波月古剑（博客名称）

4 月 11 日，我有幸随市教研室领导赴江苏听课考察。其间参观了两所中学，观摩了他们学校的公开课并聆听了校长的报告。此行我感触颇多，受益匪浅，尤其是江苏宜兴实验中学的王俊校长给我留下了深刻的印象。

其一，一场"静悄悄的革命"。

这所全国闻名的中学，在王俊校长的带领下，十年磨一剑，探索、寻找到一条通向高效课堂的捷径——两类结构教学法。"两类结构"就是在学科教学中，帮助学生掌握概括化、结构化的知识内容和方法程序，学生就能自主地、独立地学习某一类知识，解决某一类问题。

简言之，我的理解就是将各科知识系统化归类，然后转化为应用的能力。就跟自家开个超市一般，进来的商品要分门别类整理摆放，各宗商品货物的位置、单价在自己头脑中都形成了系统的影像。顾客只要一说购买什么，就能毫无偏差地报出单价并能到相应位置取出商品。

在这个课堂教学模式中，首先要学会画"知识树"，这是"两类结构教学法"最直观的表现形式。我们前几年学习过山东杜郎口的课堂模式，通过学习我们知道了"怎样教"。而宜兴实验中学的画"知识树"，告诉了我们"教什么"。同时，他们也创设了一套自己的"怎样教"，他们的经验是："三环二线一核心"。即通过例题找方法，习题悟方法，试题验方法，这三个大环节构成明线（知识线），再用解决某类问题的暗线（方法线）来控制引导。核心是，"知识线"使学生掌握了基本知识，"方法线"让学生形成了能力，教法转化为学法，学生在"学会"中变得"会学"。我们学校有一部分老师，在日常教学中也善于总结归纳知识点，但缺乏正确的理论指导，仅仅局限于某学科的某课，有时也往往会出现一些偏差。有了宜兴实验中学的"结构教学法"作指导，相信我们的课堂也会发生一场"静悄悄的革命"。

其二，课堂是教师教学的原点，也是学校管理的原点。

王俊校长说，"课堂是师生生命成长的摇篮，对课堂的探索，就是对师生生命质量的最大关怀。"传统课堂教学模式把课堂教学看成主要由教师向学生单向传授知识的重要途径。但是，随着新课改的不断深入，我们也不断顿悟：课堂只是一个特殊场所，教材也仅仅是个依托，教学所产生的价值应该延伸到学生的课堂之外。课堂是教学的原点，那么，课堂教学的原点究竟在哪里？王俊校长告诉我们："说白了就是'方法'二字。"也有人曾说过，授之以渔，方为人师。所以围绕课堂教学这个原点进行"方法"的改革，不是每位教师"单兵作战"所能实现的，它需要一个"舵手"——校长的引领。杜郎口、洋思等名校已经给了我们启示：有一个好校长，就有一所好学校。这句重复了无数遍的至理名言，却始终没有唤起很多校长去认真体味。作为一校之长，我们更应该多去关注课堂，建立教学为本的行政理念，引领教师来到"变革课堂教学"的阵地中。王俊校长就是这样一位真正的引领者和实践者。作为一名学校行政管理人员，他案前齐整的现行教材以及他对多学科章节的熟练程度足以让我惊叹。干了十多年的校长，他始终没有离开课堂教学这个"原点"。

品味王俊校长的课改精髓，我浮想联翩；领悟悲鸿大师的"精进"学风，我慨然惊魂！

借江苏超前发展的教育劲风，我们倘能振翅随行，也算是沙河教育发展的一大幸事。

王俊在《创新时代》杂志主办的教育创新论坛上作主题发言

五、实践成果

结构教学法的实施，给课堂带来了巨大的变革，使课堂充满了智慧的张力和生命的活力，在提升课堂教学价值和效率的同时，发展了教师和学生，提升了学校的教育品位。

（一）发展教师

结构教学法的研究，为教师的专业发展提供了源头活水，为校本教研提供了切实的载体。"两类结构"教学法要求教师研读教材，寻找教材知识之间的结构联系及呈现方式，对学科知识的内在联系做到"通体透明"。而学科专业知识的重建，正是校本教研的重要内涵，正是教师专业发展的重要方向，实验中学的教师通过建构"两类结构"，理解教材、把握教材的能力显著提高，思考问题的广度和深度都有了较大的拓展，这是教师专业发展的可喜成果。结构教学法的研究，还成就了一批骨干教师，使他们真正成了课改舞台上的佼佼者。

近五年来，在实验中学教师中，获得江苏省级优质课比赛一等奖的 7 人，多位骨干教师赴全国各地，上观摩课或示范课，在全国性的课改研讨会上展示我校结构教学的课堂理念，获得了广泛好评，让人耳目一新。2015 年，有两位教师一起被评为无锡市名教师，多位教师被评为无锡市、宜兴市学科带头人。

（二）发展学生

结构教学法的实施，有利于培养学生的创新能力。结构教学法关注知识的本质及其联系，不但使学生学会知识，更重要的是能够培养学生的分析、综合、比较、类比和归纳演绎等逻辑思维能力，而这些思维能力和智慧正是开展科学研究和创造性工作不可缺少的，从培养新时代优秀创新人才和创建学习型社会的发展方面来看，"两类结构"尝试教学对学生的积极影响是深远的。实验中学的历届毕业生，都是各重点高中最抢手的生源，他们普遍反映实验中学的学生善于学习、主动性强、解决问题的策略更多。

2011 年高考，被北京大学提前录取的江苏省宜兴中学学生徐珂熠，在接受记者采访的时候，深情回忆在宜兴实验中学的三年初中时光，坦言实验中学结构教学法使她获益匪浅，培养了她良好的思维方式和学习习惯。通过实施结构教学，学生对学科知识的理解更加深刻，运用更加灵活，创新能力显著提高。近三年来，学生在省级以上作文大赛、科技竞赛等赛事中，获奖的等次和人数都有新的突破，造就了一大批学有专长的优秀学生。

在 2012 年 1 月举行的全国数学竞赛中，宜兴市实验中学校 09 届初三(11)班学生唐澄亮一举夺得江苏省赛区第二名，提前被清华大学录取。

2003 届实验中学首届毕业生参加 2006 年高考，宜兴市总分前十名中，宜兴实验中学的毕业生有 7 名。历届毕业生在高考中都取得了辉煌的成绩，他们都非常怀念实验中学的学习生活，认为实验中学的课改，为他们的成功人生奠定了基础。

结构教学法的实施，有利于大面积提高教学质量。结构教学法关注学生学科素养的生成，注重基础知识和基本能力的达标和提升。"两类结构"教学，使学生在自主尝试学习的基础上，再插上一对翅膀（两类结构），让学生在思维的王国里自由翱翔。高效课堂必然产生高质量，实验中学历届初中毕业生的整体成绩总是名列前茅。

结构教学法的实施，有利于促进学生的全面发展。结构教学法，着力提高课堂教学实效，着眼学生的长远发展，为学生的全面发展提供了时空保障。在宜兴市实验中学，看不到许多重点中学的紧张沉闷的气氛，而能感受到生动活泼、健康向上的氛围。学生体质增强了，近视率下降了。通过高效的课堂教学，减轻了学生负担，解放了学生的身心，学生一个个个性飞扬，充满活力。

英国某校校长来校和实验中学师生代表交流

（三）发展学校

宜兴市实验中学结构教学法日臻成熟、声誉鹊起。《人民教育》《中国教育报》《中国教师报》《江苏教育》《江苏教育研究》等主流媒体相继专题报道，近三年来，来校参观考察者逾万人次，宜兴市实验中学的课堂教学获得了专家和同行的高度评价，成为"教授之乡"基础教育的一张闪亮名片，被誉为"城市学校原创课改的样本"。伴随着结构教学模式的成熟，宜兴市实验中学的课堂教学改革氛围日趋浓厚，变革课堂教学、促进学生全面发展，成了全体教师的共识和追求。学校的课堂教学改革成果，于 2010 年 4 月获得了江苏省首届基础教育教学成果评比一等奖。2009 年学校被评为"江苏省最具影响力初中"之一。2014 年 8 月学校课改成果又喜获首届国家级基础教育教学成果二等奖。

2016 年 1 月，与宜兴市教育局联合承办"第八届江苏省初中校长论坛"

附 录

王俊的主要论著

1. 《中学地理"自学辅导—纲要信号"教学模式简介》，刊于《南京师大学报·自然科学版》第21卷地理专集，1998年

2. 《中学地理"自学辅导—纲要信号"教学法实验研究报告》，刊于《中小学教师培训》东北师范大学中小学骨干教师国家级培训优秀论文专刊，2002年6月

3. 《王俊：以行为本》，刊于《江苏教育·教育管理》，2006年3月

4. 《整体建构和谐教学的探索》，刊于《考试·理论与实践版》，2007年5月

5. 《帮助学生掌握主动学习的工具》，刊于《江苏教育·教育管理》，2008年1月

6. 《回归教学本质，构建高效课堂》，刊于《天津教育》，2008年5月

7. 《辩证地看待学校精细化管理》，刊于《中国教师报》，2008年6月25日

8. 《理念的力量在于付诸行动》，刊于《天津教育》，2009年1月

9. 《中学地理有效教学的探索》，刊于《考试·中考教师》，2009年4月

10. 《"两类结构"使知识转化为能力和智慧》，刊于《中国教师报》，2009年7月8日

11. 《"知识树"让课堂教学更有效》，刊于《河南教育》，2011年1月

12. 《"两类结构"尝试教学模式的建构》，刊于《人民教育》，2011年7月

13. 《王俊：结构尝试教学法》，首都师范大学出版社2012年出版

14. 《地理结构教学：给学生自我建构的学习工具》，载于《著名特级教师教学思想录》，沙澜主编，江苏教育出版社2012年出版

15. 《自古成功在尝试——王俊校长的成长和发展》，载于《名校长·江苏中学卷》，严华银编著，世界图书出版公司2012年出版

16. 《大规模学校更要文化领航》，刊于《江苏教育·教育管理》，2012年11月

17. 《构建高效课堂的两大支点》，刊于《江苏教师》，2012年2月

18. 《校长领导教学要回到课堂原点》，刊于《湖北教育》，2013年2月

19. 《问道课堂，领导教学》，刊于《初中生世界·初中教学研究》，2014年2月

20. 《让学生在科学尝试中主动发展》，刊于《江苏教育·中学教学》，2014年5月

21.《领导课堂教学，彰显专业精神》，刊于《江苏教育·教育管理》，2014 年 5 月

22.《培养学科素养的"结构·尝试"教学研究》，刊于《创新时代》，2015 年 6 月

23.《探寻规律，传承创新，以人为本》，刊于《江苏教育·教育管理》，2015 年 9 月

24.《基于知识分类的教学目标设计》，刊于《江苏教育·中学教学》，2015 年 11 月

后 记

　　《王俊与结构教学法》即将成书之时，也是我从校长岗位上退下来之际。作为一名始终热爱教育、钟情教学改革的求索者，深感在卸下行政冗务的同时，我前面的课改之道更加明亮。我将有更多的时间深入课堂，把自己的研究成果和大家分享，为课改再尽绵薄之力，让更多的学生享受到课堂变革带来的欢乐。这是我几十年来不变的信念，也是"结构"教学一路发展的真实写照。

　　《王俊与结构教学法》是在《王俊：结构尝试教学法》（2012年首都师范大学出版社出版）基础上的修订版。从书名的变化中，可以窥见该书内容和风格上的不同，那就是越来越趋于"博观约取"，涵盖的内容更加广泛，表达的形式更加精炼。这不仅仅是我对教育人生的参透，也是教育规律和人生法则的应然体现。在《王俊与结构教学法》一书中，有我十余年致力于"结构"教学研究的辛苦甘甜，也有我对"求真"教育改革实践的不懈探索，以及我担任实验中学校长十六年的管理体验。这些耕耘和付出，最终凝聚成一种"求真"的态度，凝聚成一种"结构"的思想。这样的态度和思想，是我对待教学人生的基本视角，也是我编撰《王俊与结构教学法》的初衷。

　　秉持"求真"的教育智慧，在研究"结构"教学的历程中，我始终坚信，"真"是课程改革的底线，我们的课程改革不容作假，不能盲从。作为基层学校的校长，作为扎根一线的教师，我们必须坚持科学理性的立场，致力于课堂教学到底"教（学）什么""怎么教（学）"的探索，用当代课程理念、教育哲学思想武装自己，立足实践，引领教师，开展扎扎实实的课堂教学改革，把新的课程理念和教学思想，落实到具体的教学行为之中，求真求实，日臻完善。通过实施"结构"教学，我们努力引导学生掌握渗透学科思想的基本方法，实现思维方式的巨大转变，这是学生一生受用的精神财富，也是未来课程改革的基本方向，我愿为此不懈努力。课程改革，不仅是为了在应试竞争中获得生存，更是为了孩子的一生幸福和终身发展。在这一点上，我们寻觅到了方向，并坚持不懈地走下去。

当然，课程改革之路漫长曲折，课堂教学之问求解复杂，"结构"教学的思想还有待深化，尤其在学科知识结构的建构过程中，还有许多细节问题值得推敲，学科知识树还要进一步梳理修缮，在具体的教学运用中，动态生成性和灵活结构性还有待进一步纯熟，希望就正于方家。

本书的策划、编撰、成稿，得到了许多专家学者的指导和关心，他们的鼓励增加了我的勇气。同时我也要感谢我的家人一如既往的支持，让我更加专心于本书的写作。还有我们的教师团队，他们和我志同道合，不断反思，勤于实践，提供了许多精彩的"结构教学"课例，撰写了各个学科的"结构教学"教案、学案，他们是"结构"教学忠实的实践者和杰出的创造者。对上述领导、家人、同人的关心厚爱，表示深切谢意。

在编撰过程中，我们吸收了新的教育教学理论成果，借鉴了许多成功的实践经验，也一并表示谢意。当然，粗疏、错漏势所难免，诚恳地希望各位读者批评指正。

王　俊

2016 年 8 月